2025

CAIKUAI JIBEN JINENG SHIXUN
财会基本技能实训

（第三版）

戴桂荣　主编

老师好帮手　学生必备书

苏州大学出版社
Soochow University Press

图书在版编目(CIP)数据

财会基本技能实训 / 戴桂荣主编. -- 3版. -- 苏州：苏州大学出版社, 2024.11. -- ISBN 978-7-5672-4986-8

Ⅰ.F234.4

中国国家版本馆CIP数据核字第2024R75V32号

财会基本技能实训(第三版)

戴桂荣　主编

责任编辑　薛华强

苏州大学出版社出版发行
(地址：苏州市十梓街1号　邮编：215006)
常熟市华顺印刷有限公司印装
(地址：常熟市梅李镇梅南路218号　邮编：215511)

开本 787 mm×1 092 mm　1/16　印张 28.5　字数 717千
2024年11月第3版　2024年11月第1次印刷
ISBN 978-7-5672-4986-8　定价：79.00元

若有印装错误，本社负责调换
苏州大学出版社营销部　电话：0512-67481020
苏州大学出版社网址　http://www.sudapress.com
苏州大学出版社邮箱　sdcbs@suda.edu.cn

前　言

　　"财会基本技能实训"是专门为中、高职财经商贸类会计专业或非会计专业的学生,在学习"会计基础"课程时或学习后为加强会计基本功训练所开发的一门融教学与测评为一体的实践性课程,同时也是为参加普通高校财会类对口单招或专转本技能考试的考生进行考前辅导量身定做的。本教材作为财会类专业学生必须掌握的会计技能项目用书,可用于在校内进行集中实训或在就业前进行岗前培训,或者配合"基础会计学"理论教学,在课堂内边学边练,既是教师进行财会专业教学的好帮手,也是学生不可多得的校内实训指导书。

　　财会专业对口单招是为了对口培养会计专业高素质技术技能型人才而推出的一种招生考试制度,是典型的中、高职相互衔接的人才培养模式。对口单招执行新的考试标准以来,技能考试愈来愈受到学校、考生和家长的重视。为了更好地为广大考生服务,经江苏省教育厅批准,受财会类专业联考委委托,2008年江苏经贸职业技术学院组织编写了《财会基本技能实训》(戴桂荣教授主编,苏州大学出版社出版)作为对口单招财会技能考试指导用书。针对近几年财会技能考试运行中的反馈意见,为进一步发挥对江苏省对口单招财会技能考试的指导作用,根据江苏省教育厅考试院指示,逐步推行无纸化标准考试。2016年的"账务处理技能"项目采取无纸化考试系统,首次将传统的手工操作搬进会计无纸化手工操作平台,由软件系统自动评分,真正做到了对考生进行公正、公平、透明的评判。为了让考生尽快适应这种考试模式,获得更多的考试经验,减少失误,应中职校教师的要求,特对《财会基本技能实训》(第二版)教材进行修订。其构架如下:

　　第一部分：江苏省普通高校对口单独招生财会专业技能考试标准

　　第二部分："账务处理技能"考试解析

　　第三部分：会计数字书写技能实训

　　第四部分：会计账务处理单项技能实训

　　第五部分：会计账务处理综合技能实训

　　第六部分：2024年江苏省对口单招财会专业技能考试真题、答案及评分标准

　　本次(第三版)修订具有如下特点：

　　(1) 对采取无纸化考试系统操作的手工"账务处理技能"考试的基本情况进行了总结与分析,分析了每个考题的得分情况及考试成绩的分数段分布情况,可对中职教师进一步指导学生的实训提供较大帮助。

（2）总体构架以修订的《江苏省普通高校对口单独招生财会技能考试标准》列示的三项技能为主线，以财会专业技能考试标准作为开头，以每项技能考核项目指导与训练作为过程，最后以2024年的技能考题与评分标准结束。

（3）突出了"账务处理技能"项目的指导与实训，其中最大的亮点是分析了"账务处理技能"项目的考试内容，总结了命题规律，对每一个考点进行详细解析，指出考生失分与得分的原因，提醒考生应注意的问题，直击考试要害，解决了多年来困扰考生的技能训练风向标问题。

（4）技能训练项目全面真实，与财会类相关专业岗位人才所必需的技能要求对接。每项技能既有明确的实训指导，又有针对性的训练，将实训指导知识融入每个实训项目中，一气呵成，真正体现了教学与测评的一体化。对考生来说，参加训练不仅夯实了基础，而且提高了应考能力。

（5）各种原始单据采用实际工作中使用的最新版本，仿真度高，切合实际岗位需求。

《财会基本技能实训》（第三版）的修订编写由戴桂荣教授主持，具体分工是：戴桂荣负责第一、二、四部分的修订编写，廖艳琳负责第三部分的修订编写，李海燕负责第五部分的修订编写，第六部分由戴桂荣、廖艳琳、李海燕、沈俊伟、朱庆仙共同编写，最后由戴桂荣总纂定稿。本书还得到了江苏省高等教育学会原副秘书长孙征龙、江苏经贸职业技术学院原校长王兆明等的大力协助和支持，在此表示衷心感谢！

编　者

2024年8月

目 录

第一部分　江苏省普通高校对口单独招生财会专业技能考试标准
　一、考试项目 ·· (1)
　二、考试形式及场地 ·· (1)
　三、考试项目内容及权重等(表1-1) ·· (1)
　四、考核标准 ·· (2)

第二部分　"账务处理技能"考试解析
　一、考情分析 ·· (5)
　二、2024年考试题型、分值及得分情况 ··· (5)
　三、命题规律 ·· (9)
　四、考点解析 ·· (9)

第三部分　会计数字书写技能实训
　一、会计数字书写技能介绍 ··· (30)
　二、会计数字书写实训指导 ··· (30)
　三、会计数字书写训练 ··· (35)
　　实训一　阿拉伯数字数位书写 ··· (35)
　　实训二　汉字大写数字数位书写 ··· (37)
　　实训三　大小写对照书写 ··· (40)
　　实训四　大小写金额正误判断 ··· (40)

第四部分　会计账务处理单项技能实训
　一、单项技能实训介绍 ··· (42)
　二、单项技能实训指导与训练 ··· (43)
　　实训一　填制原始凭证 ··· (43)
　　实训二　原始凭证的审核 ··· (62)
　　实训三　填制记账凭证 ··· (69)
　　实训四　设置和登记三栏式日记账 ··· (101)
　　实训五　设置和登记多栏式日记账 ··· (123)
　　实训六　编制银行存款余额调节表 ··· (143)
　　实训七　设置和登记三栏式、数量金额式明细账 ···························· (146)
　　实训八　设置和登记总账 ··· (159)
　　实训九　更正错账 ··· (187)

  实训十 编制会计报表 …………………………………………………（195）

第五部分 会计账务处理综合技能实训
 一、综合技能实训介绍………………………………………………………（201）
 二、综合技能实训指导………………………………………………………（202）
 三、综合技能实训……………………………………………………………（207）
  实训一 记账凭证核算形式 …………………………………………（207）
  实训二 科目汇总表核算形式 ………………………………………（208）
  实训三 汇总记账凭证核算形式 ……………………………………（210）

第六部分 2024年江苏省对口单招财会专业技能考试真题、答案及评分标准
 2024年江苏省普通高校对口单独招生财会类专业技能考试卷（第1套）……（213）
 财会类专业技能考试卷（第1套）评分标准及答案 ………………………（234）
 2024年江苏省普通高校对口单独招生财会类专业技能考试卷（第2套）……（248）
 财会类专业技能考试卷（第2套）评分标准及答案 ………………………（268）
 2024年江苏省普通高校对口单独招生财会类专业技能考试卷（第3套）……（281）
 财会类专业技能考试卷（第3套）评分标准及答案 ………………………（301）
 2024年江苏省普通高校对口单独招生财会类专业技能考试卷（第4套）……（314）
 财会类专业技能考试卷（第4套）评分标准及答案 ………………………（336）
 2024年江苏省普通高校对口单独招生财会类专业技能考试卷（第5套）……（350）
 财会类专业技能考试卷（第5套）评分标准及答案 ………………………（370）
 2024年江苏省普通高校对口单独招生财会类专业技能考试卷（第6套）……（383）
 财会类专业技能考试卷（第6套）评分标准及答案 ………………………（403）

附："第四部分 会计账务处理单项技能实训"参考答案 …………………（416）

第一部分

江苏省普通高校对口单独招生财会专业技能考试标准

为了全面推行无纸化标准考试,简化阅卷手续,规避人工阅卷的弊端,做到公平、公正、公开,江苏省考试院在广泛调研的基础上对2009年《江苏省普通高校对口单独招生财会专业技能考试标准》进行了修订,新考试标准已经于2016年开始执行。现将有关情况说明如下。

一、考试项目

考试项目包括珠算、会计账务处理和会计电算化三大技能。

二、考试形式及场地

会计账务处理、会计电算化均采用计算机操作,珠算仍然采用手工操作。三个技能项目的考试安排在一个场地,均在机房内完成,共3.5小时;除珠算外均采用自动评分系统,考试结束,自动评分,显示考试成绩。

三、考试项目内容及权重等(表1-1)

表1-1 三个考试项目的内容、考试用时、权重和分数

考试项目	内 容	考试用时	权重	分数
珠算五级	加减乘除法	20分钟	16.7%	50分
会计账务处理	会计数字书写、凭证、账簿和报表	90分钟	50%	150分
初级会计电算化	采用通用财务软件进行实务处理	90分钟	33.3%	100分
合 计		200分钟	100%	300分

四、考核标准

(一) 珠算五级

(1) 题型与题量:使用江苏省珠算协会《珠算普通五级》标准。题目有加减法、乘法、除法三项,各项均为10题。

(2) 考试时间:20分钟。

(3) 评分标准:按题给分,加减法2分/题,计20分;乘法1.5分/题,计15分;除法1.5分/题,计15分。总分50分。

(4) 答题要求:答数要书写清楚、规范,小数点、分节号必须清晰;更正答数采用画线更正法,不允许就某个数字涂改;乘、除算小数题保留两位小数,四舍五入,不舍不入作错题论。空题不做或胡乱填一数字的为跳题,对跳题者每跳一题,除本题不给分外,还要倒扣2分。

(二) 会计账务处理

(1) 考试项目、内容、权重和分数(表1-2)。

表1-2　　　　会计账务处理的考试项目、内容、权重和分数

考试项目	内　　容	权　重	分　数
会计数字书写	阿拉伯数字书写规范、中文大写数字书写规范、大小写金额书写对照	6.7% ~ 13%	10 ~ 20 分
会计账务处理(可任意组合进行综合业务处理)	填制原始凭证,如各种发票和银行票据等	60% ~ 80%	90 ~ 120 分
	审核原始凭证		
	填制记账凭证(收、付、转专用记账凭证和通用记账凭证)		
	登记三栏式库存现金、银行存款日记账		
	登记三栏式、多栏式、数量金额式明细账		
	编制科目汇总表或总分类账户试算平衡表		
	登记总分类账户(根据记账凭证逐笔登记或根据科目汇总表、汇总记账凭证汇总登记)		
	更正错账:画线更正法、红字冲账法、补充登记法		
	结账		
	银行对账:将银行对账单与考生登记的日记账核对,编制银行存款余额调节表		
	编制资产负债表、利润表	6.7% ~ 13%	20 ~ 30 分
合　计		100%	150 分
题　型	书写题、判断题、选择题、账证表实务操作题等		

(2) 考试方法:上机测试。
(3) 题型:账表凭证仿真式操作处理及审核。
(4) 考试时间:90分钟。
(5) 评分标准:采用软件自动评分系统,考试结束,自动评分,显示考试成绩。
(6) 答题要求:不能携带具有存储功能的计算器,也不得使用算盘,可以使用计算机自带的计算器;计算结果保留至小数点后两位;凭证、账簿登记发生错误,应按错账更正方法进行更正;题目中凡涉及财务人员签名的地方一律按题目所示责任人签名,不可签署考生自己的姓名,否则按废卷处理。

(三) 初级会计电算化

(1) 考试环境与考试软件:Windows XP 或 Windows 7,用友畅捷通 T3 财务软件。
(2) 考试方法:上机测试。
(3) 考试时间和总分:90分钟,总分100分。
(4) 考试内容:该考试全部为实务考试,主要内容如下。
① 新建账套。主要包括:账套基础设置,包括账套信息、核算类型、基础信息、分类编码方案、启用账套;增加操作员并授权。
② 系统初始化设置(表1-3)。

表1-3　　　　　　　　系统初始化设置的项目和具体内容

设置项目	具体内容
机构设置	① 部门档案;② 职员档案
客商信息	① 客户分类;② 客户档案;③ 供应商分类;④ 供应商档案;⑤ 地区分类
财务信息	① 会计科目:增加、修改、删除会计科目,指定会计科目; ② 凭证类别:设置记账凭证类别; ③ 结算方式:增加、修改、删除结算方式; ④ 项目目录:设置项目目录; ⑤ 外币种类:设置外币种类及期初汇率
总账系统初始数据录入	
总账系统参数设置	

③ 总账系统日常账务处理。主要包括:
a. 凭证管理:填制凭证、审核凭证、凭证记账,以及反记账、反审核。
b. 出纳管理:出纳签字及现金、银行存款日记账和资金日报表的查询。
c. 账簿管理:总账、明细账、科目余额表、辅助账的查询方法。
④ 会计报表处理。按要求编制资产负债表和利润表或新建自定义报表,并定义报表公式,得出报表上的数据。
⑤ 账套数据的备份及保存。
(5) 评分标准:采用用友软件自动评分系统,考试结束,自动评分,显示考试成绩。
分值分配见表1-4。

表1-4　　　　　　　　　　　　　　　　分值分配

考试项目	分　值
新建账套	10分
初始化设置	30分
日常账务处理	30分
报表处理	30分

第二部分 "账务处理技能"考试解析

一、考情分析

财会专业技能考试包括珠算、会计账务处理和初级会计电算化三个考核项目,总分300分,其中账务处理技能项目150分,占总分的50%,可见账务处理技能在财会技能考试中具有举足轻重的地位。财务处理技能项目是决定考生考试成败的关键。分析历年的考情,珠算技能考试成绩普遍较好,几乎拉不开距离,满分率90%以上;会计电算化技能考试由于考生熟悉软件,考试模式稳定,只要拥有基本的会计专业知识和基本的计算机操作水平,除了操作失误外,考生之间也没有多大差距。只有会计账务处理技能成绩差异较大,最低分在7分左右,最高分在130分左右,它甚至决定着考生高考的命运。从学习难度上看,会计账务处理技能是最难的项目,特别注重扎实的会计基础,实务操作性强、弹性大、变化多,特别是自2016年采用了无纸化考试平台后,在新开发的软件系统里操作,更增加了考试难度。考生不仅要熟练地在纸质考卷上操作,而且要将手工账务处理操作在计算机上模拟,计算机操作的熟练程度对考生的成绩也会产生较大影响,得高分并非易事。因此,考生在学习方法上应特别注意这几个方面:一是全面研读考试标准,明确考试内容、权重及考核目标;二是加强对《财会基本技能实训》教材的练习,把握操作训练的精髓;三是强化"对口单招无纸化考试系统"往年考卷及题库练习,熟练操作考试系统,掌握答题顺序的技巧;四是坚持"夯实基础、认真仔细、关注新准则变化、实际操作规范"的实训理念,紧跟时代改革的步伐。

二、2024年考试题型、分值及得分情况

2024年对口单招会计账务处理技能考试试题按照考试大纲的要求命题,共组织了六场考试,每场考试试卷结构相同,难易程度相当,整体上有变化。从考试结果来看,每场考试平均分数接近,但与往年比较分数较低,分数段分布合理,接近预期。

(一) 试卷结构和分值(表2-1)

表 2-1 试卷结构和分值

试卷结构			分值
会计数字书写与判断			10 分
会计综合业务处理	审核会计凭证		20 分
	填写原始凭证		20 分
	判断与更正会计分录和编制记账凭证	判断与更正会计分录	30 分
		编制记账凭证	20 分
	登记日记账		12 分
	编制银行存款余额调节表		8 分
	试算平衡表		30 分
合计			150 分

(二) 考试结果分析

六个场次考试成绩分数段分布情况对比如图 1-1、图 1-2、图 1-3、图 1-4、图 1-5、图 1-6 和图 1-7 所示。

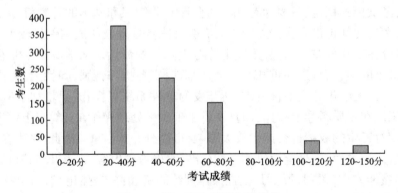

图 1-1 第一场次考试分数分布

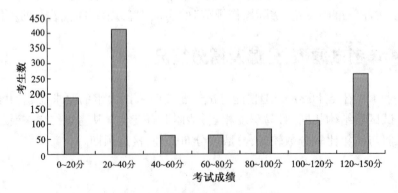

图 1-2 第二场次考试分数分布

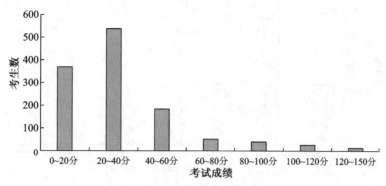

图 1-3 第三场次考试分数分布

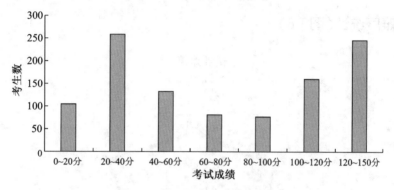

图 1-4 第四场次考试分数分布

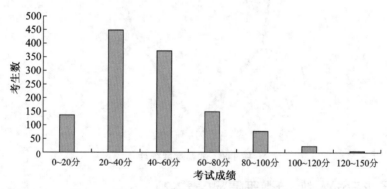

图 1-5 第五场次考试分数分布

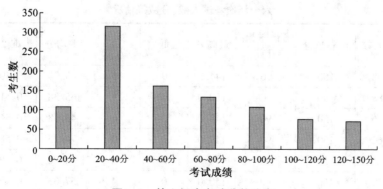

图 1-6 第六场次考试分数分布

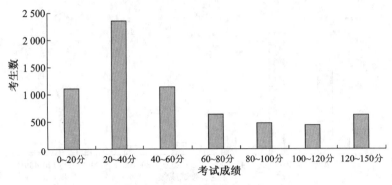

图 1-7　整体考试分数分布

(三) 试卷难度统计(图1-8)

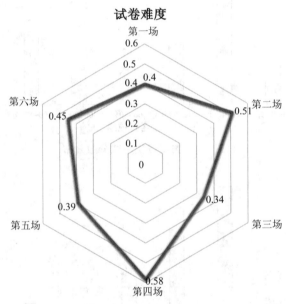

图 1-8　试卷难度统计

(四) 六个场次考试人数、分数等情况(表2-2)

表 2-2　　　　　　　　　　六个场次考试人数、分数等情况

场次	参考人数	试卷总分	考试时长/分钟	最高分	最低分	零分人数	平均分	难度	平均用时/分钟
第一场	1 098	150	90	144.0	0	3	45.04	0.40	77.37
第二场	1 188	150	90	150.0	0	1	65.38	0.51	74.68
第三场	1 226	150	90	148.0	0	6	43.68	0.34	73.97
第四场	1 062	150	90	149.0	3.0	0	74.15	0.58	78.70
第五场	1 225	150	90	146.5	0	2	44.86	0.39	76.75
第六场	978	150	90	150.0	0	4	57.33	0.45	77.00

三、命题规律

账务处理技能命题的宗旨是考核学生面对发生的经济业务从票据信息的识别入手,进行系列的凭证、账、表的会计处理能力。在单位时间内做到又快又准,是选拔优秀学生的标准。从历年考卷来看,有如下规律:

(1) 紧扣大纲,考试内容全面而具体,涉及考纲的每个内容。每年考试内容在 8 个项目左右,最多的年份有 10 个项目,最少的年份也有 6 个项目。

(2) 重实务操作。在仿真环境下操作,操作过程中涉及的凭证、账、表无一不是实际工作的真实再现。因此特别注重操作规范、手续的严密性,包括书写的规范、凭证的合法性和有关责任人的签章等。

(3) 每个考试项目不是孤立出题的,上下联系越来越强,注重考核账务的综合处理能力,特别注重考核原始凭证的审核与识别能力。这是历年考生的薄弱环节,也是会计综合业务操作的起点,往往影响考生对后面会计业务的处理。原始凭证审核与填制是历年考核的基础,分值在 50 分左右,占总分的三分之一左右。

(4) 注重会计基本操作的熟练程度和计算能力的考核,要求又快又准。主要体现在以下两方面:一是 90 分钟内完成对 10 笔经济业务从审核与填制原始凭证、编制记账凭证、登记账簿、试算平衡至编制会计报表等全套会计处理,没有一定的熟练程度是绝对得不了高分的;二是在历年考点中登记账簿、试算平衡、编制会计报表的考核对考生的计算能力是一个不小的挑战,许多考生就输在计算的准确性上,甚至有 30% 的考生最后一题计算草草收场,留下大片空白。因此,如果考生欲在规定的时间内取得 100 分以上的分数,必须练好扎实的会计技能基本功。

四、考点解析

(一) 会计数字书写及判断

考点解析:对会计数字书写的考核包括阿拉伯数字的书写、会计数字书写判断两部分,近几年的分值在 10 分左右。题型比较灵活,可以是大小写书写对照写,也可以是判断在一定的书写载体上的大小写书写是否规范、会计书写的其他要素是否正确等形式。

1. 会计数字书写

例 1-1　写出以下各项内容的大小写金额:

序号	内容	书写要求	答题区
1	¥5,000,670.10	大写	人民币伍佰万零陆佰柒拾元壹角整
2	2015年10月20日	大写	贰零壹伍年零壹拾月零贰拾日
3	¥2,060,048.00	大写	人民币贰佰零陆万零肆拾捌元整
4	人民币捌亿零贰佰伍拾万肆仟零贰拾柒元柒角整	小写	¥802 504 020.70
5	人民币玖角柒分	小写	¥0.97

答案解析：每题 1 分，只有写全写对才可得分，写错任意一字或不小心输入空格都不得分。此类题型得分率一般在 80% 以上，只要细心基本可得满分。

2. 会计数字书写判断

例 1-2　判断会计要素在相应原始凭证上的签写结果是否正确。

原始凭证名称	序号	要素	签写结果	判断结果
银行本票	1	出票日期	贰零贰伍年玖月壹拾陆日	○ ✓ ○ ×	✓
	2	出票人签章	申请人的开户行签章	○ ✓ ○ ×	✓
江苏省增值税专用发票	3	开票日期	贰零贰陆年贰月壹拾陆日	○ ✓ ○ ×	×
	4	价税合计（大写）	人民币柒佰捌拾陆万肆仟伍元伍角	○ ✓ ○ ×	
	5	销货单位盖章	销货单位财务专用章	○ ✓ ○ ×	×

答案解析：每题 1 分，判断错误不得分。此类题型是将原始凭证的审核与填制运用在会计数字书写上，得分率一般在 70% 左右，得满分不容易。

（二）审核会计凭证

考点解析：这是重要考点，重点是原始凭证审核，近三年分值在 20 分左右。题型可以是判断题、选择题、填空题等，但无论是以什么形式出现，其宗旨都是辨别真假、签发不规范或不符合手续的原始凭证，考核会计人员认真仔细、懂法守法的社会责任感，以及自我保护能力和分析问题、解决问题的能力。值得注意的是，此考点不是独立的，大多与后面的考点连贯起来出综合业务处理题，判断失误可能对后面编制记账凭证、登记账簿等产生连锁反应，应引起足够的重视。

1. 判断并列出错误表现类题型

例 2-1　15 日，归还振华公司和西山公司上月的材料款。（凭证 1、凭证 2）

要求：审核原始凭证，在对应的原始凭证编号后，正确的打"✓"，错误的打"×"；对于错误的原始凭证一一列出错误表现。

凭证 1

中国工商银行电汇凭证

凭证编号：#0431

2023 年 12 月 15 日

流水号：4520690

币种：人民币

汇款方式		☑ 普通			□ 加急	
汇款人	全称	南京华海公司	收款人	全称	振华公司	
	账号	39012589352704		账号	33886016	
	汇出地点	江苏南京	汇出行名称	工商行南京市支行	汇入地点	松花江市	汇入行名称	建行松花江支行
汇出金额		壹万叁仟元整		千 百 十 万 千 百 十 元 角 分 ¥ 1 3 0 0 0 0 0		
汇款用途　还欠款				汇出银行盖章 2023 年 12 月 15 日		
此汇款支付给收款人		客户签章				

第二联 客户回单联

单位主管：××　　　会计：××　　　复核：××　　　录入：××

凭证 2 　　　　　　　　　　**中国工商银行电汇凭证**　　　　凭证编号：#0432

币种：人民币　　　　　　　　　2023 年 12 月 15 日　　　　　　电汇编号：4520691

汇款方式		☑ 普通			□ 加急			
汇款人	全称	南京华海公司	收款人	全称	西山公司			第二联 客户回单联
	账号	39012589352704		账号	390125893556789			
	汇出地点 江苏南京	汇出行名称 工商行南京市支行		汇入地点 龙羊市	汇入行名称 工行解放路分理处			
汇出金额		肆万伍仟元整			千 百 十 万 千 百 十 元 角 分			
					¥　　　 4 5 0 0 0 0 0			
汇款用途　还欠款				汇出银行盖章				
此汇款支付给收款人				2023 年 12 月 15 日				
		客户签章						

单位主管：××　　　　会计：××　　　　复核：××　　　　录入：××

【答案】（表 2-3）

表 2-3　　　　　　　　　　　　　　原始凭证判断

题号	原始凭证编号	√或×	逐条列出错误表现
3	凭证 1	×	① 汇出金额大写前无人民币币种；② 汇出银行和客户没有盖章
	凭证 2	×	① 汇出金额大写前无人民币币种；② 汇出银行和客户没有盖章

答案解析：此类题型难度较大，不仅要判断正误，还要逐条写出错误表现，每找出一条错误得 0.5 分，最多写出四条错误。从得分情况看，该题无一人得满分，得分率为 50% 左右。

2．多项选择题型

要求考生对一张原始凭证根据设定的多个选项逐项进行审核，如果判断失误，将会对后面账务处理造成一定的影响。可以说此考点确实费工费时，但可以促使考生平时养成对原始凭证进行甄别的好习惯。

例 2-2　仔细审核原始凭证（凭证 3、凭证 4），指出下列要素内容的填写是否正确，将填写错误或不规范的选项字母填入答题纸相应位置。

　　A．单位名称　　　　　B．开户银行及账号　　　　C．出票日期
　　D．金额　　　　　　　E．单位或个人签章

凭证3

中国工商银行转账支票（苏） Ⅵ Ⅱ 02656912

出票日期（大写）贰零壹叁年叁月零壹日
收款人：柳州物资贸易公司
开户行名称：工商银行北京市分行
出票人账号：33011809032591

人民币（大写）	人民币 壹拾万元整	千	百	十	万	千	百	十	元	角	分
				1	0	0	0	0	0	0	0

本支票付款期十天

用途：购料付款
上列款项请从我账户内支付

出票人签章：北方轴承股份有限公司 财务专用章　林霖

复核
记账
验印

凭证4

商业承兑汇票 2

出票日期（大写）贰零壹叁年叁月叁日　　　　第 21 号

付款人	全称	大巷机电设备销售公司	收款人	全称	北方轴承股份有限公司		
	账号	5386595		账号	2674581		
	开户行	交通银行大巷支行		开户行	工商银行北京市分行	行号	
出票金额	人民币（大写）叁拾贰万元整				￥ 3 2 0 0 0 0 0 0 （千百十万千百十元角分）		
汇票到期日	2013 年 6 月 3 日			交易合同号码			
本汇票已经承兑,到期无条件付款　承兑人签章				本汇票已经承兑,到期无条件付款　出票人签章			

【答案】

1. 凭证3 转账支票中填写错误的选项有（ABDE）(2分)。
2. 凭证4 商业汇票中填写错误的选项有（BCE）(2分)。

答案解析：此种类型属于判断性选择题，这是难度比较大的判断题型，要求每题全选对才得满分，部分选对的,每个按0.5分计算得分,选错的倒扣0.5分。从得分情况看,该题型无一人得满分,得分率为40%左右。

3．简单判断题型

例2-3　20日,专设销售机构的业务部报销业务宣传费用2 700元,以现金补足其备用金定额。原始凭证见凭证5、凭证6。

要求：仔细审核原始凭证,判断每张原始凭证填写项目的正误。

凭证5

凭证8-1

3201011213　　　　江苏省增值税专用发票　　　NO.0305423

发票联　　开票日期：2016年2月20日

购买方	名　　　称	金陵广告业服务公司				密码区			
	纳税人识别号	230113451107890							
	地　址、电　话	南京市上海路118号 025-88386789							
	开户行及账号	中兴银行南京市分行 6301345606789							

货物或应税劳务、服务名称	规格型号	单位	数量	单价	金额	税率	税额
业务宣传费用					2,700.00	6%	162.00
合计					¥2,700.00		¥162.00

价税合计（大写）	人民币贰仟捌佰陆拾贰元整	（小写）¥2,862.00

销售方	名　　　称	南京斯达舒有限公司	备注
	纳税人识别号	210111571107511	
	地　址、电　话	南京市科海路18号 025-87387678	
	开户行及账号	工商银行南京市分行 43011809032890	

收款人：东升　　复核：刘一友　　开票人：付文友　　　销售方：（章）

答题区：正确□　　　错误☑

凭证6

南京斯达舒有限公司费用报销批单

报销部门：销售业务部　　2016年3月20日　　　金额单位：元

用途	金额	开支项目	业务招待费
业务宣传费用	2,700.00	领导审批	同意报销。 普森 2016年3月20日
合计	¥2,700.00		

金额（大写）人民币贰仟柒佰元整　　　原借备用金¥5,000.00,补足备用金定额。

主管：　　　复核：　　　出纳：陆新合　　经办人：

答题区：正确□　　　错误☑

例2-4　3日，职工李亚报销医药费，报销款以现金支付。（凭证7）

凭证7

医药费报销单

2016 年 12 月 03 日　　　　　　　　　　　　　　　　　　　　　　　　　　　No. 201561

姓名	李亚	年龄	35	工龄	10	就医医院	省中院
医疗项目	金额	单据张数	报销比例	报销金额		个人负担金额	
门诊医疗费	856.00	5	90%	770.40		85.60	
高新仪器治疗费	699.00	3	100%	699.00		—	
住院治疗费	3120.00	1	80%	2496.00		624.00	
合计	4 675.00	9		3 965.40		709.60	
报销金额人民币大写	叁仟玖佰陆拾伍元肆角整						
工作部门：营销部		报销人签章：李亚		部门负责人签章：金明		公司领导签章：孙丰	

答题区：正确☑　　　　　错误□

答案解析：此类题型从形式上看似简单，但实质上考核考生对原始凭证的综合判断能力，灵活度大，只有全面甄别原始凭证的正误方可得分。从近几年的得分情况看，得分率为 80% 左右。

4. 连锁判断题型

考点解析：此类题型设计为对一笔经济业务引起的相关会计处理结果进行审核，不仅要审核原始凭证，还要审核记账凭证，影响到账簿记录的，还要对账簿登记情况进行审核，并采用正确的方法进行更正，完善账簿记录。此类题型旨在考核考生的基本查账方法，综合性强，这是近几年值得推崇的命题思路。

例 2-5　2017 年"会计账务处理"第二部分"综合业务处理"题就是这种设计思路。

第一步：对 10 笔业务所附的原始凭证进行审核，同时填制缺少的原始凭证。

第二步：审核考题中已经填写好的记账凭证（以会计分录代替），若发现错误的会计分录，采用正确的更正方法，编制补充或红字冲销错误的会计分录。

第三步：审核根据前面的资料已经登记的账簿记录，若发现错误，根据第二步审核记账凭证时编制的更正错账的记账凭证（或会计分录）登记并完善账簿。

如果第一步原始凭证审核出错或编制了错误的原始凭证，记账凭证就发现不了错误，编制错账更正的会计分录也会出错，连锁反应到账簿登记也会出错。

通过对 2017 年每道题的得分及难易程度进行分析得到印证（图 2-1）。

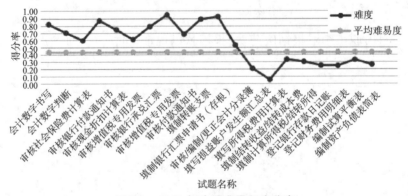

图 2-1　2017 年试题难易程度分布

答案解析：将平均得分率定为40%，从第一题会计数字书写至审核原始凭证，得分率都在40%以上；从填写原始凭证开始至最后编制资产负债表，得分率都在40%以下。原因是审核并更正会计分录引起的连锁反应。这是大部分考生失分的主要原因，当然也是少数得高分的优等生综合能力的体现。

（三）填制原始凭证

考点解析：这也是重要考点，分值在25分左右。出题形式是根据经济业务发生情况或已知原始凭证填写遗漏的空白原始凭证，一般填写一张原始凭证得5分左右，包括签名和盖章。考核常见的原始凭证有：银行结算票据和结算凭证、现金缴款单、银行进账单、专用发票和普通发票、借款单和现金收据、差旅费用报销单等。

例3-1 5日，向江南鼎盛公司销售M产品100件，售价300元/件，成本120元/件。开出增值税专用发票，增值税税率为17%，货款暂欠，产品成本同步结转。[要求填写增值税专用发票（凭证8）]

凭证8

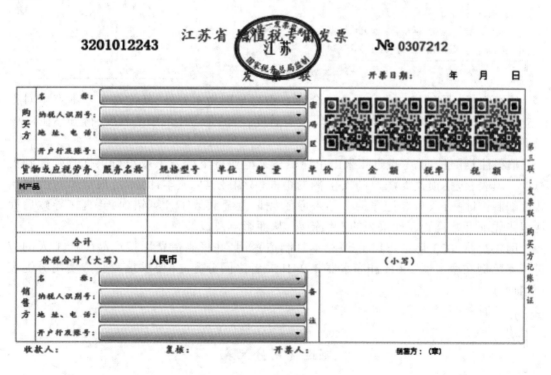

【答案】

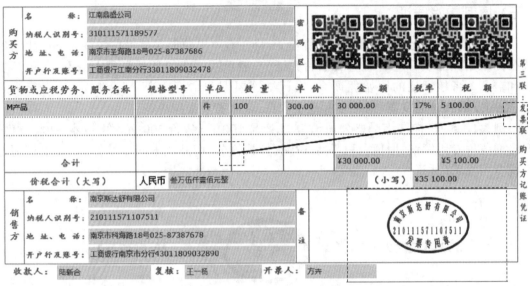

答案解析：除销售方盖章及价税合计大小写分别为 1 分外，其他每个基本点填对得 0.5 分，共 5 分。此类题型属于给分题，没有难度，考的是考生的细心程度，得分率在 80% 以上。

值得注意的是，此考点近年来由单纯填写某笔业务下的发票或银行票据等延伸到汇总计算填表，包括损益类账户的发生额的汇总、费用分配、成本计算等；根据填写的原始凭证编制记账凭证，再登记账簿。如果原始凭证上金额数字计算错误，会直接导致后面从记账凭证开始直到会计报表的连锁错误，从而影响总成绩。

例 3-2 （2023 年题）31 日，汇总本月制造费用，并将制造费用按产品生产工人的应付工资比例在净水器 2.6H 和净水器 3.24H 二者之间分配。[要求填写制造费用分配表（凭证 9）]

凭证 9

制造费用分配表

车间：　　　　　　　　　　年　月　日

产品名称	分配标准（　　）	分配总额	分配率	分配金额
合计				

制表：　　　　　　　　　　审核：

【答案】

制造费用分配表

车间：生产车间　　　　2022 年 12 月 31 日　　　　科技伴随　高效学习

产品名称	分配标准（应付工资）	分配总额	分配率	分配金额
净水器2.6H	35000	114,000.00	1.52	53,200.00
净水器3.24H	40000		1.52	60,800.00
合计	75000	114,000.00	1.52	114,000.00

制表：罗明　　　　审核：胡婉

例3-3　（2023年题）31日，计算全年应纳税所得额，计提本年应交企业所得税，并将所得税费用转入本年利润。[假设不考虑纳税调整事项。要求填写企业所得税计算表（凭证10），所得税税率为25%]

凭证10

企业所得税计算表

2022 年 12 月　　　　　　　　　　　　　　　　　　金额单位：元

项目	金额
一、税前会计利润	
加：纳税调增项目	
减：纳税调减项目	
二、应纳税所得额	
三、当期应交所得税	

会计主管：　　　　　　　　　　制单：

【答案】

凭证10

企业所得税计算表

2022 年 12 月　　　　　　　　　　　　　　　　　　金额单位：元

项目	金额
一、税前会计利润	1 279 400.00
加：纳税调增项目	略
减：纳税调减项目	略
二、应纳税所得额	1 279 400.00
三、当期应交所得税	319 850.00

会计主管：胡婉　　　　　　　　制单：罗明

答案解析：此类题综合性非常强，只有前面的所有业务题都做正确了，加上细心，汇总不出错误，方可得分。如果不得分，不仅本题不得分，而且记账凭证的编制也不得分，账簿登记的结果出错，甚至会影响试算平衡表、会计报表的得分。

(四) 判断并更正会计分录

考点解析：此考点经常与审核、填制原始凭证和记账凭证及登记账簿合并出题。从历年的考卷来看，除2008年是单独出题外，其余年份都是综合出题，关联性强。故如果会计分录判断与更正错误，将直接影响账簿登记、试算平衡和会计报表的结果。如果是登记日记账，还会影响银行存款余额调节表的编制结果。

例 4-1 （2023 年题）业务 1：6 日，收到开户银行的进账通知，收到南京特拓租赁有限公司转来承租本公司位于浦口的一栋办公楼的第二期房租，当即开出增值税专用发票，增值税税率为 9%。该办公楼于 2021 年 12 月 6 日出租，租期 5 年，年租金 120 000 元（不含税）。（凭证略。注：一年按 12 个月摊销本月的租金收入）

要求：判断业务 1 所编制的会计分录（见会计分录簿）的正误，如果存在错误，请采用正确方法进行更正，对于科目名称错误以及多计金额，请用红字更正法更正；对于漏记业务以及少计金额，请用补充登记法更正。更正的会计分录直接填入表内相应位置。

【答案】

会计分录簿

业务号	2022年 月	日	凭证种类及号数	摘要	会计分录 会计科目 总账科目	明细科目	借方金额	贷方金额	判断 对及错
1	12	5	记1 1/2	收到办公楼年租金	银行存款		130,800.00		错
					预收账款			130,800.00	

编制更正错证的会计分录

凭证种类及号数	摘要	会计科目 总账科目	明细科目	借方金额	贷方金额
记11 1/2	冲销记1 1/2	银行存款		130,800.00	
		预收账款			130,800.00
记11 2/2	更正记1 1/2	银行存款		130,800.00	
		预收账款			120,000.00
		应交税费	应交增值税（销项税额）		10,800.00

会计分录簿

业务号	2022年		凭证种类及号数	摘要	会计分录				判断对或错
	月	日			会计科目		借方金额	贷方金额	
					总账科目	明细科目			
1	12	5	记1 2/2	摘销本月租金收入	预收账款		10,900.00		错
					其他业务收入			10,900.00	

		编制更正错误的会计分录				
凭证种类及号数		摘要	会计科目		借方金额	贷方金额
			总账科目	明细科目		
记12		冲销记1 2/2多记	预收账款		900.00	
			其他业务收入			900.00

答案解析：判断每个会计分录的正误1分，更正错误分录每个2~3分。"记1 1/2"错在增值税没有单独反映，开出增值税专用发票时控制权转移，增值税纳税义务单独记为销项税额，科目和金额都错误，故用红字先冲销，再编制正确的会计分录；"记1 2/2"的错误导致从预收账款转"其他业务收入"多转，金额多记，故用红字冲销。

（五）填制记账凭证

考点解析：这也是重要考点，分值在20~30分。出题形式是根据经济业务发生情况所附的原始凭证或考生自己填写的原始凭证，审核正确后，编制记账凭证，每张3分左右，包括制单人签名。有时为了节省篇幅，有部分记账凭证以会计分录代替。这是历年来考生最容易出错的考点，因为填写每张记账凭证的金额需要根据前道环节填写原始凭证的金额得到，前面做错会直接导致记账凭证错误。这是考生操作最焦虑的题目。

例5-1 10日，与深圳进出口外贸公司签订一份长期销售合同，销售履带旋耕机（50ML）和履带拖拉机（YHT3）各30台，每台售价分别为20 000元、40 000元，增值税税率为13%；单位成本分别为12 000元、32 000元。同时承诺，售出的机械如有质量问题，在6个月内有权要求退货。根据以往的经验，估计产品的退货率为1%。当即开出增值税专用发票，产品的控制权转移给购买方。当日，深圳进出口外贸公司提交一张面额为2 000 000元的银行汇票支付货款，按实际交易额结算，不足部分暂欠。（凭证11、凭证12、凭证13）

要求：1. 填写增值税专用发票（凭证13）；

2. 编制记账凭证（凭证14）。

凭证 11

出 库 单

No. 24752039

2022 年 12 月 10 日

购货单位：深圳进出口外贸公司

编号	品名	规格	单位	数量	单价	金额	备注
	履带旋耕机	50ML	台	30	12,000.00	360,000.00	
	履带拖拉机	YHT3	台	30	32,000.00	960,000.00	
合计						¥1,320,000.00	

第一联 存根联

仓库主管：朱笑玮　　记账：马玉　　保管：孙闫芳　　经手人：孙姿　　制单：马玉

凭证 12

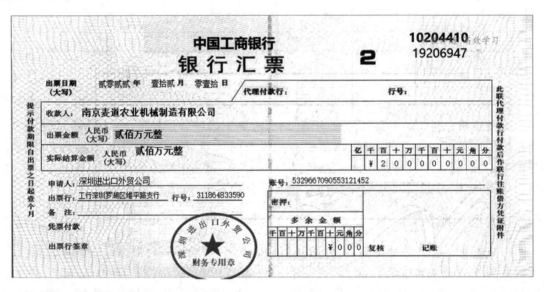

【答案一】 填写原始凭证见凭证 13。

凭证13

【答案二】 编制记账凭证见凭证14(只编制销售收入的记账凭证,其他略)。

凭证14

记账凭证

2022 年 12 月 10 日　　　　　　记字第 2 2/2 号

摘要	总账科目	明细科目	记账	借方金额										记账	贷方金额									
				千	百	十	万	千	百	十	元	角	分		千	百	十	万	千	百	十	元	角	分
销售产品	银行存款					2	0	0	0	0	0	0	0											
	应收账款						3	4	0	0	0	0	0											
	主营业务收入															1	7	8	2	0	0	0	0	0
	预计负债																		1	8	0	0	0	0
	应交税费	应交增值税(销项税额)																2	3	4	0	0	0	0
合　计				¥		2	0	3	4	0	0	0	0	¥			2	0	3	4	0	0	0	0

财务主管　　　　　记账　　　　　出纳　　　　　审核　　　　　制单 马玉

答案解析:此类题考核考生熟练编制记账凭证的操作技能,得分容易,要求又快又准。考点包括:日期的填写(与原始凭证的日期一致)、摘要填写、记账凭证按类编号、会计分录的编制、金额填写规范、制单人签名等要素。此题型没有什么操作难度,只要会做会计分录,应该没有问题,属于得高分题目。考生应注意细节,如编号、制单人签名、附件张数等是失分的地方。值得注意的是,上述每个填写要素都必须填写齐全,都是可以设得分点的,每年设置的得分点都会有变化;考生既要熟练填写专用凭证,也要熟练填写通用记账凭证,通常记账凭证每张3分左右。

(六) 登记日记账

考点解析：登记日记账主要考核根据有关现金、银行存款的收付款业务逐日逐笔登记库存现金日记账、银行存款日记账和结账技能，这也是重要考点，分值在10分左右。出题形式是与其他考点关联出题：首先审核和补齐空白原始凭证，编制记账凭证，据以逐日逐笔登记库存现金日记账和银行存款日记账，并进行日结和月度结账；有时将银行存款日记账与银行对账单进行核对，若有错误及时纠正，最后编制银行存款余额调节表；有时也可将已登记好的日记账拿来检查，与更正错账结合起来出题。

此题型考核考生账务处理的综合应用能力及应变能力，特别是将编制记账凭证、登记日记账融入更正错账之中，考查考生的应变能力和会计核算功底。因此该题型不太容易得满分，是拉分的题型。涉及的考点有：审核会计凭证、审查日记账、红字冲账法、画线更正法、登记日记账、结账等。

(七) 核对银行存款，编制银行存款余额调节表

考点解析：银行对账是出纳人员必备的基本技能。出纳人员需要定期将银行送来的对账单与自己登记的日记账进行核对，搞清单位存放在银行的实有存款金额。该题型主要考核对账单与日记账逐笔勾对方法、未达账项查找方法、错账处理方法和银行存款余额调节表的编制方法。这也是重要考点，分值在6分左右。出题形式可以独立出题，但更多的是与银行存款日记账登记、更正错账结合起来出题。

例7-1 登记银行存款日记账，并与对账单进行逐笔核对，据此编制银行存款余额调节表。

【资料】2023年12月31日，华海公司开户行工商银行南京市支行寄来了2023年12月份银行存款对账单，企业的银行存款日记账需要考生自己完成。

要求：根据前述业务及期初资料登记华海公司银行存款日记账（表2-5），并与对账单（表2-4）进行逐笔核对，据此审核并编制银行存款余额调节表（表2-6）。

表2-4

中国工商银行南京市支行对账单

账号：33011809032591　　　　单位名称：南京市华海公司　　　　2023年12月31日止

单位：元

2023年		摘　　要	结算凭证号	借方	贷方	余　额
月	日					
12	1	期初余额				480 000
	15	归还前欠货款	电汇#0431 和电汇#0432	58 000		422 000
	23	支付货款	转账支票#0130	42 120		379 880
	30	承付货款	承付支款通知 005578	26 325		353 555
	30	汇划进账	汇划 5678#		10 000	363 555
	31	利息	结算单 345#		3 019	366 574
	31	代付电费	托收号 102184	2 490		364 084
	31	月末余额		128 935	13 019	364 084

【答案】

表 2-5　银行存款日记账

开户银行：中国工商银行南京市支行　　账号：33011809032591　　2023 年 12 月 31 日止

单位：元

2023 年		摘　要	凭证号	借方	贷方	借或贷	金额
月	日						
1	1	期初余额				借	480 000
	15	归还前欠货款	电汇#0431 和电汇#0432		58 000	借	422 000
	22	支付货款	转账支票#0130		42 120	借	379 880
	28	收到上月货款	转账支票#0734	49 600		借	429 480
	30	承付货款	承付支款通知 005578		26 325	借	403 155
	31	月末余额		49 600	126 445	借	403 155

注：借方和贷方登记每个指标 1 分，期初和期末余额各 1 分，月末结账 2 分。

表 2-6　银行存款余额调节表

编制单位：华海公司　　2023 年 12 月 31 日　　单位：元

项　目	金　额	项　目	金　额
企业银行存款日记账余额	403 155	银行对账单余额	364 084
加：银行已收企业未收的款项 1. 汇划 5678# 2. 结算利息 345#	10 000 3 019	加：企业已收银行未收的款项 1. 转账支票#0734 2.	49 600
减：银行已付企业未付的款项 1. 代付电费托收号 102184 2.	2 490	减：企业已付银行未付的款项	
调节后余额	413 684	调节后余额	413 684

答案解析：此题得分的关键是找准未达账项，而未达账项很容易与漏账、错账混淆。如何辨别呢？一般是临近对账日的业务，若在一方账上有记录，另一方没有收到相关票据、账上没有记录的，可能就是未达账项。但要注意的是：是否属于错账，或者属于上月未达账项本月正常入账，这是隐藏在对账中的一个陷阱，许多考生将其作为本月未达账项，导致银行存款余额调节表编制不成功，因此失分。

(八) 登记明细账

考点解析：登记明细账主要考核根据记账凭证逐日逐笔登记三栏式债权债务明细账、数量金额式存货明细账、多栏式成本费用明细账和结账技能。这也是重要考点，分值在 20 分左右。出题形式可以单独出题，也可以与审核和填制原始凭证、编制记账凭证、更正错账结合起来考核综合操作能力。其设计思路一般为：首先审核会计凭证、明细账，指出其存在的错误，然后采用正确的更正方法更正明细账中的错误记录，最后完善账簿登记并结账。

例 8-1 （2023 年题）会计综合业务处理。

要求:根据记账凭证编号顺序(含更正错误记账凭证)逐笔登记多栏式管理费用明细账(表2-7),月末分配转出用红字登记。

【答案】

表 2-7　　　　　　　　　　　　　　**管理费用明细账**　　　　　　　　　　　　　　单位：元

2022 年		凭证号数	摘要	材料费	职工薪酬	折旧费	水电费	办公费	其他	合计
月	日									
12	20	记3	报销宽带初装费					20 000.00 (1分)		20 000.00
	31	记4 2/2	电费				20 000.00 (1分)			20 000.00
	31	记5 1/2	分配应付工资		40 000.00 (1分)					40 000.00
	31	记5 2/2	计提公积金		4 800.00 (1分)					48 000.00
	31	记6 1/2	计提折旧			20 000.00 (1分)				20 000.00
	31	记6 2/2	无形资产摊销						6 250.00 (1分)	6 250.00
	31		本月合计		44 800.00	20 000.00	20 000.00	20 000.00	6 250.00	154 250.00 (1分)
12	31	记7	分配转出		44 800.00 (0.5分)	20 000.00 (0.5分)	20 000.00 (0.5分)	20 000.00 (0.5分)	6 250.00 (0.5分)	114 000.00 (0.5分)

答案解析:此题型属于简单题型,考核考生登记明细账的基本方法。但这类题型往往与前面编制的记账凭证、更正会计分录紧密相连,会产生联动效应,得高分不太容易。

(九) 登记总分类账

考点解析:登记总分类账主要考核根据记账凭证逐笔登记三栏式或多栏式总账和结账的技能,在考纲中一直是一个重要的考点,分值在 20 分左右。与总分类账户试算平衡表的编制有直接联系。

出题形式主要有:一是首先根据记账凭证或会计分录逐笔登记总分类账,然后编制试算平衡表,最后据以编制会计报表;二是与审核和填制原始凭证、编制记账凭证、更正错账结合起来考核综合操作能力。其设计思路一般是:首先审核会计凭证、总分类账,指出其存在的错误,然后采用正确的更正方法更正总账中的错误记录,最后完善账簿登记并结账。

例 9-1 A 公司 2017 年 4 月 1 日库存现金日记账余额为 900 元(银行核定的库存现金限额为 5 000 元),本月发生有关现金收付业务如下:

(1) 4 月 4 日提取现金 3 000 元备用。

(2) 4 月 10 日销售科李渊预借差旅费 3 000 元,以现金付讫。

(3) 4 月 10 日处置废料收入 3 200 元,收取现金。

(4) 4月20日以现金支付购买材料的运杂费1 600元。

(5) 4月28日企业在财产清查中发现库存现金长款120元。

根据上述业务编制的现金收付款凭证(以会计分录代替)如表2-8所示。

表2-8   记账凭证   单位：元

凭证号	会计分录	凭证号	会计分录
银付第1号	借：库存现金　　　3 000 　贷：银行存款　　　　3 000	现付第2号	借：其他应收款　　　3 000 　贷：库存现金　　　　3 000
现收第1号	借：库存现金　　　3 200 　贷：其他业务收入　　3 200	现付第3号	借：材料采购　　　1 600 　贷：库存现金　　　　1 600
现收第2号	借：库存现金　　　　120 　贷：待处理财产损溢　　120		

要求：根据现金收付款凭证，完成下列库存现金总分类账的登记工作，并进行月末结账(表2-9)。

【答案】

表2-9   总分类账

账户名称：库存现金

2017年		凭证号数	摘要	借方	贷方	借或贷	余额
月	日			百十万千百十元角分	百十万千百十元角分		百十万千百十元角分
4	1		上月余额			借	9 0 0 0 0
	4	银付1	提取现金	3 0 0 0 0 0		借	3 9 0 0 0 0
	10	现付2	借差旅费		3 0 0 0 0 0	借	9 0 0 0 0
	10	现收1	残料收入	3 2 0 0 0 0		借	4 1 0 0 0 0
	20	现付3	采购运杂费		1 6 0 0 0 0	借	2 5 0 0 0 0
	28	现收2	现金长款	1 2 0 0 0		借	2 6 2 0 0 0
	30		本期合计	￥6 3 2 0 0 0	￥4 6 0 0 0 0	借	￥2 6 2 0 0 0

注：每笔2分，共6笔，月末结账3分。

答案解析：此题型属于简单题型，考核考生登记明细账的基本方法，得分容易。但应注意账簿登记的完整性，如月末画线结账。

例9-2 (2022年题)会计综合业务处理。

要求：根据记账凭证编号顺序(含更正错误记账凭证)逐笔登记应交税费总分类账并结账(表2-10)。

表 2-10

总分类账

科目名称：应交税费

2021年		凭证		摘要	借方	贷方	借或贷	余额
月	日	种类	号数					
01	01			期初余额			贷	15,000.00
01	03	记	2	采购咖啡豆	21,600.00		借	
01	10	记	3 1/2	销售进口咖啡粉		208,000.00	贷	
01	12	记	4	清缴上月增值税	15,000.00		贷	
01	20	记	112/2	更正记5漏记的增值税	240.00		贷	
01	22	记	6 1/2	销售退回	1,040.00		贷	
01	30	记	12 1/2	更正记7 1/2漏记的增值税		780.00	贷	
01	31	记	9	计提城市维护建设税教育费附加		21,600.00	贷	
01	31			本月合计	37,880.00	230,380.00	贷	207,500.00
							贷	207,500.00

答案解析：此题型属于简单题型，考核考生登记总账的基本方法，应注意账户登记的完整性，如月末画线结账。但此类题型往往与前面编制的记账凭证、更正会计分录紧密相连，会产生联动效应，得高分不太容易。

（十）编制试算平衡表（或科目汇总表）

考点解析：编制试算平衡表主要考核根据总账或直接根据记账凭证编制总账试算平衡表的能力，并进行会计报表编制前的试算平衡工作，有时简化为编制科目汇总表，或将二者合二为一。此题型计算量大，耗时长，得满分不容易，几乎每年必考，是重要考点，分值在20~30分。此考点一般与总分类账户登记、会计报表的编制结合出综合题。近两年这类题型出题频率较高，且综合性愈来愈强，用较大的业务量将所有考点串联起来进行综合考核是命题趋势。

例 10-1　（2022年题）综合业务处理部分——编制试算平衡表。

要求：请根据会计分录簿和记账凭证汇总，计算并完善试算平衡表（表 2-11）。（30分）

表 2-11

试算平衡表

编制单位：南京盛一咖啡经销有限公司　　2021 年 03 月 31 日　　单位：元

账户名称	期初余额		本期发生额		期末余额	
	借方	贷方	借方	贷方	借方	贷方
库存现金	6,200.00				6,200.00	
银行存款	706,000.00		1,808,000.00	95,840.00	2,418,160.00	
原材料	280,000.00		−40,000.00		240,000.00	
库存商品	1,500,000.00		6,000.00	1,206,000.00	300,000.00	
生产成本			22,260.00		22,260.00	
固定资产	6,800,000.00				6,800,000.00	
累计折旧		1,800,000.00				1,800,000.00
应付账款		280,000.00	−280,000.00			
应付票据				261,600.00		261,600.00
应交税费		15,000.00	37,880.00	230,380.00		207,500.00
待处理财产损溢			6,780.00	6,780.00		
其他应付款		18,800.00	18,800.00			
应付职工薪酬			48,760.00	48,760.00		
实收资本		6,500,000.00				6,500,000.00
利润分配		678,400.00				678,400.00
本年利润			1,252,880.00	1,592,000.00		339,120.00
主营业务收入			1,600,000.00	1,600,000.00		
主营业务成本			1,200,000.00	1,200,000.00		
管理费用			21,380.00	21,380.00		
销售费用			15,900.00	15,900.00		
税金及附加			21,600.00	21,600.00		
合计	9,292,200.00	9,292,200.00	6,020,240.00	6,020,240.00	9,786,620.00	9,786,620.00

答案解析：此题型看起来容易，但是得分相当不易，而且计算工作量大。最大的难点体现在根据前面编制的记账凭证或会计分录一步跳跃到总账的试算平衡，中间并没有登记总账过程作为过渡。此题型需要考生在草稿纸上完成"T 型"账户登记初稿，这些工作量没有分数体现，无疑加大了考试难度。只有具有相当熟练程度的考生才能有充裕时间拿到高分。

（十一）编制资产负债表、利润表

考点解析：此考点主要考核考生根据会计资料编制会计报表，体现考生账务处理的综合应用能力，是非常重要的考点，分值在 10 分左右。

出题形式是与其他考点关联出题：首先审核和补齐空白原始凭证，编制记账凭证，据以登记库账户并进行对账、更正错账与结账;然后编制试算平衡表,进行报表前试算平衡工作;最后编制会计报表。前后数据关联性强,这是近年财会技能考试的趋势。

例 10-1 综合业务处理——根据试算平衡表(表 2-12),编制本月的资产负债表简表(表 2-13)。

表 2-12

总分类账户试算平衡表

2023 年 1 月 31 日　　　　　　　　　　　　　　　　　　　　金额单位:元

账户名称	期初余额		本期发生额		期末余额	
	借方	贷方	借方	贷方	借方	贷方
库存现金	11 960.00			11 929.00	31.00	
银行存款	2 095 060.00		11 000.00	1 634 542.00	471 518.00	
应收账款	40 716.00				40 716.00	
坏账准备		5 836.00				5 836.00
其他应收款	11 800.00			5 000.00	6 800.00	
原材料	32 130.00		280 600.00		312 730.00	
库存商品	77 152.00				77 152.00	
固定资产	8 200 000.00		44 957.26		8 244 957.26	
累计折旧		1 581 500.00				1 581 500.00
待处理财产损溢	200.00			200.00		
短期借款		2 500 000.00	1 360 000.00			1 140 000.00
应付账款		2 500.00				2 500.00
应付职工薪酬		64 488.00				64 488.00
应交税费		291 440.00	146 748.74			144 691.26
应付利息		13 668.00	13 668.00			
实收资本		2 000 000.00				2 000 000.00
盈余公积		580 000.00				580 000.00
利润分配		3 429 586.00				3 429 586.00
预付账款			100 000.00	327 600.00	227 600.00	
本年利润			22 297.00	22 297.00		
销售费用			5 263.00	5 263.00		
管理费用			10 200.00	10 200.00		
财务费用			6 834.00	6 834.00		
合计	10 469 018.00	10 469 018.00	2 001 568.00	2 001 568.00	9 176 201.26	9 176 201.26

注:历年考试,本表是考生自己根据基础凭证资料做出的结果。

【答案】

表2-13

资产负债表（简表）

2023年1月31日

编制单位：南京贝贝乐童车厂　　　　　　　　　　　　　　　　　　　金额单位：元

流动资产：		流动负债：	
货币资金	471 549.00	短期借款	1 140 000.00
应收账款	34 880.00	应付账款	230 100.00
预付款项	0	预收款项	
应收利息		应付职工薪酬	64 488.00
其他应收款	6 800.00	应交税费	144 691.26
存货	389 882.00	应付利息	
其他流动资产		其他应付款	
流动资产合计	903 111.00	负债合计	1 579 279.26
非流动资产：		所有者权益：	
固定资产	6 663 457.26	实收资本	2 000 000.00
在建工程		资本公积	
无形资产		盈余公积	580 000.00
其他非流动资产		未分配利润	3 407 289.00
非流动资产合计	6 663 457.26	所有者权益合计	5 987 289.00
资产总计	7 566 568.26	负债和所有者权益总计	7 566 568.26

答案解析：此题型考核考生账务处理的综合应用能力及应变能力。此题型看起来容易，没有什么变化，但是得分相当不易，而且计算工作量大。最大的难点体现在根据前面编制的记账凭证或会计分录一步跳跃到编制会计报表，中间并没有登记总账、试算平衡过程作为过渡。此题型需要考生在草稿纸上完成"T型"账户登记初稿，这些工作量没有分数体现，无疑加大了考试难度。只有具有相当熟练程度的考生才能有充裕时间拿到高分。2017年后此题型虽然做了改进，即先编制试算平衡表，再根据平衡后的结果编制资产负债表，但由于前后关联性太强，再加上时间有限，结果很多考生在两个项目上都失分，从而拉低了总分。

第三部分 会计数字书写技能实训

一、会计数字书写技能介绍

会计数字书写技能是指会计工作人员在经济业务活动的记录过程中,对接触的数码和文字的一种规范化书写技术。会计工作离不开书写,没有规范的书写就没有会计工作质量。规范化的书写技能也是衡量一个会计工作人员素质的基本标准。一个合格的会计人员,首先书写应当规范易辨、清晰整洁。

会计数字书写包括阿拉伯数字的书写、数字汉字大写两大部分。在一些"三资"企业,有时需用外文记账,外文字母的书写也应当规范。

二、会计数字书写实训指导

(一)阿拉伯数字书写规范

1. 阿拉伯数字手写范例

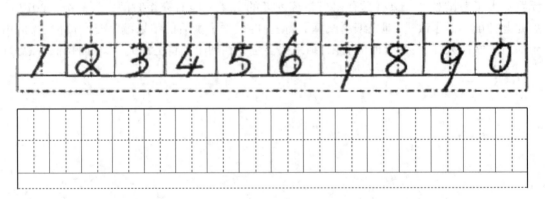

去掉假想虚线,缩小比例的凭证账页上的数字格如下所示:

在会计账簿中书写示例:

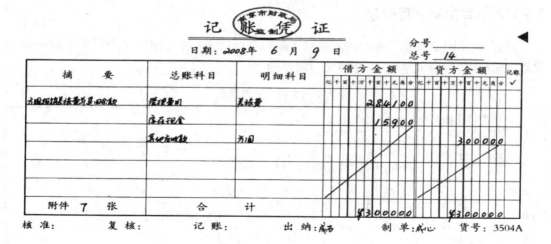

在会计凭证中书写示例:

2. 阿拉伯数字书写要求

（1）阿拉伯数字应当一个一个地写，不得连笔写，排列要整齐，在书写时应有一定的斜度，一般可掌握在60度左右。

（2）书写有高度标准，一般要求数字的高度占凭证账页横格高度的1/2为宜，书写时要注意紧靠横格底线，使上方能留更正空间。

（3）保持均衡的间距，每个数码字要大小一致，数字间的空隙应均匀，约半个数字大小，不宜过大以防被添加数字。在印有数位线的凭证、账簿、报表上，每一格只能写一个数字，不得几个字挤在一个格里，也不得在数字中间留有空格。

（4）为防止被模仿或涂改，会计人员要保持个人的书写规律和特色：

① "1"应居中写并不可写得过短，以防被改为"4""6""7""9"。

② "2"的底部上绕，以免被改为"3"。

③ "4"的顶部不封口，写第1笔画时应上抵中线，下至下半格的1/4处，并注意"4"的中竖要明显比"1"短。

④ "6"的竖划应偏左，"4""7""9"的竖划应偏右，此外"6"的竖划应上提为一般数字的1/4；"7""9"的竖划可下拉出格至一般数字的1/4。

书写"6"时下圆要明显，以防被改写为"8"。

⑤ "8"有两种笔顺，都起笔于右上角，结束于右上角，写"8"时，上边要稍小，下边稍大，可以斜"S"起笔也可直笔起笔，终笔与起笔交接处应成菱角，以防止将"3"改为"8"。

⑥ "6""8""9""0"的圆圈必须封口。

（二）中文大写数字数位书写规范

中文大写数字主要用于支票、传票、数据、发票等重要票据，中文大写数字庄重、笔画繁多，可防篡改，有利于避免混淆和经济损失。中文大写是由数字和数位两部分组成，两者缺一不可。数字包括零、壹、贰、叁、肆、伍、陆、柒、捌、玖；数位包括拾、佰、仟、万、亿、兆、圆（元）、角、分等。数字和数位一律用正楷或行书体书写，规范用字，切不可自造字，也不得用简化字代替，以防篡改。

（三）大小写金额书写规范

通常，将用阿拉伯数字表示的金额数字简称为"小写金额"，用汉字大写数字表示的金额数字简称为"大写金额"。大小写书写对照如下：

大小写金额书写对照表

会计凭证账表上的小写金额栏							原始凭证上的大写金额栏
没有数位分割线	有数位分割线						
	万	千	百	十	元	角	分
￥0.08							8	人民币捌分
￥0.50						5	0	人民币⊗万⊗仟⊗佰⊗拾⊗圆伍角零分
￥2.__ 或 ￥2.00					2	0	0	人民币贰元整

续表

会计凭证账表上的小写金额栏								原始凭证上的大写金额栏
没有数位分割线	有数位分割线							
	万	千	百	十	元	角	分	
￥18.09				1	8	0	9	人民币壹拾捌元零玖分
￥430.06			4	3	0	0	6	人民币⊗万⊗仟肆佰叁拾零元零角陆分
￥2 010.70		2	0	1	0	7	0	人民币贰仟零拾壹元柒角整
￥15 006.09	1	5	0	0	6	0	9	人民币壹万伍仟零陆圆零玖分
￥3 000.40		3	0	0	0	4	0	人民币⊗万叁仟零佰零拾零元肆角零分

1. 小写金额书写要求

(1) 书写小写金额时,数字前面应当书写货币币种或者货币名称简写和币种符号。币种符号与数字之间不得留有空白,以防止金额数字被人涂改。凡数字前写有币种符号的,数字后面不再写货币单位。人民币符号用"￥"表示,"￥"是"yuan"第一个字母缩写变形,它既代表了人民币的币制,又表示人民币"元"的单位。所以,小写金额前填写人民币符号"￥"以后,数字后面可不写"元"字。"￥"主要应用于填写票证(发票、支票、存单等)和编制记账凭证,在登记账簿、编制报表时,一般不使用"￥"。

(2) 在没有位数分隔线的凭证、账、表上,所有以元为单位的阿拉伯数字,除表示单价等情况外一律写到角分;无角分的,角位和分位可写"00"或"—";有角无分的,分位应当写"0",不得以符号"—"代替。

举例:￥100.00 可写成￥100.—;也可写作￥100.00 元。
　　　￥100.50 不可写作￥100.5—。

(3) 只有分位金额的,在元和角位上各写一个"0"字,并在元与角之间点一个小数点,如"￥0.06"。

(4) 金额的整数部分,可以从小数点向左按照"三位一节"用分位点","分开或加1/4空分开。如"￥6,947,130.72"或"￥6 947 130.72"。

(5) 有数位分隔线的凭证账表的标准写法:
① 对应固定的位数填写,不得错位,从最高位起,后面各数位格数字必须写完整;
② 只有分位金额的,在元和角位上均不得写"0"字;
③ 只有角位或角分位金额的,在元位上不得写"0"字;
④ 分位是"0"的,在分位上写"0";角分位都是"0"的,在角分位上各写一个"0"字,不能采用划线等方法代替。

2. 大写金额的书写要求

(1) 大写金额由数字(壹、贰、叁、肆、伍、陆、柒、捌、玖、零)和数位[人民币、拾、佰、仟、万、亿、圆(元)、角、分、零、整(正)以及数量单位等]组成。

(2) 大写金额前未印有货币名称("人民币")的,应加填货币名称,货币名称与金额数字之间不得留有空白。

(3) 大写金额到元或角为止的,在其后写"整"或"正"字,到分为止的则"分"后面不写

"整"字。

（4）小写金额中间连续有几个"0"时，大写金额中可以只写一个"零"字，小写金额元位是"0"但角位不是"0"时，大写金额可写"零"也可不写"零"字。

（5）大写金额"拾""佰""仟""万"等数位字前必须冠有数量字，不可省略，特别当小写金额最高位是"1"时，大写金额加写"壹"字。如"壹拾几"的"壹"字，很容易漏掉，那样，既不符合书写要求，因为"拾"字代表位数，而不是数字，又容易被改成"贰拾几"等。

（6）若数位字已印好，在首个数量字前的各数位字前标上符号"⊗"，金额数字中间有几个"0"（含分位），大写金额就写几个零。如￥100.50，大写金额应写成：人民币⊗万⊗仟壹佰零拾零元伍角零分。

3. 大写金额常见错误举例

小写金额	大写金额		
	错误写法	错误原因	正确写法
￥900.00	人民币玖佰元	少写了"整"字	人民币玖佰元整
￥900.00	人民币:玖佰圆	"人民币"后面多一个冒号	人民币玖佰圆整
￥4 007.00	人民币肆仟另柒元整	"零"写成了"另"	人民币肆仟零柒元整
￥18.08	人民币拾捌元捌分	漏写"壹"和"零"	人民币壹拾捌元零捌分
￥5 250.60	人民币伍仟贰佰伍拾元陆角零分	多写了"零分"少写了"整"	人民币伍仟贰佰伍拾元陆角整
￥5 250.60	人民币伍仟贰佰伍拾零元陆角整	"零"字用法不对	人民币伍仟贰佰伍拾元陆角整
￥5 250.60	人民币　伍仟贰佰伍拾圆零陆角整	"人民币"与第一个大写数字之间空位过大	人民币伍仟贰佰伍拾圆零陆角整
￥5 200.63	人民币伍仟贰佰零陆角叁分	漏写一个"元"字	人民币伍仟贰佰元零陆角叁分

（四）银行票据的出票日期书写规范

为防止变造票据的出票日期，在填写月、日时，月为壹至壹拾的，日为壹至玖的，应在其前加"零"，日为拾壹至拾玖的，应在其前面加壹。如：1月7日应写成零壹月零柒日，3月15日应写成叁月壹拾伍日，票据出票日期使用小写填写的，银行不予受理。

票据和结算凭证金额以中文大写和阿拉伯数码同时记载的，二者必须一致，否则票据无效，银行不予受理。

（五）书写错误更正方法

阿拉伯数字、金额数字写错需更正时，不论写错的数字是一个还是几个，应采用划线更正法进行更正，即用一道红线划销整个数字中的每一位，并在数字的一端加盖经手人印章，以明确责任，然后将正确的数字写在错误数字的上面。不可只改整个数字中的一部分，也不可在原数上涂改，不得用刀刮、皮擦、挖补等方法，也不得使用胶带纸、涂改液等物品。一个结果最多只能修改两次。

中文大写数字是用于填写需要防止涂改的销货发票、银行结算凭证、收据等，因此，在书写时不能写错。一旦出现错误或漏写,必须重新填写,写错的凭证随即注销作废,但不要随便丢弃,应当妥善保管。票据和结算凭证上金额、出票或者签发日期、收款人名称不得更改,更改的票据一律无效。

三、会计数字书写训练

实训一 阿拉伯数字数位书写

目的:掌握会计书写规范,达到规范易辨、清晰整洁的书写要求。
要求:在下列空格内进行阿拉伯数字数位书写练习,直至书写规范、流畅。

有占位线的练习

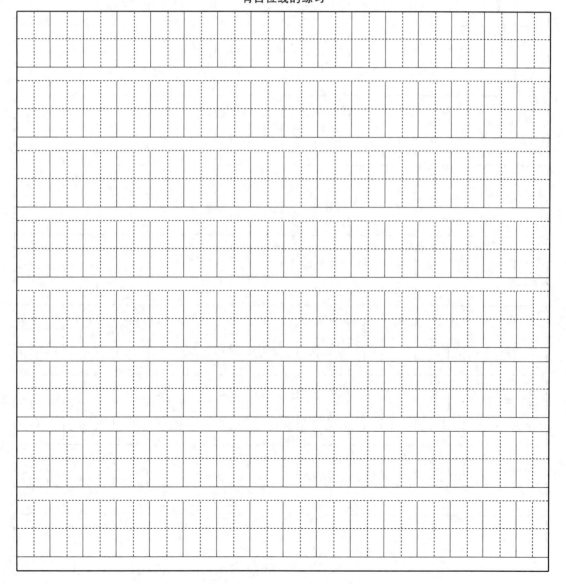

无占位线的练习

实训二　汉字大写数字数位书写

目的：掌握会计书写规范，达到规范易辨、清晰整洁的书写要求。

要求：在下列空格内进行汉字大写数字数位书写练习，直至书写规范、流畅。

用正楷体书写

零	壹	贰	叁	肆	伍	陆	柒	捌	玖	拾	佰	仟	万	亿	兆	元	角	分

用行书体书写

零	壹	贰	叁	肆	伍	陆	柒	捌	玖	拾	佰	仟	万	亿	兆	元	角	分

实训三　大小写对照书写

目的:训练学生在不同会计载体上的大小写金额书写规范。

资料:2012年1月7日恒申公司库存现金和银行存款收付业务的发生额为:

(1) ￥0.70　　　　(2) ￥0.09　　　　(3) ￥15.06

(4) ￥93.00　　　　(5) ￥140.65　　　(6) ￥2 430.02

(7) ￥80 008.73　　(8) ￥127 000.40

(9) ￥109 806.50　 (10) ￥105 000.00

要求:将上述金额数字在不同的会计载体上完成大小写对照书写任务。

大小写金额书写训练用纸

会计凭证、账表上的小写金额											原始凭证上的大写金额栏
没有数位分割线	有数位分割线										
	亿	仟	佰	十	万	千	百	十	元	角	分	
												人民币　仟　佰　拾　元　角　分
												人民币
												人民币
												人民币
												人民币　拾　万　仟　佰　拾　元　角　分
												人民币
												人民币
												人民币　拾　万　仟　佰　拾　圆　角　分

实训四　大小写金额正误判断

目的:识别原始凭证上的大小写金额错误。

要求:掌握原始凭证上的大小写金额对照写法。

1. 判断下列大小写金额书写对照是否正确,如果错误请在指定的位置上书写正确的大写金额:

原始凭证上大小写金额书写对照		对或错	大写正确写法
¥900.00	人民币玖佰元	错	人民币玖佰元整
¥4 007.00	人民币肆仟另柒元	错	人民币肆仟零柒元整
¥18.08	人民币拾捌元捌分	错	人民币拾捌元零捌分
¥5 250.60	人民币伍仟贰佰伍拾陆角零分整	错	人民币伍仟贰佰伍拾元陆角整
¥5 200.63	人民币伍仟贰佰元零陆角叁分整	错	人民币伍仟贰佰元零陆角叁分
102 000.60	人民币壹佰贰万元零陆角整	错	人民币壹拾万贰仟元陆角整
¥163 000.—	人民币拾陆万叁仟元整	错	人民币壹拾陆万叁仟元整
¥15 006.00	人民币壹万伍仟零陆元零分整	错	人民币壹万伍仟零陆元整
107 608.2	人民币拾万柒仟陆佰零捌角	错	人民币壹拾万柒仟陆佰零捌元贰角
¥800 000 009.30	人民币捌亿万玖元叁角	错	人民币捌亿零玖元叁角

2. 大小写互换(根据小写金额对应转换为汉字大写金额或根据大写金额对应转换为小写金额)。

金额形式	对应写法
¥54.09	人民币伍拾肆元零玖分
人民币壹万伍仟零陆元零玖分	¥15 006.09
¥2 000.70	人民币贰仟元柒角整
人民币叁仟零肆角整	¥3 000.40
¥497 316.19	人民币肆拾玖万柒仟叁佰壹拾陆元壹角玖分
人民币壹佰零柒万元玖角陆分	¥1 070 000.96
¥630.06	人民币陆佰叁拾元零陆分
人民币壹拾伍万零陆元零捌分	¥150 006.08
¥127 000.40	人民币壹拾贰万柒仟元肆角整
¥3 501 609.09	人民币叁佰伍拾万壹仟陆佰零玖元零玖分

第四部分 会计账务处理单项技能实训

一、单项技能实训介绍

会计账务处理单项技能实训,是就账务处理过程中的某个工作环节进行专项训练。会计账务处理的基本工作环节分四步:

第一步,编制会计凭证:
(1)根据经济业务填制原始凭证,对原始凭证进行审核;
(2)根据原始凭证编制记账凭证;
(3)根据记账凭证编制汇总记账凭证。

第二步,登记账簿:
(1)登记日记账;
(2)登记明细账;
(3)登记总分类账;
(4)结账、对账、查错与更正错误。

第三步,进行试算平衡。

第四步,编制会计报表。

单项实训内容安排

实训号	实训项目	课时	地点
一	填制原始凭证	3	模拟室
二	审核原始凭证	3	模拟室
三	填制记账凭证	3	模拟室
四	设置和登记三栏式日记账	3	模拟室
五	设置和登记多栏式日记账	3	模拟室
六	编制银行存款余额调节表	3	模拟室
七	设置和登记三栏式、数量金额式明细账	3	模拟室
八	设置和登记总账	3	模拟室

续表

实训号	实训项目	课时	地点
九	更正错账	3	模拟室
十	编制会计报表	3	模拟室
合计		30 课时	

二、单项技能实训指导与训练

实训一 填制原始凭证

一、实训目的

了解会计工作中几种常用原始凭证的格式、内容及其用途,掌握原始凭证的填制方法。

二、填制要求

(1) 填写的原始凭证中记载的经济业务,必须与实际情况完全相符,经济业务的完成要按规定的凭证格式和内容,逐项填写齐全,不得遗漏或省略,有关经办人员均应签章,以示对凭证的真实性和合法性负责。

(2) 按照《会计基础工作规范》要求,填制原始凭证时还应注意如下几项:

① 原始凭证填写的基本要素。在没有标明为何种凭证名称的原始凭证上填写凭证名称,凭证填制日期,凭证编号,接受凭证单位或个人的名称,经济业务内容摘要,经济业务所涉及物品的名称、数量、单位、单价和金额(大小写),以及填制单位名称及盖章、经办人员的签名及盖章等;经济业务不涉及实物的原始凭证,还应注明经济业务内容、款项用途、小写和大写金额。

② 对外开出或从外单位取得原始凭证必须加盖填制单位的公章。其中,发票和收据必须盖有税务部门或财政部门监制章。从个人处取得的原始凭证,必须有填制人员的签名或者盖章。自制原始凭证必须有经办人员和部门负责人签名或者盖章。收付款项的原始凭证应由出纳人员签名或盖章,并分别加盖"现金收讫""现金付讫""银行收讫""银行付讫"章,转账凭证必须加盖"转讫"章。

③ 凡填有大写和小写金额的原始凭证,大写与小写金额必须相符。购买实物的原始凭证,必须有验收证明。实物验收工作由经管实物的人员负责办理,会计人员通过有关的原始凭证进行监督检查。需要入库的实物,必须填写入库验收单,由实物保管人员验收后在入库单上如实填写实收数额,并加盖印章,不需要入库的实物,除经办人员在凭证上签名外,必须交给实物保管人员或者使用人员进行验收,由实物保管人员或者使用人员在凭证上签名或者盖章。

④ 一式几联的原始凭证,应当注明各联的用途,只能以一联作为报销凭证。一式几联的发票和收据,必须用双面复写纸(发票和收据本身具备复写纸功能的除外)套写,并连续编号。作废时应当加盖"作废"戳记,连同存根一起保存,不得撕毁。

⑤ 发生销货退回的,除填制退货发票外,还必须有退货验收证明;退款时,必须取得对

方的收款收据或者汇款银行的凭证,不得以退货发票代替收据。

⑥ 职工公出借款凭据,必须附在记账凭证之后。收回借款时,应当另开收据或者退还借据副本,不得退还原借款收据。

⑦ 经上级有关部门批准的经济业务,应当将批准文件作为原始凭证附件。如果批准文件需要单独归档的,应当在凭证上注明批准机关名称、日期和文件字号。

⑧ 原始凭证要用蓝色或黑色笔书写,字迹要清楚、规范。填写支票必须使用碳素墨水笔,一式多联需要套写的原始凭证,必须一次套写完成。原始凭证不得涂改、挖补。发现原始凭证有错误的,应当由开出单位重开或者更正,更正处应当加盖开出单位的公章。原始凭证上的金额大小写规范见第四部分"会计数字书写技能实训"。

三、填制方法

(一) 基本程序

在填制原始凭证之前,先要熟悉每笔经济业务,对经济业务发生的条件、原因、制度规定和情况有所了解;在此基础上,按规范逐笔填制原始凭证,填写完毕后,应逐笔检查业务手续是否健全。

(二) 填写示例

1. 收据的填制

当企业因相关业务而收取租金、押金、罚金、赔款以及收到投资方的投资款时都需要开具收据。收据由企业的出纳人员负责填写,收据应按编号顺序使用。收据的基本联次为一式三联,全部联次一次套写完成,并加盖单位财务专用章和收款人名章。收据应按编号顺序使用,其用途一般分别是:第一联为存根联,第二联为收据(报销)联,第三联为记账联。

应填写的内容及注意事项

应填写的内容	应加盖的印章
(1) 收据的日期	
(2) 交款人名称	开具收据单位的财务专用章
(3) 收受款项的事由	经办人签名或加盖经办人名章
(4) 收受款项的大写和小写金额	

例 4-1 2012 年 12 月 18 日,凯雷公司收到出租不使用的门面房押金 20 000 元,租用人张亮。填制现金收据如下:

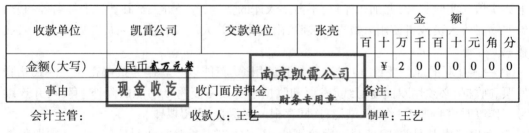

收据开具完毕,应当进行复核与检查,以防差错。然后将收据的第一联存根联保留在收据本上,以备查询;撕下收据的第二联加盖单位公章和现金收讫戳后交付交款单位或个人收执;撕下收据的第三联记账联留作编制记账凭证的依据。

2. 进账单的填制

当企业因向开户银行送交支票、银行本票、银行汇票、到期的商业汇票等票据办理银行存款收入业务时,应当填写进账单。进账单由在银行开立存款账户单位的财会人员负责填写。进账单的基本联次为三联,其用途分别为:第一联为送票回执联,第二联为银行记账凭证联,第三联为回单或收账通知联。全部联次用双面复写纸一次性套写完成。

进账单应填写以下内容:

(1) 出票人的全称、账号和开户行;
(2) 收款人的全称、账号和开户行;
(3) 进账的大小写金额;
(4) 进账的事由;
(5) 填制进账单的日期。

例4-2 凯雷公司(开户行:中国银行彭城支行;账号:72389651;公司地址:彭城市建国路66号)2012年12月3日收到一张金额为234 000元的转账支票,系上月向永元商贸公司销售产品的货款(永元商贸公司开户行为中国银行彭城复兴支行,账号968756-15)。凯雷公司当日交存银行,同时填制进账单如下:

中国银行进账单(送票回执) 1

2012 年 12 月 03 日　　　　　　　　　　　　No. 37537759

付款人	全称	永元商贸公司	收款人	全称	凯雷公司
	账号	968756-15		账号	72389651
	开户银行	中国银行彭城复兴支行		开户银行	中国银行彭城支行
人民币(大写) 贰拾叁万肆仟元整			千百十万千百十元角分 ¥ 2 3 4 0 0 0 0 0		
票据种类	转账支票		中国银行彭城支行 2012.12.03 转讫		
票据张数	1				
凭证号码	Ⅵ Ⅱ 02656898		收款单位开户行(盖章)		
单位主管　　会计　　复核　　记账			转讫		

此联是票据人的回单

进账单填制完毕后,应当对进账单及其相关票据进行复核与检查,以防差错。然后将审核无误的进账单和相关票据提交开户银行办理进账。

3. 支票的填制

支票是企业经常使用的原始凭证。当企业因购买商品、接受服务或其他事项而签发票据,委托开户银行在见票时无条件支付确定金额给收款人或持票人时,需要签发支票。支票上印有"转账"字样的为转账支票,转账支票只能用于转账;支票上印有"现金"字样的为现金支票,现金支票只能用于支取现金;支票上未印有"现金"或"转账"字样的为普通支票,普通支票可以用于支取现金,也可以用于转账;在普通支票左上角划两条平行线的,为划线支票,划线支票只能用于转账,不得支取现金。

支票由企业的出纳人员负责填写,支票应按编号顺序使用。支票的基本联次为两联,即支票存根联和支票正联。签发支票应当按照规定逐项填写,并加盖预留在银行的印鉴。

应填写的内容及鉴章

应填写的内容	应加盖的印章
(1) 收款人名称	
(2) 确定的金额	
(3) 出票日期(应大写)	(1) 出票人预留在银行的单位印鉴
(4) 出票人签章	(2) 出票人预留在银行的个人名章
(5) 用途	
(6) 开户银行名称	
(7) 签发人账号	

例 4-3 2012 年 2 月 20 日甲公司向乙公司购买#8 化学制剂 10 吨,每吨售价 3 215.40 元,增值税 5 466.18 元。甲公司于当日向乙公司开出转账支票 37 620.18 元支付货款,出纳员王艺(兼制单人)已办妥转账手续。注:甲公司地址:东南街 3 号,电话 5460856;纳税人登记号:32012645963803069;法人代表:孙海丰;开户银行:工商银行东南分理处,账号 3204438。乙公司地址:王陵街 3 号;电话 4680853;纳税人登记号:32012658363803366;开户银行:工商银行王陵分理处,账号 1204421。签发转账支票如下:

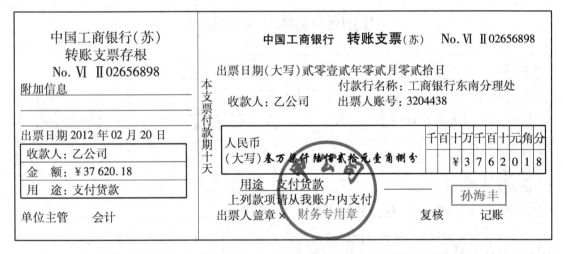

支票签发完毕,应当进行复核与检查,以防差错,然后将支票的正联作为支付凭证交付收款人或开户银行,存根联连同购货发票一起作为编制记账凭证的原始凭证。

4. 现金缴款单的填制

现金缴款单是企业经常使用的经济凭证。当企业向开户银行送交现金,办理银行存款收入业务时应当填写现金缴款单。现金缴款单由企业的财会人员负责填写,现金缴款单的基本联次为一式三联,其用途分别是:第一联作为银行传票联,第二联作为退回客户的回单,第三联为存查联,全部联次一次套写完成。

现金缴款单应填写以下内容:

(1) 存款人的全称、开户银行、账号和款项来源;

(2) 缴款的大小写金额；

(3) 填制现金缴款单的日期。

例 4-4 接例 4-1。凯雷公司出纳员王艺将收到出租不使用的门面房押金 20 000 元送交银行，填写现金缴款单如下：

中国银行现金交款单(回单)①

2012 年 12 月 18 日　　　　　　　　　　　　　　　　No. 0001245

收款单位	全称	凯雷公司					款项来源	门面房押金							
	账号	72389651					交款部门	财会部门(王艺)							
金额(大写)	人民币 贰万元整							百	十万	千	百	十	元	角	分
									¥2	0	0	0	0	0	0
券别	张数	十万	千	百	十	元	券别	张数	千	百	十	元	角	分	
一百元	200	¥2	0	0	0	0	一元								
五十元							五角								
十元							二角								
五元							一角								
二元							分币								

上列款项已如数收妥
(收款银行盖章)
复核：星星　经办：饶光
2012 年 12 月 18 日

第一联　由银行盖章后退回单位

现金缴款单填制完毕后，应当对现金缴款单及其相关票据进行复核与检查，以防差错，然后将审核无误的现金缴款单和相关票据提交开户银行办理进账。

5. 发票的填制

当企业因销售商品、提供服务以及从事其他经营活动收取款项时，必须向付款方开具发票。

发票由企业的出纳人员或销售部门指定人员负责填写，发票应按编号顺序使用。发票的基本联次为一式三联，其用途分别是：第一联为存根联，第二联为发票(报销)联，第三联为记账联。增值税专用发票一共有四联，第一联为存根联，第二联为发票联，第三联为税款抵扣联，第四联为记账联。发票的全部联次应用双面复写纸一次性套写完成，并加盖单位财务专用章。

应填写的内容及鉴章

应填写的内容	应加盖的印章
(1) 购销单位名称	
(2) 商品名称或经营项目	
(3) 计量单位、数量、单价	(1) 开具发票单位的财务专用章(或发票专用章)
(4) 大小写金额	(2) 经办人签名或加盖经办人名章
(5) 开票人	
(6) 开票日期	

例 4-5 接例 4-3。甲公司向乙公司购买#8 化学制剂，乙公司供销科田红向甲公司开出增值税专用发票如下：

发票开具完毕,应当进行复核与检查,以防差错。然后将发票的存根联保留在发票本上,以备查询。撕下发票第二联盖章后交购货单位或个人收执,撕下发票的第三联或第四联记账联留作编制记账凭证的依据。

6. 银行汇票的填制

银行汇票是出票银行签发的、由其在见票时按照实际结算金额无条件支付给收款人或者持票人的票据。银行汇票的出票银行为银行汇票的付款人。单位和个人各种款项结算,均可使用银行汇票。

(1)签发银行汇票必须记载的事项:申请人使用银行汇票,应向出票银行填写"银行汇票申请书",填明收款人名称、汇票金额、申请人名称、申请日期等事项并签章,签章为其预留银行的签章。申请人和收款人均为个人,需要使用银行汇票向代理付款人支取现金的,申请人须在"银行汇票申请书"上填明代理付款人名称,在"汇票金额"栏先填写"现金"字样,后填写汇票金额。申请人或者收款人为单位的,不得在"银行汇票申请书"上填明"现金"字样。出票银行受理银行汇票申请书,收妥款项后签发银行汇票,并用压数机压印出票金额,将银行汇票和解讫通知一并交给申请人。签发转账银行汇票,不得填写代理付款人名称,但由人民银行代理兑付银行汇票的商业银行,向设有分支机构地区签发转账银行汇票的除外。签发现金银行汇票,申请人和收款人必须均为个人,收妥申请人交存的现金后,在银行汇票"出票金额"栏先填写"现金"字样,后填写出票金额,并填写代理付款人名称。申请人或者收款人为单位的,银行不得为其签发现金银行汇票。申请人应将银行汇票和解讫通知一并交付给汇票上记明的收款人。

(2) 银行汇票应加盖的印章。银行汇票的出票人应在票据上签章,其签章应为经中国人民银行批准使用的该银行汇票专用章加其法定代表人或其授权经办人的签名或者盖章。单位也应在票据上签章,其签章应为该单位的财务专用章或者公章加其法定代表人或其授权的代理人的签名或者盖章。个人在票据上的签章,应为该个人的签名或者盖章。

必须记载的事项及鉴章

应填写的内容	应加盖的印章
(1) 表明"银行汇票"的字样	(1) 出票人签章(出票银行汇票专用章加其法定代表人或其授权经办人的签名或者盖章) (2) 单位签章(单位的财务专用章或者公章加其法定代表人或其授权的代理人的签名或者盖章) (3) 个人签章(个人的签名或者盖章)
(2) 无条件支付的承诺	
(3) 出票金额	
(4) 付款人名称	
(5) 收款人名称	
(6) 出票日期	

例4-6 2011年1月9日,南京恒申公司拟到合肥仁和公司(建行草庐支行94022-82134291,账号29703004012037693)采购材料,向银行提交"银行汇票申请书",委托签发金额为150 000元的银行汇票。银行签发的银行汇票和银行盖章退回的申请书存根联如下所示:

中国工商银行汇票申请书 （存　根） ①　No. 0056743

申请日期 2011 年 01 月 09 日

申请人	南京恒申公司	收款人	合肥仁和公司									
账号或住址	33011809032591	账号或住址	94022-82134291									
用　途	购料	代理付款行	建行草庐支行									
汇款金额	人民币(大写)壹拾伍万元整			万	千	百	十	万	千	百	十	元	角	分
							¥	1	5	0	0	0	0	0	0
备注	（中国工商银行汉府支行 2011.01.09 转讫）	科目 对方科目 财务主管　复核　经办										

第一联 申请人留存

中国工商银行银行汇票 ②

| 付款期限 壹个月 | | Ⅲ XI 0056743 第1号 |

申请日期（大写）：贰零壹壹年零壹月零玖日
代理行付款：
收款人：仁和公司　　账号：29703004012037693
出票金额人民币（大写）：壹拾伍万元整
实际结算金额人民币（大写）：　千百十万千百十元角分

申请人：南京恒申公司
出票行：工行汉府支行　行号1133
备　注：购材料
出票行签章：（中国工商银行 汉府支行 2011.01.09 转讫）

账号或地址：33011-809032591
多余金额：千百十万千百十元角分
科目（贷）
对方科目（借）
兑付期限
复核　　　记账

复核　　　经办

中国工商银行银行汇票 解讫通知 ③

| 付款期限 壹个月 | | Ⅲ XI 0056743 第1号 |

申请日期（大写）：贰零壹壹年零壹月零玖日
代理行付款：
收款人：仁和公司　　账号：29703004012037693
出票金额人民币（大写）：壹拾伍万元整
实际结算金额人民币（大写）：　千百十万千百十元角分

申请人：南京恒申公司
出票行：工行汉府支行　行号1133
备　注：购材料
出票行签章：（中国工商银行 汉府支行 2011.01.09 转讫）

账号或地址：33011-809032591
多余金额：千百十万千百十元角分
科目（贷）
对方科目（借）
兑付期限
复核　　　记账

复核　　　经办

7. 商业汇票的填制

商业汇票是出票人签发的、委托付款人在指定日期无条件支付确定的金额给收款人或者持票人的票据。按承兑人的不同商业汇票分为商业承兑汇票和银行承兑汇票。商业承兑汇票由银行以外的付款人承兑，银行承兑汇票由银行承兑。凡在银行开立存款账户的法人以及其他组织之间，必须具有真实的交易关系或债权债务关系，才能签发并使用签发商业汇票。

商业汇票签发经承兑人承兑后必须由承兑人在汇票上签章,票据上的签章,为签名、盖章或者签名加盖章。商业承兑汇票的承兑人在票据上的签章,应为其预留银行的该单位的财务专用章或者公章加其法定代表人或其授权的代理人的签名或者盖章;银行承兑汇票的承兑人在票据上的签章应为经中国人民银行批准使用的该银行汇票专用章加其法定代表人或其授权经办人的签名或者盖章。另外收款人办理进账时也应签章,其签章应为该单位的财务专用章或者公章加其法定代表人或其授权的代理人的签名或者盖章。若收款人为个人的,其在票据上的签章,应为该个人的签名或者盖章。

必须记载的事项及加盖的印章

必须记载的内容	应加盖的印章
(1) 表明"商业承兑汇票"或"银行承兑汇票"的字样	(1) 商业承兑汇票承兑人的签章(单位的财务专用章或者公章加其法定代表人或其授权的代理人的签名或者盖章) (2) 银行承兑汇票承兑人的签章(银行的财务专用章或者公章加其法定代表人或其授权经办人的签名或者盖章) (3) 收款单位的财务专用章或者公章加其法定代表人或其授权的代理人的签名或者盖章
(2) 无条件支付的承诺	
(3) 确定的金额	
(4) 付款人名称	
(5) 收款人名称	
(6) 出票日期	

例 4-7 下图是北京市××公司因销售商品签发并承兑给天津市××公司的金额为 500 000 元、2 个月期限的商业承兑汇票票样:

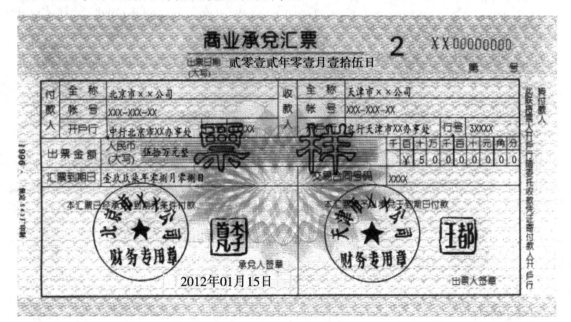

例 4-8 下图是北京市××工厂因商品交易签发并经中国工商银行承兑给南京市××工厂的金额为 1 800 000 元、3 个月期限的银行承兑汇票票样:

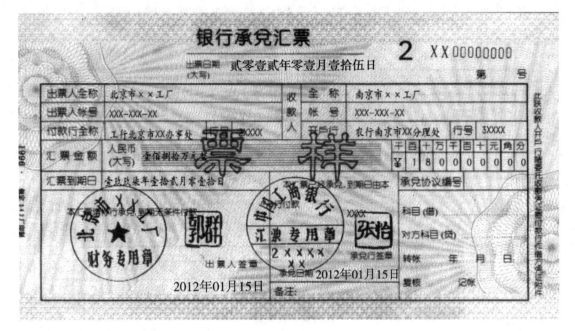

8. 银行本票的填制

银行本票是银行签发的、承诺自己在见票时无条件支付确定的金额给收款人或者持票人的票据。单位和个人在同一票据交换区域需要支付各种款项,均可以使用银行本票。银行本票分为不定额本票和定额本票两种。定额银行本票面额为 1 000 元、5 000 元、10 000 元和 50 000 元。银行本票的出票人,为经中国人民银行当地分支行批准办理银行本票业务的银行机构。

① 签发银行本票必须记载的事项:申请人使用银行本票,应向银行填写"银行本票申请书",填明收款人名称、申请人名称、支付金额、申请日期等事项并签章。申请人和收款人均为个人需要支取现金的,应在"支付金额"栏先填写"现金"字样,后填写支付金额。申请人或收款人为单位的,不得申请签发现金银行本票。

② 银行本票应加盖的印章。银行本票的出票人在票据上的签章,应为经中国人民银行批准使用的该银行本票专用章加其法定代表人或其授权经办人的签名或者盖章。单位在票据上的签章,应为该单位的财务专用章或者公章加其法定代表人或其授权的代理人的签名或者盖章。个人在票据上的签章,应为该个人的签名或者盖章。

必须记载的事项及加盖的印章

必须记载的内容	应加盖的印章
(1) 表明"银行本票"的字样	(1) 出票人签章(出票银行汇票专用章加其法定代表人或其授权经办人的签名或者盖章)
(2) 无条件支付的承诺	
(3) 确定的金额	(2) 单位签章(单位的财务专用章或者公章加其法定代表人或其授权的代理人的签名或者盖章)
(4) 收款人名称	
(5) 出票日期	(3) 个人签章(个人的签名或者盖章)

例 4-9 下图所示是招商银行为个人签发的一张金额为 16 409.02 元的不定额现金银行本票票样,用于清理个人欠款:

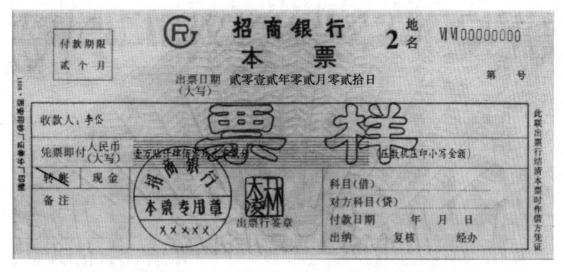

例4-10 下图所示是交通银行受托签的一张1 000元定额银行本票票样。

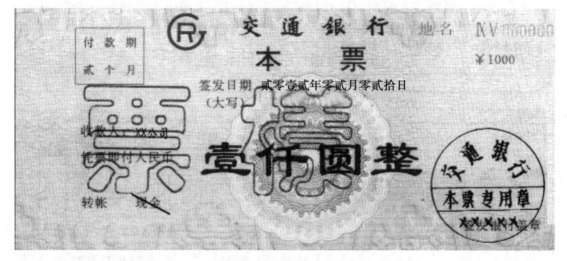

9. 汇兑结算凭证的填制

汇兑是汇款人委托银行将其款项支付给收款人的结算方式,分为信汇、电汇两种,由汇款人选择使用。单位和个人的各种款项的结算,均可使用汇兑结算方式。

汇款人和收款人均为个人,需要在汇入银行支取现金的,应在信、电汇凭证的"汇款金额"大写栏,先填写"现金"字样,后填写汇款金额。汇兑凭证上欠缺上列记载事项之一的,银行不予受理。汇兑凭证记载的汇款人名称、收款人名称,其在银行开立存款账户的,必须记载其账号。欠缺记载的,银行不予受理。

单位在结算凭证上的签章,应为该单位的财务专用章或者公章加其法定代表人或者其授权的代理人的签名或者盖章。银行办理结算,给单位或个人的收、付款通知和汇兑回单,应加盖该银行的转讫章。

必须记载的事项及加盖的印章

必须记载的内容	应加盖的印章
（1）表明"信汇"或"电汇"的字样	（1）银行签章（银行办理结算时应加盖该银行的转讫章） （2）单位签章（单位的财务专用章或者公章加其法定代表人或其授权的代理人的签名或者盖章）
（2）无条件支付的委托	
（3）确定的金额	
（4）收款人名称	
（5）汇款人名称	
（6）汇入地点、汇入行名称	
（7）汇出地点、汇出行名称	
（8）委托日期	

例 4-11 2012 年 12 月 15 日，凯雷公司（开户行：中国银行彭城支行；账号：72389651；公司地址：彭城市建国路 66 号）采用电汇方式支付苏州明友信息技术公司款项，系购进软件一套，金额 3 800 元。苏州明友信息技术公司开户行：中国银行苏州齐门支行；账号：78654253768。要求填制电汇凭证。

中国工商银行电汇凭证（回单） 1

委托日期　2012 年 12 月 15 日　　　　　　　苏 A00048747

汇款人	全称	凯雷公司		收款人	全称	苏州明友信息技术公司		此联为汇出行给汇款人的回单
	账号	72389651			账号	78654253768		
	汇出地点	彭城	汇出行名称　中国银行彭城支行		汇入地点	苏州	汇入行名称　中国银行苏州齐门支行	
金额	人民币大写	叁仟捌佰元整			千百十万千百十元角分 　　　　　¥3 8 0 0 0 0			
汇款用途：支付购买苏州明友信息技术公司软件款								
附加信息及用途：			复核 ×　　　记账 ×		汇出行盖章 2012 年 12 月 15 日			

10．托收承付结算凭证的填制

托收承付结算凭证是企业根据购销合同由收款人发货后委托银行向异地付款人收取款项，由付款人向银行承认付款办理结算所填写的结算凭证。办理托收承付结算的款项，必须是商品交易，以及因商品交易而产生的劳务供应的款项。代销、寄销、赊销商品的款项，不得办理托收承付结算。收付双方使用托收承付结算必须签有符合《经济合同法》的购销合同，并在合同上订明使用托收承付结算方式。

托收承付凭证必须记载相关事项，单位和银行应在相应位置上签章。单位在结算凭证上的签章，应为该单位的财务专用章或者公章加其法定代表人或者其授权的代理人的签名或者盖章。银行办理结算，给单位或个人的收、付款通知和汇兑回单，应加盖该银行的转讫章。委托收款的回单和向付款人发出的承付通知，应加盖该银行的业务公章。

第四部分 会计账务处理单项技能实训

必须记载的事项及加盖的印章

必须记载的内容	应加盖的印章
(1) 表明"托收承付"的字样	(1) 银行签章(银行办理结算时应加盖该银行的转讫章;银行向付款人发出的承付通知,应加盖该银行的业务公章) (2) 单位签章(单位的财务专用章或者公章加其法定代表人或其授权的代理人的签名或者盖章)
(2) 确定的金额	
(3) 付款人名称及账号	
(4) 收款人名称及账号	
(5) 付款人开户银行名称	
(6) 收款人开户银行名称	
(7) 托收附寄单证张数或册数	
(8) 合同名称、号码	
(9) 委托日期	

例4-12 2012年12月15日,苏州明友信息技术公司采用托收承付结算方式向凯雷公司(开户行:中国银行彭城支行;账号:72389651;公司地址:彭城市建国路66号)销售电脑软件一套,金额3 800元。苏州明友信息技术公司开户行:中国银行苏州齐门支行;账号:78654253768。要求填制托收承付凭证连同有关的发票账单委托银行收款。已收到银行盖章退回的托收承付凭证回单如下:

托收承付结算凭证(回单) 1

委托日期 2012 年 12 月 15 日　　　　苏 A00048747

付款人	全称	凯雷公司			收款人	全称	苏州明友信息技术公司		
	账号	72389651				账号	78654253768		
	汇出地点	彭城	汇出行名称	中国银行彭城支行		汇入地点	苏州	汇入行名称	中国银行苏州齐门支行
金额	人民币大写	叁仟捌佰元整			千百十万千百十元角分 ¥ 3 8 0 0 0 0				
附件			商品发运情况		合同名称号码				
附寄单证张数或册数	3		已发运		HB-005				
备注			款项收妥日期		收款人开户行盖章 (略) 2012年12月15日				
	验单承付		年　月　日						

此联为汇出行给汇款人的回单

11. 委托收款结算凭证的填制

委托收款结算凭证是收款人委托银行向付款人收取款项时填制的结算凭证。单位和个人凭已承兑商业汇票、债券、存单等付款人债务证明办理款项的结算,均可以使用委托收款结算方式,在同城、异地均可以使用。

委托收款以银行以外的单位为付款人的,委托收款凭证必须记载付款人开户银行名称;以银行以外的单位或在银行开立存款账户的个人为收款人的,委托收款凭证必须记载收款人开户银行名称;未在银行开立存款账户的个人为收款人的,委托收款凭证必须记载被委托银行名称。欠缺记载的,银行不予受理。

委托收款单位在结算凭证上的签章,应为该单位的财务专用章或者公章加其法定代表人或者其授权的代理人的签名或者盖章。银行办理结算,给单位或个人的收、付款通知和汇兑回单,应加盖该银行的转讫章。委托收款的回单和向付款人发出的承付通知,应加盖该银行的业务公章。委托收款凭证的格式和填列方法与托收承付结算凭证相同。

必须记载的事项及加盖的印章

必须记载的内容	应加盖的印章
(1) 表明"委托收款"的字样	(1) 银行签章(银行办理结算时应加盖该银行的转讫章;银行向付款人发出的承付通知,应加盖该银行的业务公章)
(2) 确定的金额	
(3) 付款人名称及账号	
(4) 收款人名称及账号	(2) 单位签章(单位的财务专用章或者公章加其法定代表人或其授权的代理人的签名或者盖章)
(5) 委托收款凭据名称及附寄单证张数	
(6) 委托日期	

四、实训练习

企业名称:南京市溶剂公司　　　法人代表:金玉堂
开户银行:工商银行南京市支行　行号(银行编号):001
账号:33011809032591　　　　税务登记号:32012248823391
地址:玄武区清流路3号　　　　电话:025-86730717

该公司2013年1月份发生的部分经济业务如下,根据各题业务要求填写原始凭证,并代经办人员履行签章手续(签章框处用文字代替)。

1. 2日,财务科出纳员王田开出现金支票一张,从银行提取备用金2 000元,请填制现金支票。(提示:按照银行规定,支票要用碳素墨水书写,大小写金额或收款人写错,必须作废留存,重新填制)

```
┌─────────────────────┬──────────────────────────────────────────────────────────┐
│ 中国工商银行（苏）  │   中国工商银行 南京市支行现金 支票    支票号码: 13246370 │
│ 现金支票 存根       │  出票日期(大写)    年    月    日 付款行名称：          │
│ No.13246370         │  收款人:                      出票人账号:33011809032591 │
│ 附加信息            │  人民币                                                  │
│                     │  (大写)          千百十万千百十元角分                    │
│ 出票日期  年 月 日  │  用途:                              复核                 │
│ 收款人:             │  上列款项请从                       记账                 │
│ 金  额:             │  我账户内支付                       验印                 │
│ 用  途:             │  出票人签章                                              │
│ 单位主管     会计   │                                                          │
└─────────────────────┴──────────────────────────────────────────────────────────┘
```

2. 3日,供销科业务员李力借差旅费1 500元,准备赴北京推销产品,请代李力填制差旅费借款单,代其他有关人员签名(会计主管丁兰,借款单位负责人王民,出纳方五)。

借 款 单

号　　　　　　　　　　　年　月　日　　　　　　　　　　　字第 0021

借款人		借款事由	
所属部门			
借款金额人民币(大写)	现金付讫	核准金额	人民币(大写)
审批意见： 同意借支	年　月　日	归还期限	归还方式

会计主管：　　　　复核：×××　　　　出纳：　　　　借款人：

3．5 日，检验科乔春交来差旅费余款 28.05 元，请代财会人员填制收据，代出纳员王田（兼制单人）收款，盖"现金收讫"章，代交款人、收款人签名。

现 金 收 款 收 据

年　月　日　　　　　　　　　　　　　　　　　　No. 1200231

收款单位		交款单位		金　额								
				百	十	万	千	百	十	元	角	分
金额(大写)	人民币		现金收讫									
事由				备注：								

收款单位公章(略)　　　收款人：　　　　交款人：

4．7 日，经供销科同意，采购员赵君到财务科开出转账支票一张，金额 3 393 元，向广陵劳保用品商店购进工作服，发票如下。请代出纳员王田签发转账支票。

江苏省增值税专用发票

3201015615　　　　　　　　　　　　　　　　　　NO. 040716731

开票日期：2013 年 01 月 07 日

购买方	名　　称：南京溶剂公司 纳税人识别号：32012248823391 地　址、电　话：玄武区清流路 3 号 　　　　　　　025-87378689 开户行及账号：工商行南京市支行 　　　　　　　33011809032591	密码区

货物及应税劳务、服务的名称	规格型号	单位	数量	单价	金额	税率	税额
工作服	T-1	套	50.00	58.00	2 900.00	17%	493.00
合计					2 900.00		493.00

价税合计(大写)	人民币叁仟叁佰玖拾叁元整	(小写) ¥3 393.00

销售方	名　　称：广陵劳保用品商店 纳税人识别号：32070280031737 地　址、电　话：广陵街 33 号 　　　　　　　025-83708825 开户行及账号：中行广陵支行 　　　　　　　39012589143378	备注

收款人：×××　　　复核车：傅禾　　　开票人：金波　　　销售方(章)

中国工商银行（苏）	中国工商银行 南京市支行转账 支票	支票号码：13246370
现金支票 存根	出票日期（大写）　年　月　日　付款行名称：	
No.13246370	收款人：　　　　　　　　　　出票人帐号：33011-809032591	
附加信息 _____	人民币（大写）	千百十万千百十元角分
_____		
出票日期　年　月　日	用途：　　　　　　　　　　　　　　　　复核	
收款人：	上列款项请从　　　　　　　　　　　　　记账	
金　额：	我账户内支付　　　　　　　　　　　　　验印	
用　途：	出票人签章	
单位主管　　　　会计	‖32011‖ ‖0033011‖ 000809032591‖	

5. 8日，采购员赵君根据发票填制收料单给仓库，材料检验员赵红，保管员齐兰，将第4题中购买的工作服如数验收入库。请代赵君填制收料单，代齐兰填写实收数量，代有关人员签名。提示：根据发票填制收料单，其中收料单上的发票价格栏填写发票金额（不含增值税额）。

南京市溶剂公司
收　料　单

发票号：　　　　　　　　　　　年　月　日　　　　　　　　　　　编号：003

供应单位				材料类别及编号			
材料名称及规格	单位	数量		实际成本			
		发票	实收	发票价格	运杂费	合计	单价

核算　　　　　主管　　　　　保管　　　　　检查　　　　　交库

6. 10日，一车间材料员朱丽填制领料单，经车间主任审批，到仓库领出工作服，请领12套，实领12套，每套58元。请代朱丽填制领料单，代领料单位负责人于杰审批，代发料人万敏填写实发数，代有关人员签名。

南京市溶剂公司
领　料　单

领料单位：　　　　　　　　　年　月　日　　　　　　　　　　　编号：

用　途				材料类别及编号		
材料名称及规格	单　位	请领数	实发数	单　价	金　额	
备注						

领料单位负责人：　　　　记账：　　　　发料：　　　　领料：

7. 11日,销售丁试剂4吨,每吨1 215.37,共计4 861.48元,此款项存入银行,其中100元32张,50元24张,10元40张,5元4张,2元10张,1元10张,5角3张,2角20张,1角59张,5分1枚,1分3枚。请代出纳员王田填制现金交款单。

中国工商银行现金交款单(回单) ①

年 月 日　　　　　　　　　　　　　　No. 0001245

收款单位	全称					款项来源									
	账号					交款部门									
金额(大写)	人民币							百	十万	千	百	十	元	角	分
券别	张数	十万	千	百	十	元	券别	张数	千	百	十	元	角	分	
一百元							一元								上列款项已如数收妥入账
五十元							五角								(收款银行盖章)
十元							二角								复核：　经办：
五元							一角								年 月 日
二元							分币								

第一联　由银行盖章后退回单位

8. 13日,南京市化工公司采购员持转账支票来公司购买丁试剂10吨,每吨1 215.37元,价外增值税17%,货款(支票)送存银行。请代供销科田红开出增值税专用发票,代出纳员王田填制进账单。(购货单位地址:王陵街3号;电话:84680853;纳税人登记号:444;开户银行:工商银行王陵分理处,账号204423)

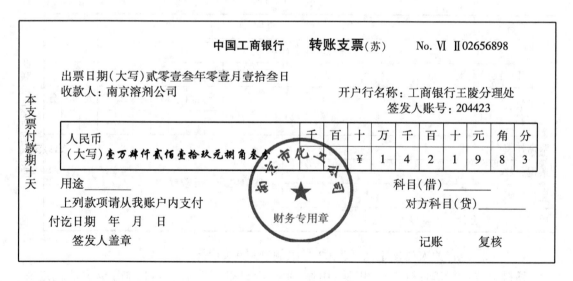

201015667

江苏省增值税专用发票

NO.002016896

发票联　　开票日期：　　年　月　日

购买方	名　　称：			密码区			
	纳税人识别号：						
	地　址、电　话：						
	开户行及账号：						

货物及应税劳务、服务的名称	规格型号	单位	数量	单价	金额	税率	税额
合计							

价税合计(大写)		(小写)

销售方	名　　称：	备注	
	纳税人识别号：		
	地　址、电　话：		
	开户行及账号：		

收款人：　　　　复核车：　　　　开票人：____　　　销售方(章)

第三联　发票联　购买方记账凭证

中国工商银行　进账单(送票回执) 1

No. 37537758

年　月　日

付款人	全称		收款人	全称										
	账号			账号										
	开户银行			开户银行										
人民币(大写)					千	百	十	万	千	百	十	元	角	分
票据种类														
票据张数			收款单位开户行盖章											
凭证号码														
单位主管　　会计　　复核　　记账														

此联是送交票据人的回单

9. 15日,经有关人员核定,签发002号限额领料单如下：

领料单位:二车间;料名称:甲醇;用途:生产丙试剂;计划产量:15吨;单位消耗定额:0.02吨;月领用限额:20吨;材料单价:1 500元/吨。

材料员田力经车间负责人吴刚审批,分三次领料:16日,请领5吨,实领5吨;20日,请领7吨,实领7吨;25日,请领5吨,实领5吨。均由仓库保管员任红发料。请代有关人员签发限额领料单,代车间材料员田力填写领料日期和请领数,代发料人任红填写实发数和结余数。

南京市溶剂公司
限额领料单

领料部门：

用途：　　　　　　　　　　　　　　　年　月　　　　　　　　　　　　　编号：

材料类别	材料名称	规格	计量单位	单价	领用限额	全月实领	
						数量	金额

日期	请　领			实　发		限额结余
	数量	领料单位负责人签章	领料人签章	数量	发料人签章	
合计						

生产计划部门负责人：　　　　　供应部门负责人：　　　　　仓库管理员：

10. 17 日，以电汇结算方式偿还欠华升公司(地址：江苏省南通市；开户行：中国工商银行大同分理处，账号 314578)的材料款，汇款金额 11 000 元。

中国工商银行电汇凭证(回单) 1

委托日期：　　　　　　　　　　　年　月　日　　　　　　　　　　　　　　No.

付款人	全称			收款人	全称		
	账号				账号		
	汇出地点		汇出行名称		汇入地点		汇入行名称

汇入金额	人民币(大写)	千	百	十	万	千	百	十	元	角	分

汇款用途		汇出银行盖章
		年　月　日
上列款项已根据委托办理，如需查询，请持次回单来行面洽		
单位主管　　　　　会计　　　　　复核　　　　　记账		

11. 20 日，职工李力从北京返回，报销差旅费 1 470 元(其中车费 1 128 元，住宿费 250 元，补助费 92 元)，请代李力填差旅费报销单并签章。

差 旅 费 报 销 单

年　月　日填　　　　　　　　　　　　　　　附件　张

姓名		出差地点		出差事由		日期	月　日起
							月　日止
乘火车费		自　　站至　　站		金额		说明：	
乘汽车费		自　　站至　　站		金额			
乘飞机费		自　　站至　　站		金额			
行李运费		公斤	每公斤　元	金额			
出差补助费		定额		金额			
旅馆费		定额		金额			
其他		交通		金额			
合计金额	小写	￥				负责人	
	大写						

会计主管：　　　　　　　　　出纳：　　　　　　　　　报销人：

12. 23日，职工江涛报销学历进修学费，发票金额 32 325 元，按规定自理 50%，报销 50%。请代江涛填报销单，代出纳员付款盖"现金付讫"章。

费 用 报 销 单

年　月　日　　　　　　　　　　　　　　　　No.

职工所在部门：　　　　　　　　　　　　　　　　　　　姓名：

日期		报销内容	单据张数	金额	报销金额（50%）	自理金额（50%）	备注
月	日						
报销金额合计人民币（大写）							
主管意见		报销人签章					

实训二　原始凭证的审核

一、实训目的

通过对原始凭证审核进行单项训练，让学生掌握审核原始凭证的基本要点，学会辨别真假原始凭证，提高会计人员进行日常会计业务处理的警惕性，树立防止舞弊的意识。

二、审核要求

为了正确地反映和监督各项经济业务，确保会计资料真实、正确和合法，必须对原始凭证进行严格认真的审核。各种原始凭证除由经办业务部门审核以外,在记账之前还要由会计部门进行审核。即对原始凭证进行稽查,审核其形式的合规性,检查证实其经济活动,明确经济责任等,证实会计凭证及其所反映的经济业务活动的真实性、合法性和正确性。

三、审核的基本要素

1. 审核原始凭证的真实性

审核原始凭证的基本内容：审核证名称、接收凭证单位的名称、填制凭证的日期、经济业务的内容、总金额、填制单位和填制人员及有关人员的公章和签名、凭证的附件和凭证的编号等,是否真实和正确。凡有下列情况之一者不能作为正确的会计凭证：(1) 未写接收单位名称或名称不符；(2) 数量和金额计算不正确；(3) 有关责任人员未签字或未盖章；(4) 凭证联次不符；(5) 有污染、抹擦、刀刮和挖补痕迹。

检查的要点包括以下五点：

(1) 原始凭证所具备的共同要素是否齐备,是否存在要素不全、空白等情况。

(2) 原始凭证所填写的文字、数字是否清楚完整,复写纸压写的字迹是否清晰,有无模糊不清之处,特别是其金额、单价、数量、时间等关键部位是否清晰和易于辨认。

(3) 凭证更正是否符合规定,有无涂改、刮挖和污损现象。

(4) 原始凭证所办理的审批传递手续是否符合规定程序,有关人员是否全部正式签章,是否盖有财务公章或收讫、付讫戳记。

(5) 自制原始凭证(包括证、券、单、表)是否连续编号；其存根与所开具的凭证是否一致；作废凭证有无缺少、遗失现象等。

2. 审核原始凭证的合法性

审核经济业务的发生是否符合党和国家的路线、方针、政策和法规。凡有下列情况之一者不能作为合法的会计凭证：(1) 多计或少计收入、支出、费用、成本；(2) 擅自扩大开支范围,提高开支标准；(3) 不按国家规定的资金渠道和用途使用资金,或挪用资金进行基本建设；(4) 巧立名目,弄虚作假,滥发奖金、津贴、加班费、防护用品、福利费和实物,违反规定借出公款、公物；(5) 套取现金,签发空头支票；(6) 不按国家规定的标准、比例提取费用(或专项资金)；(7) 私分公共财物和资金；(8) 擅自动用公款、公务请客送礼；(9) 不经有关单位批准,购买、自制属于国家控制购买的商品。

3. 审核原始凭证的合理性

从加强经营管理、提高经济效益的原则出发,审核经济业务的发生是否合理。

四、审核程序

(1) 审核原始凭证之前,要熟悉经济业务,明确每笔经济业务应取得哪些原始凭证,有无缺失。

(2) 对每张原始凭证进行"三性"审核。

(3) 对审核后的原始凭证存在的问题,予以退回补正；对于不合法和不合理的原始凭证,应指出其错误,拒绝接受办理。

五、实训练习

企业名称：南京市溶剂公司　　法人代表：金玉堂

开户银行：工商银行南京市支行　　行号(银行编号)：001

账号：33011809032591

地址、电话:玄武区清流路 3 号　025-86730717

该公司 2013 年 1 月份发生的部分经济业务如下,附有相关的原始凭证。要求:请代本公司会计稽核人员进行原始凭证审核,指出每笔经济业务所附凭证是否完整,存在哪些问题,如何进行更正。

1. 1 月 7 日购入材料,开转账支票支付货款,收到增值税专用发票。

江苏省增值税专用发票

3201015615　　　　　　　　　　　　　　　　　　　　　　　　NO.03071031

发 票 联　　　　　　开票日期:2013 年 01 月 07 日

购买方	名　称:南京溶剂公司 纳税人识别号:32012248823391 地　址、电话:玄武区清流路 3 号 　　　　　　025-87378689 开户行及账号:工商行南京市支行 　　　　　　33011809032591	密码区					
货物及应税劳务、服务的名称	规格型号	单位	数量	单价	金额	税率	税额
工作服	T-1	套	50.00	58.00	2 900.00	17%	493.00
合计					2 900.00		493.00
价税合计(大写)	人民币叁仟叁佰玖拾叁元整　　　　　　　(小写)¥3 393.00						
销售方	名　称:广陵劳保用品商店 纳税人识别号:32070280031737 地　址、电话:广陵街 33 号 　　　　　　025-83708825 开户行及账号:中行广陵支行 　　　　　　39012589143378	备注					

收款人:南风　　　复核车:傅禾　　　开票人:金波　　　销售方(章)

第三联　发票联　购买方记账凭证

2. 1 月 13 日,向乙公司销售#8 化学制剂 10 吨,每吨售价 3 215.40 元,增值税 5 466.18 元,当日收到乙公司开出的转账支票一张。

注:乙公司地址:王陵街 3 号;电话:4680853;纳税人登记号:32012658363803366;开户银行:工商银行王陵分理处;账号:1204421。

3. 1 月 16 日,李炎出差回来报销差旅费,有关的费用单据共计支出 1 375 元,余款 125 元交回现金。

差旅费报销单

2013 年 01 月 16 日 填 附件 5 张

姓名	李炎	出差地点	上海	出差事由	参加展销会	日期	10月4日起
							10月7日止
乘火车费	自南京站至上海站			金额	70.00	说明：实借1 500元，余款125元交回。	
乘汽车费	自上海站至南京站			金额	80.00		
乘飞机费	自　　站至　　站			金额			
行李运费	公斤	每公斤	元	金额			
出差补助费	6天	定额	100	金额	600.00		
旅馆费	3天	定额	200	金额	600.00		
其他	上海市内	交通		金额	225.00		
合计金额	小写	¥1 375.00				负责人	孙丰
	大写	壹仟叁佰柒拾伍圆					

会计主管：储超　　　出纳：方媛　　　报销人：

4．1月15日，从河西物资站购入板材，货款已付，材料验收入库，收到仓库传来的材料验收入库单。

材料入库单

合同号 563

供应单位：河西物资站　　　2013 年 01 月 15 日　　　单位：元

材料名称	规格	单位	数量	实收数量	单价	金额
板材	5mm	吨	20	20	4 600	92 000.00

财务主管：张洁　　　供应科长：陈建　　　验收：　　　采购员：

5．1月16日，工会从新华书店购科技图书资料，取得了新华书店签发的普通发票。

江苏省南京市新华书店发票
发 票 联

单位：　　　　　　　年 月 日　　　　　　　0022988

书　类	数　量	单　价	金　额					
			千	百	十	元	角	分
哲学社会科学	2	30.00		¥	6	0	0	0
文化教育								
自然科学技术	1	53.60			¥	5	3	6
少儿读物								
大、中、专教材								
课本								
图片								
其他出版物								
非图片商品								
（大写）	仟　佰捌拾叁元陆角　分							

② 客户收执

销货单位：　　　　　　　　　　　经手人：

6. 1月16日,收到职工张红原欠款2 500元,出纳开出收据。

收 据

2013 年 1 月 16 日

今收到　　张红				
人民币(大写)贰仟伍佰元整		¥ 2 500.00		
事由:			现金: ✓	
归还原借款			支票	
收款单位	新华公司	财务主管	收款人	李华

报销凭证

7. 1月17日,向南京华阳装饰公司销售产品一批,销售部门向购货单位开出发票。

南京市工业企业销售普通发票

购货单位:南京华阳装饰公司　　　2013 年 1 月 17 日　　　No. 5698723

产品或劳务名称	规格	单位	数量	单价	金　　额							
					十万	千	百	十	元	角	分
A#制剂		吨	3	4 500		1	3	5	0	0	0	0
合计金额(大写)人民币壹万叁仟伍佰元整												

第二联 报销凭证

单位盖章:　　　　　　　收款人:　　　　　　　　制票人:王齐

8. 1月18日,一车间从仓库领用乙醇,填写领料单。

南京市溶剂公司
领 料 单

领料单位:　　　　　　2013 年 1 月 18 日　　　　　　编号:

用　　途		生产甲试剂		材料类别及编号	
材料名称及规格	单位	请领数	实发数	单价	金额
乙醇	吨	2	2	4 500	8 000
备注					

领料单位负责人　　　记账　　　　　发料　　　　　领料

9. 1月19日,职工出差借款,填写借款单。

差 旅 费 借 款 单

年　月　日　　　　　　　　　　　　　　　　　No. 001

借款人	李建民	借款单位	销售科
借款事由	采购材料	出差地点	
借款金额	伍佰元整		¥500.00

审批　　　　借款单位负责人　　　　出纳　　　　借款人

10. 1月20日,向江南石化公司购材料一批,材料验收入库。签发并承兑商业汇票一张交给供货方。

商业承兑汇票

Ⅳ0292578
第001920715号

出票日期　贰零壹叁年壹月贰拾日

付款人	全称	南京市溶剂公司		收款人	全称	江南石化公司	
	账号	373702167860763			账号	4222303031	
	开户行	工商银行南京市支行	行号 2688		开户行	工商银行江宁分行	行号 761
出票金额		人民币(大写)	壹拾壹万柒仟元			千百十万千百十元角分 ¥ 1 1 7 0 0 0	
汇票到期日		2013年3月1日		交易合同号码		03/12-11018	
本汇票已经本单位承兑,到期日无条件支付票款。 　　出票人签章 　　2013年1月20日				负责　　　经办　朱海　　王宁			

11. 1月28日,向乙公司销售#8化学制剂10吨,每吨售价3 215.40元,增值税5 466.18元。当日开出发票同时收到乙公司开出转账支票37 620.18元,出纳员王艺(兼制单人)已填制进账单连同转账支票送存银行。本公司收到的转账支票、填制的进账单和开出的增值税专用发票如下:

注:乙公司地址:王陵街3号,电话4680853;纳税人登记号:32012658363803366;开户银行:工商银行王陵分理处,账号1204421。

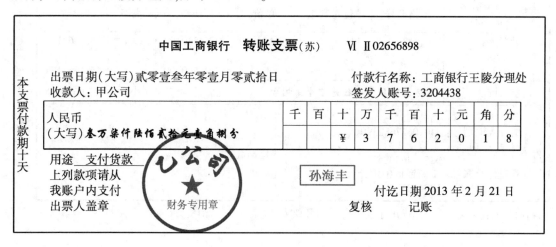

中国工商银行 进账单(送票回执) 1 No. 37537759
2013 年 01 月 28 日

付款人	全称	甲公司		收款人	全称	乙公司
	账号	3204438			账号	1204421
	开户银行	工商银行东南分理处			开户银行	工商银行王陵分理处

人民币(大写)叁万贰仟壹佰伍拾肆元	千	百	十	万	千	百	十	元	角	分
				¥	3	2	1	5	4	

票据种类	转账支票	收款单位开户行盖章
票据张数	1	
凭证号码	Ⅵ Ⅱ 02656898	

单位主管   会计   复核   记账

3201015615   江苏省增值税专用发票   NO.002016896

发票联   开票日期: 年 月 日

购买方	名　　　称:	南京溶剂公司						
	纳税人识别号:	3201645963803069						
	地　址、电话:	东南街 35460856 025-87387678						
	开户行及账号:	工商银行王陵分理处 3204438						

货物及应税劳务、服务的名称	规格型号	单位	数量	单价	金额	税率	税额
化学制剂	#8	吨	10	32 154.40	321 540.00	17%	5 466.18
合计					321 540.00		5 466.18

价税合计(大写)	叁万柒仟陆佰贰拾元零壹角捌分	(小写) ¥370 620.18

销售方	名　　　称:	乙公司	备注
	纳税人识别号:	34010627682390	
	地　址、电话:	王陵街3号 025-4680853	
	开户行及账号:	工商银行中山分行 1204421	

收款人:××   复核:××   开票人:方深   销货方(章)

实训三 填制记账凭证

一、实训目的

记账凭证的编制是会计核算的关键能力,通过记账凭证编制实训,学生能熟悉记账凭证格式及每一种记账凭证的编制方法,提高操作者对经济业务的会计处理能力。

二、编制要求与方法

编制记账凭证应根据记账凭证要素填写,主要填写内容包括凭证日期,凭证类别(字)和编号,经济业务内容摘要,经济业务所涉及的会计科目名称及其记账方向,经济业务的金额及合计数,过账标记,所附原始凭证附件张数,有关岗位诸如会计主管、记账、审核、出纳、制单等人员的签字或盖章等。

(1) 填写摘要。

摘要是在记账凭证的摘要栏中用简洁明了的语言对经济业务的概括表述,它既是对经济业务的简要说明,又是登记账簿的重要依据,必须根据不同经济业务的性质和特点,正确地填写,不可漏填或错填。

(2) 科目应用。

必须按照会计制度规定的会计科目编制会计分录,以便从科目的对应关系中反映出经济业务的来龙去脉,保证会计核算的正确性。会计科目的使用应符合国家统一会计制度的规定,不得改变会计科目的核算内容,不得简化或改变会计科目的名称。使用会计科目图章的,应与横格底线平行盖正。

(3) 连续编号。

记账凭证在一个月内应当连续编号,以便查核。在使用通用凭证时,可按经济业务发生的顺序编号。采用收款凭证、付款凭证和转账凭证的,可采用"字号编号法",即按凭证类别顺序编号。例如,收字第×号、付字第×号、转字第×号等。也可采用"双重编号法",即按总字顺序编号与按类别顺序编号相结合。例如,某收款凭证为"总字第5号,收字第1号"。一笔经济业务,如果业务比较复杂,涉及的会计科目比较多,一张记账凭证写不下时,就需要编制多张记账凭证,这时记账凭证的编号可采用"分数编号法"。例如,在编制顺序号为第15号记账凭证时,该笔经济业务需要编制两张转账凭证,其编号可编为"转字15-1/2号"、"转字15-2/2号"。前面的整数表示业务顺序号,分母上的数字表示该业务顺序号的凭证共有两张,分子表示两张中的第一张或第二张。

(4) 编制日期。

收、付款凭证应按货币资金收付的日期填写。转账凭证原则上应按收到原始凭证的日期填写。如果一份转账凭证依据不同日期的某类原始凭证编制时,可按编制记账凭证的日期填写。在月终时,有些转账业务要等到下月初方可编制转账凭证时,也应按本月末的日期填写。

(5) 金额的填写。

记账凭证填写的金额要与原始凭证金额相同。在记账前,发现记账凭证中的会计科目用错、记账方向填错或金额错误的,一律作废,重新填制记账凭证。

(6) 记账凭证填制完经济业务事项后,应在金额栏最后一笔数字与合计数之间的空行处,从右上角向左下角划斜线注销。

(7) 注明附件。

记账凭证应注明所附的原始凭证张数,以便核查。如果根据同一原始凭证编制数张记账凭证时,则应在未附原始凭证的记账凭证上注明"附件××张,见第××号记账凭证"。如果原始凭证需要另行保管时,则应在附件栏目内加以注明,但更正错账和结账的记账凭证可以不附原始凭证。

(8) 签字盖章。

记账凭证编制完毕,应进行复核与检查,并按所使用的记账方法进行试算平衡。有关人员均要签名盖章。

(9) 书写规范。

填制会计凭证,字迹必须清晰、工整,符合规范。记账凭证应按照《会计基础工作规范》要求填制。

(10) 已经登记入账的记账凭证,在当年内发现填写错误时,可以用红字填写一张与原内容相同的记账凭证,在摘要栏注明"注销×月×日×号凭证"字样,同时再用蓝字重新填制一张正确的记账凭证,说明"订正×月×日×号凭证"字样。如果会计科目没有错误,只是金额错误,也可以将正确数字与错误数字之间的差额,另填一张调整的记账凭证,调增金额用蓝字,调减金额用红字。发现以前年度记账凭证有错误的,应当用蓝字填制一张更正的证账凭证。

三、填制程序

(1) 首先审核原始凭证,然后沿虚线将原始凭证剪开,按经济业务序号(原始凭证名称前阿拉伯数字序号)排列;

(2) 确定每笔业务的内容、应填制的记账凭证种类、填制日期和会计分录(注:原始凭证的填制或取得的日期,作为记账凭证的填制日期);

(3) 按经济业务序号,逐笔填制记账凭证;

(4) 每一笔业务的记账凭证填制完毕,把原始凭证放在记账凭证后面,依左上角理齐,用回形针别住左上角。

四、记账凭证编制示例

专用记账凭证编制示例

专用记账凭证,是用来专门记录某一类经济业务的记账凭证。专用记账凭证按其所记录的经济业务是否与现金和银行存款的收付有关系,又分为收款凭证、付款凭证和转账凭证三种。

凡涉及库存现金和银行存款的收入业务,应编制收款凭证;凡涉及库存现金和银行存款的付出业务,应编制付款凭证;不涉及库存现金和银行存款的收付业务称作转账业务,应编制转账凭证。在同一项经济业务中,如果既涉及库存现金或银行存款的收付款业务,又涉及转账业务,应当分别编制收、付款凭证和转账凭证。例如,业务员王林出差回来,实际应报销差旅费1 800元,出差前已预借2 000元,多余款项交回现金。对于这项经济业务应根据收款收据的记账联编制现金收款凭证,同时根据差旅费报销凭单编制转账凭证。

应当注意的是涉及库存现金和银行存款之间的转账业务时,为了避免重复记账,依照惯例只编制付款凭证,不再编制收款凭证。如现金存入银行只编制一张现金付款凭证。例如,将现金 6 000 元送存银行,出纳人员根据审核无误的原始凭证,编制现金付款凭证。同理,对于从银行提取现金的经济业务,只编制一张银行存款付款凭证。例如,从银行提取现金 5 000 元,以备零星开支之用。出纳人员根据审核无误的原始凭证,编制银行存款付款凭证。

(一)收款凭证的编制

在借贷记账法下,收款凭证的设证科目是借方科目。在收款凭证左上方所填列的借方科目,应是"库存现金"或"银行存款"科目。在凭证内所反映的贷方科目,应填列与"库存现金"或"银行存款"相对应的科目。金额栏填列经济业务实际发生的数额,在收款凭证下方填写所附原始凭证张数,并在出纳及制单处签名或盖章。

例 4-13 清源机器公司 2012 年 12 月 3 日收到立新公司的转账支票一张,收讫投资款 500 000 元,已存入银行。

出纳人员应根据审核无误的收款收据编制银行存款收款凭证如下:

收 款 凭 证

借方科目:银行存款　　　　　2012 年 12 月 03 日　　　　　银收字　第 1 号

摘　要	总账科目	明细科目	金　额									记账
			百	十	万	千	百	十	元	角	分	
收讫投资款	实收资本	立新公司		5	0	0	0	0	0	0	0	
合　计(附件 1 张)			¥	5	0	0	0	0	0	0	0	

财务主管:×　　　记账:×　　　出纳:×　　　审核:×　　　制单:王蕊

(二)付款凭证的编制

在借贷记账法下,付款凭证的设证科目是贷方科目。在付款凭证左上方所填列的贷方科目,应是"库存现金"或"银行存款"科目。在凭证内所反映的借方科目,应填列与"库存现金"或"银行存款"相对应的科目。金额栏填列经济业务实际发生的数额,在付款凭证下方填写所附原始凭证的张数,并在出纳及制单处签名或盖章。

例 4-14 清源机器公司 2012 年 12 月 5 日将现金 40 000 元存入银行。

出纳人员应根据审核无误的现金缴款单编制现金付款凭证如下:

付 款 凭 证

贷方科目：库存现金　　　　　2012 年 12 月 5 日　　　　　现付　字第　1　号

摘　要	总账科目	明细科目	金　额									记账
			百	十	万	千	百	十	元	角	分	
送存现金	银行存款				4	0	0	0	0	0	0	
合　计(附件 1 张)			¥		4	0	0	0	0	0	0	

财务主管：×　　　记账：×　　　出纳：×　　　审核：×　　　制单：王蕊

（三）转账凭证的编制

在借贷记账法下，转账业务所涉及的会计科目全部填列在凭证内，借方科目在先，贷方科目在后，将各会计科目所记应借应贷的金额填列在"借方金额"或"贷方金额"栏内。借、贷方金额合计数应该相等。制单人应在编制凭证后签名盖章，并在转账凭证下方填写所附原始凭证的张数。

例 4-15　清源机器公司 2012 年 12 月 5 日购入 30mm 圆钢一批，买价 95 000 元，增值税 16 150 元，货款未付。

会计人员根据审核无误的购货发票和材料入库单等原始凭证编制转账凭证如下：

转 账 凭 证

2012 年 12 月 5 日　　　　　　　　　　　　　　　转　字第　1　号

摘　要	科目名称		借方金额										贷方金额										记账
	总账科目	明细科目	千	百	十	万	千	百	十	元	角	分	千	百	十	万	千	百	十	元	角	分	
购入圆钢	原材料				9	5	0	0	0	0	0												
	应交税费	应交增值税			1	6	1	5	0	0	0												
	应付账款														1	1	1	1	5	0	0	0	
合　计(附件 2 张)			¥		1	1	1	1	5	0	0	0	¥		1	1	1	1	5	0	0	0	

财务主管：×　　　记账：×　　　出纳：×　　　审核：×　　　制单：王蕊

通用记账凭证的编制示例

采用通用记账凭证的经济单位，不再根据经济业务的内容分别编制收款凭证、付款凭证和转账凭证，所有涉及货币资金收、付款业务的记账凭证是由出纳员根据审核无误的原始凭证收、付款后编制；涉及转账业务的记账凭证由会计人员根据审核无误的原始凭证编制。在借贷记账法下，将经济业务所涉及的会计科目全部填列在凭证内，借方在先，贷方在后，将各会计科目所记载的应借应贷的金额填列在"借方金额"或"贷方金额"栏内。借、贷方金额合计数应相等,制单人应在凭证编制完毕后签名盖章,并在转账凭证下方填写所附原始凭证的张数。

例 4-16 清源机器公司 2012 年 12 月 3 日收到立新公司的转账支票一张,收讫投资款 500 000 元,已存入银行。

出纳人员应根据审核无误的收款收据编制通用记账凭证如下:

记 账 凭 证

2012 年 12 月 03 日   记 字第 1 号

摘要	科目名称		借方金额	贷方金额	记账
	总账科目	明细科目	千百十万千百十元角分	千百十万千百十元角分	
收讫投资款	银行存款		5 0 0 0 0 0 0 0		
	实收资本	立新公司		5 0 0 0 0 0 0 0	
合 计(附件1张)			¥5 0 0 0 0 0 0 0	¥5 0 0 0 0 0 0 0	

财务主管:×   记账:×   出纳:×   审核:×   制单:王蕊

五、实训练习

企业名称:南京市溶剂公司   法人代表:金玉堂
开户银行:工商银行南京市支行   行号(银行编号):001
账号:33011809032591
地址:玄武区清流路3号   025-86730717

该公司 2013 年 1 月份发生的部分经济业务如下,附有相关的原始凭证。要求:请代本公司相关会计人员对原始凭证进行审核,根据审核无误的原始凭证编制记账凭证,并将原始凭证附于记账凭证后,制单人签章。

1. 1月2日,收到南京化工公司前欠账款。

中国工商银行信汇凭证(收款通知或收款收据) 4

委托日期: 2013 年 01 月 02 日   No.00899

收款人	全称	南京市溶剂公司			汇款人	全称	南京化工公司		
	账号	33011809032591				账号	33011809045367		
	汇入地点	江苏南京市	汇入行名称	工商银行南京市支行		汇出地点	江苏南京市浦口区	汇出行名称	工行浦口分理处
汇入金额	人民币(大写) 壹万壹仟捌佰元整						千百十万千百十元角分 ¥1 1 8 0 0 0 0		
汇款用途:还欠款					银行待取预留收款人印签 2013 年 01 月 02 日				
上列款项已代进账,如有错误,请持次联来行面洽。 汇入行盖章									
单位主管: 会计: 复核: 记账:									

(中国工商银行南京市支行 2013.01.02 转讫 (1))

2. 1月2日,填写现金交款单,向银行送存现金。

中国工商银行现金交款单(回单)①

2013 年 01 月 02 日　　　　　　　　　　　　　　　　　　No. 0001247

收款单位	全称	南京市溶剂公司					款项来源	材料销售收入								
	账号	33011809032591					交款部门	南京市溶剂公司								
	开户银行	工商行南京市支行														
金　额	人民币(大写) 伍万陆仟柒佰捌拾元整								百	十万	千	百	十	元	角	分
								¥		5	6	7	8	0	0	0
券别	张数	十万	千	百	十	元	券别	张数	千	百	十	元	角	分		
一百元	567	5	6	7	0	0	一元									
五十元	1				5	0	五角									
十元	3				3	0	二角									
五元							一角									
二元							分币									

中国工商银行
南京市支行
2013.01.02
转讫
(1)

上列款项已如数收妥入账
(收款银行盖章)
复核：　　经办：
2013 年 01 月 02 日

第一联　由银行盖章后退回单位

3. 1月2日,归还长白山制剂厂上月的材料款。

中国工商银行(苏)
转账支票存根
No.Ⅵ Ⅱ 03335601

附加信息
_____
_____

出票日期2013年01月02日

收款人：	长白山制剂厂
金　额：	¥ 12 800.00
用　途：	支付货款

单位主管　　　会计
复核　　　　　记账

4. 1月3日,向长白山制剂厂购买材料,付款。

中国工商银行(苏)
转账支票存根
Ⅵ Ⅱ 03335602

附加信息
_____
_____

出票日期2013年01月03日

收款人：	长白山制剂厂
金　额：	¥ 263 250.00
用　途：	购料款

单位主管　　　会计
复核　　　　　记账

第四部分　会计账务处理单项技能实训

江苏省增值税专用发票　发票联

3201015789　　　NO.468658
开票日期：2013 年 01 月 03 日

购买方	名　　称：南京溶剂公司 纳税人识别号：32012248823391 地 址、电话：玄武区清流路 3 号 　　　　　　025－87378689 开户行及账号：工商行南京市支行 　　　　　　33011809032591	密码区	

货物及应税劳务、服务的名称	规格型号	单位	数量	单价	金额	税率	税额
乙醇	T-1	吨	50.00	4 500.00	225 000.00	17%	38 250.00
合计					225 000.00		￥38 250.00

价税合计（大写）	人民币贰拾陆万叁仟贰佰伍拾元整	（小写）￥263 250.00

销售方	名　　称：长白山制剂厂 纳税人识别号：42070280031253 地 址、电话：长白山街 67 号 　　　　　　0439－4208825 开户行及账号：工行长白山分理处 　　　　　　39012589352704	备注	

收款人：×××　　复核：禾目　　开票人：柳金波　　销售方（章）

江苏省增值税专用发票　发票联

3201015789　　　NO.468658
开票日期：2013 年 01 月 03 日

购买方	名　　称：南京溶剂公司 纳税人识别号：32012248823391 地 址、电话：玄武区清流路 3 号 　　　　　　025－87378689 开户行及账号：工商行南京市支行 　　　　　　33011809032591	密码区	

货物及应税劳务、服务的名称	规格型号	单位	数量	单价	金额	税率	税额
乙醇	T-1	吨	50.00	4 500.00	225 000.00	17%	38 250.00
合计					225 000.00		￥38 250.00

价税合计（大写）	人民币贰拾陆万叁仟贰佰伍拾元整	（小写）￥263 250.00

销售方	名　　称：长白山制剂厂 纳税人识别号：42070280031253 地 址、电话：长白山街 67 号 　　　　　　0439－4208825 开户行及账号：工行长白山分理处 　　　　　　39012589352704	备注	

收款人：×××　　复核：禾目　　开票人：柳金波　　销售方（章）

5. 1 月 4 日，上述材料验收入库。

南京市溶剂公司
收料单

发票号：0307103　　　　　　2013年01月04日　　　　　　No.007

供应单位		长白山制剂厂		材料编号			
材料名称及规格	计量单位	数量		实际成本			
		发票	实收	发票价格	运杂费	合计	单价
乙醇	吨	50	50	225 000.00		225 000.00	4 500.00
备注：							

核算×× 　　主管×× 　　保管××× 　　检验××× 　　交库×××

6. 1月4日，王平还差旅费欠款。

现金收款收据

2013年01月04日　　　　　　No.1200231

收款人	王平	交款单位	业务部	金额								第二联　客户联
				百	十	万	千	百	十	元	角	分
金额（大写）	人民币玖拾元整		现金收讫					¥	9	0	0	0
事由	还差旅费欠款			备注：								

出纳（名章） 王月　　收款单位公章　　交款人（签名）王平

7. 1月6日，销售部刘明出差预借差旅费。

借款单

2013年01月06日　　　　　　字第0021号

借款人	刘明	借款事由	采购材料
所属部门	销售部		
借款金额人民币（大写）	叁仟伍佰元整	核准金额	人民币叁仟伍佰元整
审批意见： 同意借支　锦超 2013年01月06日	现金付讫	归还期限 01月15日	归还方式	回来报账

会计主管：超小　　复核：于前　　出纳：王月　　借款人：刘明

8. 车间生产产品领用材料。

南京市溶剂公司
领料单

领料单位：一车间　　　　2013年01月07日　　　　编号：002

用途		生产甲试剂		材料类别及编号		
材料名称及规格	单位	请领数	实发数	单价	金额	
甲醇	吨	2	2	4 500.00	9 000.00	
备注：						

领料单位负责人：王超　　记账：　　发料：刘星　　领料：兴明

南京市溶剂公司
领 料 单

领料单位：二车间　　　　2013 年 01 月 08 日　　　　编号：003

用　途	生产乙试剂		材料类别及编号		
材料名称及规格	单　位	请领数	实发数	单　价	金　额
乙醇	吨	4	4	3 500.00	14 000.00
备注					

领料单位负责人：王超　　记账：　　发料：刘星　　领料：代乾

9. 1月9日，销售#8化学制剂10吨，开出发票，同时收到转账支票一张，办理了进账手续。

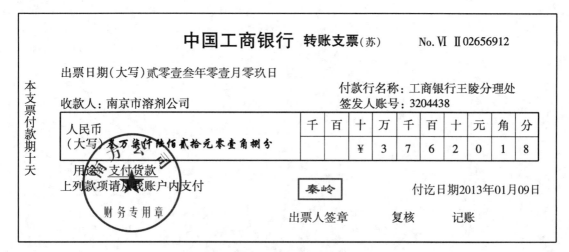

江苏省国税通用发票

201015634　　　　　　　　　　　　　　　　　　　　　　　　NO.040716731
发票联　　　　　　　　　　　　　　　　　　　　　　　开票日期：2013 年 01 月 9 日

购买方	名　　　称：南方公司 纳税人识别号：3201645963803069 地　址、电　话：东南街 　　　　　　　　020-35460856 开户行及账号：工商银行东南分理处 　　　　　　　　3204438	密码区	（二维码）

货物及应税劳务、服务的名称	规格型号	单位	数量	单价	金额	税率	税额
化学制剂	#8	吨	10	3 215.4	32 154.00	17%	5 466.18
合计					￥32 154.00		￥5 466.18

价税合计（大写）	人民币叁万柒仟陆佰贰拾元零壹角捌分　　　　（小写）￥37 620.18

销售方	名　　　称：南京溶剂公司 纳税人识别号：32012248823391 地　址、电　话：玄武区清流路 3 号 　　　　　　　　025-87378689 开户行及账号：工商行南京市支行 　　　　　　　　33011809032591	备注	

收款人：×××　　　复核：傅禾　　　开票人：王冬　　　销售方（章）

10. 1 月 14 日，销售部刘明采购材料回来，报销差旅费 2 968 元（其中火车费 1 128 元，住宿费 1 440 元，补助费 400 元），原借款 3 500 元。

差 旅 费 报 销 单

2013 年 01 月 14 日填　　　　　　　　　　　　　　　　　　　　附件 6 张

姓名	刘明	出差地点	北京	出差事由	采购材料	日期	1月6日起 1月13日止
乘火车费	自南京站至北京西站			金额	￥1 128.00	说明： 原借款 3 500 元，实际报销 2 968 元，退还现金 532 元。	
乘汽车费	自　　站至　　站			金额			
乘飞机费	自　　站至　　站			金额			
行李运费	公斤		每公斤　元	金额			
出差补助费	8 天	定额	50 元/天	金额	￥400.00		
旅馆费	8 天	定额	180 元/天	金额	￥1 440.00		
其他		交通		金额			
合计金额	小写	￥2 968.00				负责人	锦超
	大写	人民币贰仟玖佰陆拾捌元整					

会计主管：锦超　　　　　出纳：王月　　　　　报销人：刘明

现金收款收据

2013 年 01 月 04 日　　　　　　　　　　　　　　No. 1200231

收款人	王月	交款单位	销售部	金　额									第三联 记账联
				百	十	万	千	百	十	元	角	分
金额（大写）	人民币 伍佰叁拾壹元整						¥	5	3	2	0	0
事由	交回差旅费多余款			备注：								

出纳（名章）：王月　　　收款单位公章　　　交款人：刘明

11. 1 月 15 日，提取现金备用。

```
中国工商银行（苏）
现金支票存根
No.13329553

附加信息 _____
         _____
         _____

签发日期 2013 年 01 月 15 日
收款人：南京市溶剂公司
金　额：¥5 000.00
用　途：备用金
备　注：
单位主管　　　　　　会计  王月
```

12. 1 月 18 日，经理办公室报销业务招待费 4 500 元，以现金补足其定额备用金。

江苏省南京市饮食（娱乐）业发票
发　票　联

发票代码：221010575527
发票号码：14722231
机器编号：DP0404DM1104
收款单位（盖章有效）　南京福满天大酒店
税务登记号：210112789013456
开票日期：2013 年 01 月 18 日
项　　目：餐饮费
金　　额：肆仟伍佰元整　　¥4 500.00
收款员：01
税控码：14AEE8B2F9FE837A

南京市溶剂公司费用报销批单

报销部门：经理办公室　　　　2013 年 01 月 18 日　　　　　　　　金额单位：元

用　途	金　额	开支项目	业务招待费
餐饮费	4 500.00	领导审批	同意报销。 锦超
现金付讫		备注	
合　计	￥4 500.00		

金额（大写）肆仟伍佰元整　　　　　　　　　　原借款　／　元应退余款　／　元

13. 1 月 20 日，开出转账支票支付江宁发达广告公司广告费 10 176 元。

江苏省增值税专用发票

3201015767　　　　　　　　　　　发票联　　　　　　　　　NO.468658

开票日期：2013 年 01 月 20 日

购买方	名　称：南京溶剂公司 纳税人识别号：32012248823391 地　址、电　话：玄武区清流路 3 号　025 – 87378689 开户行及账号：工商行南京市支行　33011809032591	密码区	

货物及应税劳务、服务的名称	规格型号	单位	数量	单价	金额	税率	税额
产品广告		板	10	960	9 600.00	6%	576.00
合计					￥9 600.00		￥576.00

价税合计（大写）　人民币壹万零壹佰柒拾陆元整　　　（小写）￥10 176.00

销售方	名　称：江宁发达广告公司 纳税人识别号：32070280031211 地　址、电　话：上元路 67 号　025 – 84208825 开户行及账号：工行上元分理处　39012589352704	备注	江宁发达广告公司 32070280031211 发票专用章 销售方（章）

收款人：×××　　　复核：路翁　　　开票人：付文友

第三联　发票联　购买方记账凭证

中国工商银行（苏）

转账支票存根

支票号码 No. 2978674

附加信息

签发日期 2013 年 01 月 20 日

| 收款人：江宁发达广告公司 |
| 金　额：￥10 176.00 |
| 用　途：广告费 |
| 备　注： |

单位主管　　　　会计　王月

14. 1月21日,以电汇方式支付唐山化学公司货款56 960元。支付银行汇兑手续费56.96元。

中国工商银行电汇凭证(回单) 1

委托日期		2013 年 01 月 21 日				凭证号码：I01945068	
付款人	全称	南京市溶剂公司		收款人	全称	唐山化学公司	
	账号	3011809032591			账号	8385672679	
	汇出地点	南京市	汇出行名称	工商行南京市支行		汇入地点	唐山市	汇入行名称	中国工商银行南京市支行
汇入金额	人民币(大写) 伍万陆仟玖佰陆拾元整				千 百 十 万 千 百 十 元 角 分 ¥ 5 6 9 6 0 0 0		
汇款用途：偿还货款				汇出银行盖章		业务章	
上列款项已根据委托办理,如需查询,请持次回单来行面洽							
单位主管		会计	复核		记账		

中国工商银行南京市分行邮、电、手续费收费凭证①

2013 年 01 月 21 日

缴款人名称：南京市溶剂公司				信(电)汇 1 笔 汇票 笔 其他 笔			
账　　号：500600230053122				异托、委托 笔 支票 笔(本)			
邮费金额		电报费金额		手续费金额		合计金额	
佰 十 元 角 分		佰 十 元 角 分		佰 十 元 角 分		佰 十 元 角 分	科目(借)
				¥ 5 6 9 6		¥ 5 6 9 6	对方科目(贷)
							复核　　记账
							复票　　制票
合计金额		人民币(大写) 伍拾陆元玖角陆分					

15. 1月22日,财会人员参加新会计准则培训,支付培训费用12 000元,开出转账支票支付。

中国工商银行(苏)
转账支票存根
支票号码 No. 2978674

附加信息
_____
_____
_____

签发日期 2013 年 01 月 22 日
收款人：江宁职教中心
金　额：¥12 720.00
用　途：培训费
备　注：

单位主管　　　会计 王月

第四部分　会计账务处理单项技能实训

3201015790　　　　　　　　江苏省增值税专用发票　　　　　　　　NO.467809

开票日期：2013 年 01 月 22 日

购买方	名称：南京溶剂公司 纳税人识别号：32012248823391 地址、电话：玄武区清流路3号　025－87378689 开户行及账号：工商行南京市支行　33011809032591	密码区					
货物及应税劳务、服务的名称	规格型号	单位	数量	单价	金额	税率	税额
培训费		人(次)	3	4 000.00	12 000.00	6%	720.00
合计					¥12 000.00		¥720.00
价税合计(大写)	人民币壹万贰仟柒佰贰拾元整				(小写) ¥12 720.00		
销售方	名称：江宁职教中心 纳税人识别号：32012248823456 地址、电话：科建路67号　025－8608825 开户行及账号：工商行上元支行　33011809045678	备注	江宁职教中心　32012248823456　发票专用章					

收款人：×××　　复核：张彬　　开票：李丽　　销售方(章)

第二联　抵扣联　购买方交税务机关

3201015790　　　　　　　　江苏省增值税专用发票　　　　　　　　NO.467809

开票日期：2013 年 01 月 22 日

购买方	名称：南京溶剂公司 纳税人识别号：32012248823391 地址、电话：玄武区清流路3号　025－87378689 开户行及账号：工商行南京市支行　33011809032591	密码区					
货物及应税劳务、服务的名称	规格型号	单位	数量	单价	金额	税率	税额
培训费		人(次)	3	4 000.00	12 000.00	6%	720.00
合计					¥12 000.00		¥720.00
价税合计(大写)	人民币壹万贰仟柒佰贰拾元整				(小写) ¥12 720.00		
销售方	名称：江宁职教中心 纳税人识别号：32012248823456 地址、电话：科建路67号　025－8608825 开户行及账号：工商行上元支行　33011809045678	备注	江宁职教中心　32012248823456　发票专用章					

收款人：×××　　复核：张彬　　开票：李丽　　销售方(章)

第三联　发票联　购买方记账凭证

16. 1月22日，收到银行转来的信汇收款通知。

中国工商银行信汇凭证（　　或 收款收据）4

委托日期：　　　　　　　　2013 年 01 月 22 日　　　　　　　No. 67890002

收款人	全称	南京市溶剂公司			汇款人	全称	南京化工公司			千	百	十	万	千	百	十	元	角	分
	账号	33011809032591				账号	33011809045367												
	汇入地点	江苏南京市	汇入行名称	工商行南京市支行		汇出地点	江苏南京市浦口区	汇出行名称	工行浦口分理处										
汇入金额	人民币（大写）陆万壹仟捌佰元整												¥	6	1	8	0	0	0

汇款用途：还欠款　　　　　　　　　　　银行待取预留收款人印签
　　　　　　　　　　　　　　　　　　　2013年01月22日
上列款项已代进账，如有错误，请持次联来行
面洽。
　　　　　汇入行盖章

（中国工商银行　南京市支行　2013.01.22　转讫）

单位主管：　　　　会计：（1）　　　　复核：　　　　记账：

此联是给收款人的收款通知

17. 1月23日，向济南化工公司购买材料，款未付。

欠　据

　　今欠济南化工公司材料款人民币贰拾叁万壹仟陆佰陆拾元整（¥231 660.00），经双方协商，拟于2013年2月3日前付清。

　　此　据

　　　　　　　　　　　　　　　　　　　供货方：济南化工公司　王明
　　　　　　　　　　　　　　　　　　　购货方：南京溶剂公司　张平
　　　　　　　　　　　　　　　　　　　　　　　　2013 年 1 月 23 日

江苏省增值税专用发票

3201013467　　　　　　　　　　　　　　　　　　　　　　　NO.03071038
开票日期：2013 年 01 月 23 日

购买方	名　称：南京溶剂公司　　　　　　　　　　　　　　　　　　　　　　　　　　　　　　　　　　　纳税人识别号：32012248823391　　　　　　　　　　　　　　　　　　　　　　　　　　　地　址、电　话：玄武区清流路 3 号　025－87378689　　　　　　　　　　　　　　　　开户行及账号：工商行南京市支行　33011809032591	密码区	

货物及应税劳务、服务的名称	规格型号	单位	数量	单价	金额	税率	税额
甲醇	T-1	吨	20	4 200.00	84 000.00	17%	14 280.00
乙醇	T-2	吨	30	3 800.00	114 000.00	17%	19 380.00
合计					￥198 000.00		￥33 660.00

价税合计（大写）	人民币贰拾叁万壹仟陆佰陆拾元整	（小写）￥231 660.00

| 销售方 | 名　称：济南化工公司　　　　　　　　　　　　　　　　　　　　　　　　　　　　　　　　　　纳税人识别号：32070280031737　　　　　　　　　　　　　　　　　　　　　　　　　　　地　址、电　话：济南市纬一路 205 号　0531－83708825　　　　　　　　　　　　　　　　开户行及账号：工商银行济南支行　39012589143378 | 备注 | 济南化工公司 32070280031737 发票专用章 |

收款人：×××　　　复核：傅一　　　开票人：薄波　　　销售方（章）

第二联　抵扣联　购买方交税务机关

江苏省增值税专用发票

3201013467　　　　　　　　　　　　　　　　　　　　　　　NO.03071038
开票日期：2013 年 01 月 23 日

购买方	名　称：南京溶剂公司　　　　　　　　　　　　　　　　　　　　　　　　　　　　　　　　　　　纳税人识别号：32012248823391　　　　　　　　　　　　　　　　　　　　　　　　　　　地　址、电　话：玄武区清流路 3 号　025－87378689　　　　　　　　　　　　　　　　开户行及账号：工商行南京市支行　33011809032591	密码区	

货物及应税劳务、服务的名称	规格型号	单位	数量	单价	金额	税率	税额
甲醇	T-1	吨	20	4 200.00	84 000.00	17%	14 280.00
乙醇	T-2	吨	30	3 800.00	114 000.00	17%	19 380.00
合计					￥198 000.00		￥33 660.00

价税合计（大写）	人民币贰拾叁万壹仟陆佰陆拾元整	（小写）￥231 660.00

| 销售方 | 名　称：济南化工公司　　　　　　　　　　　　　　　　　　　　　　　　　　　　　　　　　　纳税人识别号：32070280031737　　　　　　　　　　　　　　　　　　　　　　　　　　　地　址、电　话：济南市纬一路 205 号　0531－83708825　　　　　　　　　　　　　　　　开户行及账号：工商银行济南支行　39012589143378 | 备注 | 济南化工公司 32070280031737 发票专用章 |

收款人：×××　　　复核：傅一　　　开票人：薄波　　　销售方（章）

第三联　发票联　购买方记账凭证

18. 上述材料验收入库。

南京市溶剂公司
收 料 单

发票号：03071038　　　　　2013年01月24日　　　　　　　　　　　　No. 009

供应单位	济南化工公司		材料编号				
材料名称及规格	计量单位	数量		实际成本			
		发票	实收	发票价格	运杂费	合计	单价
甲醇	吨	20	20	84 000.00		84 000.00	4 200.00

备注：

核算：×　　　　主管：×　　　　保管：刘星　　　　检验：×　　　　交库：×

南京市溶剂公司
收 料 单

发票号：03071038　　　　　2013年01月24日　　　　　　　　　　　　No. 010

供应单位	济南化工公司		材料编号				
材料名称及规格	计量单位	数量		实际成本			
		发票	实收	发票价格	运杂费	合计	单价
乙醇	吨	30	30	114 000.00		114 000.00	3 800.00

备注：

核算：×　　　　主管：×　　　　保管：刘星　　　　检验：×　　　　交库：×

19. 1月25日销售产品，已办妥收款手续。

3201015634　　　　　　江苏省增值税专用发票　　　　　　NO.03071039

记账联　　　　　　开票日期：2013年01月25日

购买方	名　　　称：长白山制剂厂
	纳税人识别号：42070280031253
	地　址、电　话：长白山街67号 0439-4208825
	开户行及账号：工行长白山分理处 39012589352704

密码区

货物及应税劳务、服务的名称	规格型号	单位	数量	单价	金额	税率	税额
化学制剂	#8	吨	20	3 225.00	64 500.00	17%	10 965.00
合计					￥64 500.00		￥10 965.00

| 价税合计(大写) | 人民币柒万伍仟肆佰陆拾伍元整 | (小写)￥75 465.00 |

销售方	名　　　称：南京溶剂公司
	纳税人识别号：32012248823391
	地　址、电　话：玄武区清流路3号 025-87378689
	开户行及账号：工商行南京市支行 330118090325891

备注

第四联　销售方记账凭证

收款人：×××　　　复核：傅禾　　　开票人：王冬　　　销售方(章)

中国工商银行 转账支票(苏) Ⅵ Ⅱ 02656898

出票日期(大写)贰零壹叁年零壹月贰拾伍日

付款行名称：工商银行长白山分理处
出票人账号：39012589352704

收款人：南京市溶剂公司

人民币(大写)柒万伍仟肆佰陆拾伍元整   ¥ 75 465 00

用途
上列款项请从我账户内支付

付讫日期 2013 年 01 月 27 日

科目(借)_____
对方科目(贷)_____

复核   记账   出纳

本支票付款期十天

财务专用章
出票人签章

中国工商银行进账单(回单)

2013 年 01 月 27 日   第 122 号

收款人	全称	南京市溶剂公司	付款人	全称	长白山制剂厂
	账号	33011809032591		账号	39012589352704
	开户银行	工商行南京市支行		开户银行	工行长白山分理处

人民币(大写)柒万伍仟肆佰陆拾伍元整   ¥ 75 465 00

票据种类	转账支票Ⅵ Ⅱ 02656898	收款单位开户行盖章
票据张数	1 张	
单位主管 会计 复核 记账		

20. 1 月 28 日,结转已售产品成本。

产品出库单

2013 年 01 月 28 日   No. 005

产品编号	名称、型号及规格	单位	数量	单位成本	总成本
102	#8 化学制剂	吨	20	1 350.00	27 000.00
备注：销售				合 计	27 000.00

记账   保管 刘星   填制 刘源

21. 汇总本月损益类账户的发生额并转入本年利润账户。

损益类账户发生汇总表

2013 年 01 月 30 日

账户名称	本月发生额	账户名称	本月发生额
主营业务收入		管理费用	
其他业务收入		销售费用	
主营业务成本		财务费用	
其他业务成本		营业税金及附加	

复核：　　　　　　　　　　　　　　　编制：刘源

实训四　设置和登记三栏式日记账

一、实训目的
掌握三栏式库存现金日记账、银行存款日记账的设置和登记方法，并学会结账。

二、登记要求
日记账由出纳人员根据收款凭证、付款凭证或通用记账凭证中涉及货币收付业务的凭证，按经济业务发生的先后顺序，逐日逐笔进行登记。

三栏式日记账是按照收入、支出和结余在日记账中分别设置借方栏、贷方栏和余额栏，其格式如下：

库存现金日记账
（三栏式）

2013 年		凭证字号	摘　要	对方科目	收入	付出	结余
月	日						
2	1		期初余额				1 800
	4	银付 3	提现（发工资）	银行存款	20 000		21 800
	5	现付 1	发放工资	应付职工薪酬		20 000	1 800
	9	银付 5	提现（备用）	银行存款	5 000		6 800
	14	现付 2	王某暂借差旅费	其他应收款		2 000	4 800
	19	现付 3	代垫运杂费	应收账款		800	4 000
	23	现付 4	支付办公费	管理费用		500	3 500
	26	现收 1	王某报销差旅费	其他应收款	100		3 600
	28		本月合计		25 100	23 300	3 600

银行存款日记账
(三栏式)

2013年		记账凭证	摘要	结算凭证		对方科目	收入	付出	结余
月	日			种类	号数				
3	1		月初余额						200 000
	1	银付1	提取现金	现金支票	0356	库存现金		5 000	195 000
	1	银收1	销售收入	转账支票	2375	主营业务收入	35 100		230 100
	1	银付2	付材料款	转账支票	0431	材料采购		46 800	183 300

登记要求如下：

（1）日记账必须采用订本式。启用新的会计账簿，应当在账簿封面上写明单位名称和账簿名称、签章，填写账簿扉页上的"账簿使用登记表"、账簿的交接记录，会计主管人员应签章。

（2）出纳会计应当根据审核无误的收付款凭证至少每天登记一次日记账。登记时，应当将会计凭证日期、编号、业务内容摘要、金额和其他有关资料逐项记入账内，做到数字准确、摘要清楚、登记及时、字迹工整。库存现金日记账应根据原始凭证或记账凭证逐笔顺序登记；银行存款日记账应根据经济业务的时间顺序和支票存根或其他银行结算票据逐笔登记，并注明结算方式（种类）和支票号数。

（3）用蓝黑墨水或碳素墨水书写，不得用圆珠笔（银行的复写账簿除外）或铅笔书写。在账簿中书写的文字和数字要保持清晰、整洁，记账文字和数字要端正、清楚、书写规范，一般应占账簿格距的二分之一，以便留有改错的空间。

（4）账簿登记完毕后，出纳人员应在会计凭证上签名或者盖章，并注明已经登账的符号，表示已经记账。

（5）按页次顺序连续登记，不得跳行、隔页。如果发生跳行、隔页，应当将空行、空页划线注销，或者注明"此行空白""此页空白"字样，并在此签名或者盖章。

（6）每一账页登记完毕结转下页时，应当结出本页合计数及余额，写在本页最后一行和下页第一行有关栏内，并在摘要栏内注明"过次页"和"承前页"字样；也可以将本页合计数及金额只写在下页第一行有关栏内，并在摘要栏内注明"承前页"字样。结计本月发生额时，结计"过次页"的本页合计数应当为自本月初起至本页末止的发生额合计数；结计本年累计发生额时，结计"过次页"的本页合计数应当为自年初起至本页末止的累计数。

（7）会计账簿记录发生错误，应根据错误的性质和发现时间的不同，按规定的办法进行更正，不允许用涂改、挖补、刮擦、药水消除字迹等手段更正错误。

（8）出纳人员工作调动或者因故离职，必须将本人所经管的日记账全部移交给接替人员。没有办清交接手续的，不得调动或者离职。交接完毕后，交接双方和监交人员要在"账簿启用和经营人员一览表"中登记，在移交清册上签名或者盖章。并应在移交清册上注明：单位名称，交接日期，交接双方和监交人员的职务、姓名，移交清册页数以及需要说明的问题和意见等。移交清册一般应当填制一式三份，交接双方各执一份，存档一份。

三、登记程序和方法

(1) 分别开设库存现金、银行存款日记账。

在账页的第一行登记月初余额的所属日期、摘要和余额,其中摘要栏写"承前页"字样。

(2) 逐日逐笔登记账项,账页各栏的登记方法是:

① 日期栏,登记记账凭证上的日期。其中年栏,每页只登记一次;月栏,除每页的第一行登记外,办理日结、记账日期变更和办理月结时再登记一次。

② 凭证号数,登记收、付款凭证的分号,可简写为"收1""付1"等。

③ 摘要栏,可照抄收、付款凭证的摘要。

④ 银行存款日记账结算凭证种类,登记现金支票存根、转账支票存根、信汇凭证等银行结算凭证的种类和号数,可简写为"现支""信汇"等。

⑤ 对方科目栏,登记所记账户的对应账户。

⑥ 每一笔账项登记完毕,在记账凭证左上角科目名称后面做过账标记"√"。

(3) 日结。日结的程序与方法是:

① 检查本日有无错记、重记或漏记的账项。如有,予以更正或补记。

② 划"计算线",即在本日最后一笔记录行底线上,自左起至右,划一通栏红线。

③ 在"计算线"的下一行写日结的日期。在摘要栏注明"本日合计"字样,并在此行分别结记本日收支合计和余额。

④ 划"结束线",即在日结行底线上划一道通栏红线。

(4) 月结。月结的程序与方法是:

① 在本月最后一日日结下面写月结日期和"本月合计"字样,并在此行结记本月发生额和余额。

② 划"结束线",即在月结行底线上划一道通栏红线。

四、实训练习

企业名称:南京市溶剂公司　　　　法人代表:金玉堂

开户银行:工商银行南京市支行　　行号(银行编号):001

账号:33011809032591

地址:玄武区清流路3号　025-86730717

2013年1月31日日记账余额:库存现金日记账余额1 988.24元

银行存款日记账余额231 460.38元

2月份发生的部分有关货币收付业务如下,已附原始凭证。

要求:请代本公司出纳王冬设置三栏式库存现金和银行存款日记账,仔细审核每笔业务所附原始凭证,编制收付款记账凭证,按经济业务发生的先后顺序,逐日逐笔登记库存现金和银行存款日记账,并进行结账。

1. 2月2日,收欠款。

中国工商银行信汇凭证(收款通知或收款收据) 4

委托日期: 2013 年 02 月 02 日   No.180904536

收款人	全称	南京市溶剂公司			汇款人	全称	淮阴市三星公司		
	账号	33011809032591				账号	33011809045218		
	汇入地点	江苏省南京市	汇入行名称	工商行南京市支行		汇出地点	江苏省淮阴市	汇出行名称	工行淮阴市支行

汇入金额	人民币(大写) 肆仟捌佰元整	千 百 十 万 千 百 十 元 角 分
		¥ 4 8 0 0 0 0

汇款用途: 还欠款   银行待取预留收款人印签

上列款项已代进账,如有错误,请持此联来行面洽。
　　　汇入行盖章　　　　　　　　　　2013 年 01 月 02 日

（印章：中国工商银行 南京市支行 2013.02.02 转讫(1)）

单位主管:　　　会计:　　　复核:　　　记账:

---

2. 2月4日, 提现。

```
中国工商银行(苏)
    现金支票存根
    Ⅵ Ⅱ 03335614
附加信息_____
-----------------------
签发日期 2013 年 02 月 04 日

收款人: 南京市溶剂公司
金　额: ¥2 000.00
用　途: 备用金
备　注:

单位主管       会计
复核           记账   王冬
```

3. 2月7日, 销售材料, 收现金。

江苏省增值税专用发票

3201015694　　　　　　　　　　　　　　　　　　　　　　　　NO.03071134

记账联　　　　　　　　开票日期：2013 年 02 月 07 日

购买方	名　　　　称	星源醋酸有限公司						
	纳税人识别号	42070280031259						
	地　址、电话	南京市白下街 67 号 025－88208825				密码区		
	开户行及账号	工行虹桥分理处 390125893528604						

货物及应税劳务、服务的名称	规格型号	单位	数量	单价	金额	税率	税额
#3 溶剂	#-4	吨	150	280.00	42 000.00	17%	7 140.00
合计					￥42 000.00		￥7 140.00
价税合计（大写）	人民币肆万玖仟壹佰肆拾元整				（小写）￥49 140.00		

销售方	名　　　　称	南京溶剂公司	
	纳税人识别号	32012248823391	
	地　址、电话	玄武区清流路 3 号 025－87378689	备注
	开户行及账号	工商行南京市支行 33011809032591	

收款人：×××　　　复核：傅禾　　　开票人：王冬　　　销售方（章）

现金收款收据

2013 年 02 月 07 日　　　　　　　　　　　　　　　　　　No. 1200210

收款人	王冬	交款单位	销售部	金额 百 十 万 千 百 十 元 角 分
金额（大写）	人民币肆万玖仟壹佰肆拾元整			￥ 4 9 1 4 0 0 0
事由		销售材料款.		备注：
出纳（名章）	王冬	收款单位公章	财务专用章	交款人：刘明

4．2 月 8 日，现金存银行。

中国工商银行现金交款单（回单）①

2013 年 02 月 08 日　　　　　　　　　　　　　　　　　　No. 0001249

收款单位	全称	南京市溶剂公司	款项来源	材料销售收入
	账号	33011809032591	交款部门	南京市溶剂公司
	开户银行	工商行南京市支行		
金额	人民币（大写）肆万玖仟壹佰肆拾元整			百 十 万 千 百 十 元 角 分 ￥ 4 9 1 4 0 0 0

券别	张数	十万千百十元	券别	张数	千百十元角分	
一百元	491	￥4 9 1 0 0	一元			中国工商银行 南京市支行 上列款项已如数收妥 入账 2013.02.08 （收款银行盖章） 复核：　经办： 2013 年 02 月 08 日
五十元			五角			
十元	4	￥4 0	二角			
五元			一角			
二元			分币			

5. 2月10日,提交汇票申请书,还欠款。

中国工商银行汇票申请书(存根)①

申请日期：贰零壹叁年零贰月零壹拾日　　　　No. 000559

申请人	南京市溶剂公司	收款人	潼关化工公司
账号或住址	33011809032591	账号或住址	73011809987654
用途	还欠款	代理付款行	陕西省潼关市工行潼关支行
汇款金额	人民币(大写)贰万肆仟伍佰元整		万千百十万千百十元角分 ¥ 2 4 5 0 0 0 0
备注：		科目_____ 对方科目_____ 财务主管　　复核　　经办	

此联汇款人留存

中国工商银行 银行汇票 ②

付款期限 壹个月　　　　　　　　　　　Ⅲ XI 0056743　第1号

出票日期(大写)：贰零壹叁年零贰月零壹拾日　　代理行付款：

收款人：潼关化工公司	账号：73011809987654
出票金额人民币(大写)	贰万肆仟伍佰元整
实际结算金额人民币(大写)	千百十万千百十元角分

申请人：南京市溶剂公司
出票行：工商行南京支行　　　　　001
备　注：购材料
出票行签章：中国工商银行 南京市支行 2013.02.10 转讫 (1)

复核　　经办

账号或地址：33011-809032591

多余金额	千百十万千百十元角分

科目(贷)_____
对方科目(借)_____
兑付期限_____
复核　　　　记账

此联由出票行作出票人收账通知交付出票人
此联代理行付款后随报单寄出票行

付款期限 壹个月	中国工商银行 银行汇票	解讫通知	3	Ⅲ ⅪI 0056743 第 1 号

申请日期（大写）　贰零壹叁年零贰月零壹拾日　　代理行付款：

收款人：潼关化工公司　　账号：73011809987654

出票金额人民币（大写）　贰万柒仟伍佰元整

实际结算金额人民币（大写）　千 百 十 万 千 百 十 元 角 分

申请人：南京市溶剂公司
出票行：工商行南京市支行 001
备　注：购材料　2013.02.10 转讫 (1)
出票行签章：中国工商银行 南京市支行
复核　　经办

账号或地址：33011-809032591

多余金额　千 百 十 万 千 百 十 元 角 分

科目（贷）
对方科目（借）
兑付期限
复核　　记账

6. 2月11日，报差旅费、交余款。

现金收款收据
2013 年 02 月 11 日　　No. 12002322

收款人	王冬	交款单位	业务部	金　额 百 十 万 千 百 十 元 角 分
金额（大写）	人民币 柒佰伍拾元壹角整			¥ 7 5 0 1 0
事由	交差旅费余款		备注：	
出纳（名章）王冬		收款单位公章		交款人：王阳

（现金收讫章、南京溶剂公司财务专用章）

7. 2月14日，职工借款，付现金。

借　款　单
2013 年 02 月 14 日　　字第 0021 号

借款人	张小华	借款事由	出差
所属部门	一车间		
借款金额人民币（大写）	壹仟元整	核准金额	人民币（大写）壹仟元整
审批意见：同意借支 锦超 2013 年 02 月 14 日		归还期限 2月25日	归还方式	回来报账

（现金付讫章）

会计主管：王冰　　复核：于前　　出纳：王冬　　借款人：张小华

8. 2月15日，采购材料，付款。

中国工商银行转账支票存根

支票号码Ⅵ Ⅱ 033356009

附加信息 _____
_____

签发日期 2013 年 02 月 15 日

收款人：南京市化工公司
金　额：￥5 545.80
用　途：购材料

单位主管：　　　　会计　王冬
复核　　　　　　　记账

江苏省增值税专用发票
发票联

3201015790　　　　　　　　　　　　　　　　　　NO.003071038
开票日期：2013 年 02 月 15 日

购买方	名　　称：南京溶剂公司 纳税人识别号：32012248823391 地址、电话：玄武区清流路3号 　　　　　　025-87378689 开户行及账号：工商行南京市支行 　　　　　　　33011809032591	密码区	

货物及应税劳务、服务的名称	规格型号	单位	数量	单价	金额	税率	税额
甲材料	T-2	吨	3	1 580.00	4 740.00	17%	805.80
合计					4 740.00		805.80

价税合计（大写）	人民币 伍仟伍佰肆拾伍元捌角零分	（小写）￥5 545.80

销售方	名　　称：南京市化工公司 纳税人识别号：32070280031737 地址、电话：浦口区开发区浦乌路67号 　　　　　　025-87088825 开户行及账号：工商银行城北支行 　　　　　　　39012589143378	备注	南京市化工公司 3207028003173 发票专用章

收款人：×××　　复核：刘凌　　开票：李丽萍　　销售方（章）

9. 2月18日，销售产品，收到银行的收账通知。

江苏省增值税专用发票

3201015100　　　　　　　　　　　　　　　　　　　　　　NO.003071079

开票日期：2013 年 02 月 18 日

购买方	名　　称：长白山制剂厂 纳税人识别号：42070280031253 地址、电话：长白山街67号　0439-4208825 开户行及账号：工行长白山分理处　39012589352704	密码区	

货物及应税劳务、服务的名称	规格型号	单位	数量	单价	金额	税率	税额
甲试剂	M-4	吨	4	1 260.00	5 040.00	17%	856.80
合计					5 040.00		856.80

价税合计（大写）	人民币 伍仟捌佰玖拾陆元整	（小写）¥5 896.00

销售方	名　　称：南京溶剂公司 纳税人识别号：32012248823391 地址、电话：玄武区清流路3号　025-87378689 开户行及账号：工商行南京市支行　33011809032591	备注	

收款人：×××　　复核：傅禾　　开票人：王冬　　销售方（章）

中国工商银行进账单（回单或收账通知）

2013 年 02 月 18 日　　　　　　　　　　　　　　　第 152 号

收款人	全称	南京市溶剂公司	付款人	全称	长白山制剂厂
	账号	33011809032591		账号	39012589352704
	开户银行	工商行南京市支行		开户银行	工行长白山分理处

人民币（大写）	伍仟捌佰玖拾陆元捌角整	千	百	十	万	千	百	十	元	角	分
					¥	5	8	9	6	8	0

票据种类	转账支票 Ⅵ Ⅱ 02657999	收款人开户银行盖章 中国工商银行南京市支行 2013.02.18 转讫 (1)
票据张数	1 张	
单位主管　　会计　　复核　　记账		

10. 2月20日，还欠款。

中国工商银行电汇凭证(回单) 1

委托日期： 2013 年 02 月 20 日 应解汇款编号

汇款人	全称	南京市溶剂公司	收款人	全称	滨海三和公司
	账号	33011809032591		账号	33011809876421
	汇出地点	江苏南京	汇出行名称	工商行南京市支行	汇入地点	江苏滨海市	汇入行名称	工商银行滨海支行

汇入金额 人民币(大写) 壹万捌仟陆佰贰拾壹元叁角整 千 百 十 万 千 百 十 元 角 分
                                                         1 8 6 2 1 3 0

汇款用途：还欠款

上列款项已根据委托办理，如需查询，请持此回单来行面洽

单位主管： 会计： 复核： 记账：

11. 2 月 21 日,购办公用品,付现金。

南京市商业零售企业统一用发票

客户名称：南京市溶剂公司 开票日期：2013 年 02 月 21 日 No. 23066191

品 名	规格	单位	数量	单价	金 额 十万千百十元角分
会计用品		箱	2	300	6 0 0 0 0
合计金额(大写)人民币陆佰元整					￥ 6 0 0 0 0

第二联 发票联

单位盖章： 收款人：刘梅 制票人：王浩

12. 2 月 25 日,支付广告费。

中国工商银行转账支票存根
支票号码 Ⅵ Ⅱ 03335623

附加信息＿＿＿＿＿＿＿＿＿
＿＿＿＿＿＿＿＿＿＿＿＿＿

签发日期 2013 年 02 月 25 日

收款人：南京市广告公司
金　额：￥8 200.00
用　途：付广告费

单位主管：　　会计：王冬
复核：　　　记账：

南京市普通收款收据

No. 6638

交款单位：南京市溶剂公司　　2013年02月25日　　结算方式：支票

项 目	内 容	金 额
广告	新产品广告	￥8 200.00
合计人民币(大写)捌仟贰佰元整		￥8 200.00

收款单位(印章)　　　　　　　　收款人签章　王光

13. 2月28日，用现金支付职工生活补助。

南京市溶剂公司职工生活困难补助申请表（代收据）

所属单位：二车间　　　　申请日期 2013年02月28日

姓名	高扬	性别	男	家庭人口	5	月工资	1 180.00
现住址	朝阳区永康巷28号			现任职务	工人	其他收入	无
申请补助理由	支付医疗费					申请金额	￥2 000.00
小组意见 同意补助 小组长签字　刘柏	单位意见 同意补助 单位负责人签字　　王大山			领导指示 同意补助 领导签字　　李四海			
今领到生活困难补助金人民币(大写)贰仟元整。 2013年02月28日						领取人(签章)高扬	

14. 2月28日，支付运费。

3700133236

货物运输业普通发票（专用发票）

NO.1698744

开票日期：2015年02月28日

承运人及纳税人识别号	南京联运公司 370102800965337	密码区	略	
实际受票方及纳税人识别号	南京溶剂公司 32012248823391			
收货人及纳税人识别号	南京溶剂公司 32012248823391	发货人及纳税人识别号	成都化工公司 320702800317375	
起运地、经由、到达地	起运地：成都	到达地：南京		
费用项目及金额	费用项目　金额 运费　　￥240.00	运输货物信息	货物名称：B产品 重量：2 000 KG	
合计金额	￥2 072.00	税率　11%	税额　￥228.00	机器编号　5988605895
价税合计(大写) ⊗贰仟叁佰元整			(小写)￥2 300.00	
主管税务机关及代码	南京市国家税务局 370352010	备注：		

收款人：赵一　　复核人：李健　　开票人：魏雪　　承运人：(章)

中国工商银行转账支票存根

支票号码Ⅵ Ⅱ 03335639

附加信息

出票日期 2013 年 02 月 28 日

| 收款人：南京联运公司 |
| 金　额：￥2 300.00 |
| 用　途：付运输费用 |

单位主管　　　　会计　王冬
复核　　　　　　记账

15. 2月28日，从银行提取现金支付职工降温费30 000元。

中国工商银行现金支票存根

支票号码Ⅵ Ⅱ 03335610

附加信息

出票日期 2013 年 02 月 28 日

| 收款人：南京市溶剂公司 |
| 金　额：￥30 000.00 |
| 用　途：发降温费用 |

单位主管　　　　会计　王冬
复核　　　　　　记账

南京市溶剂公司高温补贴发放表
2013 年 02 月 28 日

部门	编号	姓名	职务	金额	领取人签章
溶剂车间	101	张方	工人	580.00	
	102	孙膑	工人	580.00	
	…	…	…	…	…
厂部	111	李有波	处长	350.00	
	112	王大忠	科员	350.00	
	…	…	…	…	…
后勤保卫	121	东长永	科长	240.00	
	122	申平	科员	240.00	
	…	…	…	…	…
合计				30 000.00	

单位负责人：王冰　　审核：傅禾　　记账：王冬　　制单：王晓燕

实训五 设置和登记多栏式日记账

一、实训目的
学会设置多栏式日记账格式,掌握银行存款多栏式日记账的登记方法。

二、设置要求
多栏式银行存款日记账按照银行存款收、付的每一对应科目设置专栏进行序时、分类登记,月末根据各对应科目的本月发生额一次过记总账有关账户,使其不仅可以清晰地反映银行存款收、付的来龙去脉,而且可以简化总分类账的登记工作。如果银行存款收、付的对应科目较多,为了避免账页篇幅大,可以分设银行存款收入日记账和银行存款支出日记账。

格式如下:

银行存款日记账

第　　页

（多栏式）

20××年		凭证		摘要	收入				支出				结余
月	日	收款	付款		库存现金	应收账款	实收资本	合计	库存现金	材料采购	应付账款	合计	
8	1			月初余额									30 000.00
	2		银付1号	提现备用					400				29 600.00
	5	现收1号		收回货款	20 000								49 600.00
	15		银付1号	付秦华公司货款							32 000		17 600.00

三、登记程序与方法
（1）开设多栏式银行存款日记账,登记月初余额。

（2）根据填制的收付款凭证逐日逐笔登记账项:

① 银行存款的收入账项,记入多栏式日记账的借方,其借方对应科目金额记入相应专栏内,既表示银行存款的增加,也表示与银行存款账户对应账户的减少;

② 银行存款的支出账项,记入多栏式日记账的贷方,其贷方对应科目金额记入相应专栏内,既表示银行存款的减少,也表示与银行存款账户对应账户的增加;

③ "余额栏"(每日所记最后一笔经济业务的行)填写每日的银行存款的余额。

（3）逐日结出余额,并注明余额方向。

（4）月结:办理多栏式日记账的月结,方法同三栏式日记账。

四、实训练习
企业名称：南京市溶剂公司　　　　法人代表：金玉堂

开户银行：工商银行南京市支行　　行号（银行编号）：001

账号：33011809032591

地址：玄武区清流路3号　025-86730717

2013年3月31日银行存款日记账余额231 460.38元。

4月份该公司发生的有关银行存款收付业务如下,已附原始凭证。要求:请代本公司出纳王冬设置多栏式银行存款日记账,仔细审核每笔业务所附原始凭证,编制收付款记账凭证,按经济业务发生的先后顺序,逐日逐笔登记多栏式银行存款日记账,并进行结账。

1. 4月2日,收到欠款。

中国工商银行信汇凭证（收款通知或收款收据）4

委托日期： 2013 年 4 月 02 日　　　　　　　　NO. 67890022

收款人	全称	南京市溶剂公司	汇款人	全称	海滨市化工公司
	账号	33011809032591		账号	33011809402740
	汇入地点	江苏南京市	汇入行名称	工商行南京市支行	汇出地点	江苏海滨市	汇出行名称	工行海滨支行

汇入金额	人民币（大写）壹拾万陆仟伍佰元整	千 百 十 万 千 百 十 元 角 分
		￥　　　5 8 5 0 0 0 0

汇款用途：还欠款

上列款项已代进账,如有错误,请持此联来行面洽。
　　　汇入行盖章

银行待取预留收款人印签
2013 年 4 月 02 日

中国工商银行
南京市支行
2013.4.02
转讫

单位主管：　　　会计：　　　复核：　　　记账：

此联是给收款人的收账通知

2. 4月5日,销售产品,已办妥进账手续。

中国工商银行进账单（回单或收账通知）1

2013 年 4 月 05 日　　　　　　　　第 142 号

收款人	全称	南京市溶剂公司	付款人	全称	长白山酒精厂
	账号	33011809032591		账号	39012589352704
	开户银行	工商行南京市支行		开户银行	工行长白山分理处

人民币（大写）壹拾万零陆佰贰拾元整	千 百 十 万 千 百 十 元 角 分
	￥　　1 0 0 6 2 0 0 0

票据种类	转账支票Ⅵ Ⅱ 02656999	收款人开户银行盖章
票据张数	1 张	中国工商银行南京市支行 2013.4.05 转讫 (1)

单位主管　　会计　　复核　　记账

此联是银行交给收款人的回单或收账通知

江苏省增值税专用发票

3201015104 NO.003071084

记账联 开票日期：2013 年 4 月 05 日

购买方	名　　称：长白山制剂厂 纳税人识别号：42070280031253 地　址、电　话：长白山街 67 号　0439－4208825 开户行及账号：工行长白山分理处　39012589352704	密码区						
货物及应税劳务、服务的名称	规格型号	单位	数量	单价	金额	税率	税额
甲试剂	M-3	箱	200	430.00	86 000.00	17%	￥14 620.00
合计					86 000.00		￥14 620.00
价税合计（大写）	人民币 壹拾万零陆佰贰拾元整				（小写）￥100 620.00		
销售方	名　　称：南京溶剂公司 纳税人识别号：32012248823391 地　址、电　话：玄武区清流路 3 号　025－87378689 开户行及账号：工商行南京市支行　33011809032591	备注					

收款人：×××　　复核：傅禾　　开票人：王冬　　销售方（章）

第四联　销售方记账凭证

3. 4月6日，采购材料，支付货款。

江苏省增值税专用发票

3201015459 NO.003099039

发票联 开票日期：2013 年 4 月 06 日

购买方	名　　称：南京溶剂公司 纳税人识别号：32012248823391 地　址、电　话：玄武区清流路 3 号　025－87378689 开户行及账号：工商行南京市支行　33011809032591	密码区						
货物及应税劳务、服务的名称	规格型号	单位	数量	单价	金额	税率	税额
甲材料	T-2	吨	80	1 212.00	￥96 960.00	17%	￥15 483.20
合计					￥96 960.00		￥16 483.20
价税合计（大写）	人民币 壹拾壹万叁仟肆佰肆拾叁元贰角零分				（小写）￥113 443.20		
销售方	名　　称：南京市西关化工公司 纳税人识别号：32070280037042 地　址、电　话：淮海西路 186 号　025－85787046 开户行及账号：中国建设银行淮海分理处　39012589143378	备注					

收款人：×××　　复核：兴盛　　开票：李萍　　销货方（章）

第三联　发票联　购买方记账凭证

（南京市西关化工公司　32070280037042　发票专用章）

中国工商银行转账支票存根

支票号码 VI II 03335635

附加信息 _____

_____

签发日期 2013 年 4 月 06 日

收款人：南京市西关化工公司

金　额：¥113 443.20

用　途：购料款

单位主管　　　　会计　王冬

复核　　　　　　记账

4. 4月9日，收到上月委托银行收回的销货款。

委托收款凭证（收账通知）4

委托日期：2013 年 3 月 31 日　　　　　　　　付款期限：2013 年 4 月 09 日

收款单位	全称	南京市溶剂公司		付款单位	全称	南京恒申公司
	账号或地址	玄武区清流路3号 33011809032591			账号或地址	33012789045789
	开户银行	工商行南京市支行			开户银行	中国工行汉府支行

委收金额	人民币（大写）壹拾肆万元整	千	百	十	万	千	百	十	元	角	分
			¥1	4	0	0	0	0	0	0	0

款项内容	货款	委托收款凭据名称	商业承兑汇票	附寄单证张数	1

备注：承付单位无力支付票据款。

上列款项
√1. 全部划回，收入你方账户。
2. 已收回部分款项，收入你方账户。
3. 全部未收到。

中国工商银行
南京市支行
2013.4.09
转讫
(1)

收款人开户银行盖章

单位主管：杨帆　　会计：　　复核：　　记账

此联收款人开户银行给收款人的收账通知

5. 4月11日，支付购料欠款。

中国工商银行信汇凭证(回单) 1

2013 年 4 月 11 日　　　　　　　　　　　第 123 号

付款人	全称	南京市溶剂公司	收款人	全称	濮阳市三星公司
	账号	33011809032591		账号	67894134218
	汇出地点	南京市	汇出行名称	工商行南京市支行	汇入地点	河南省濮阳市	汇入行名称	工商银行濮阳市支行

汇入金额　人民币(大写) 柒万元整　　　千百十万千百十元角分
　　　　　　　　　　　　　　　　　　　7 0 0 0 0 0 0

汇款用途　前欠货款

汇出银行盖章　2013 年 4 月 11 日

中国工商银行南京市支行 2013.4.11 转讫(1)

上列款项已根据委托办理,如需查询,请持此回单来行面洽

此联是银行交给收款人的回单

中国工商银行信汇凭证(回单) 1

2013 年 4 月 11 日　　　　　　　　　　　第 124 号

付款人	全称	南京市溶剂公司	收款人	全称	江阴市东湖公司
	账号	33011809032591		账号	67894135648
	汇出地点	南京市	汇出行名称	工商行南京市支行	汇入地点	江阴市	汇入行名称	工商银行江阴市支行

汇入金额　人民币(大写) 贰万肆仟元整　　　千百十万千百十元角分
　　　　　　　　　　　　　　　　　　　　2 4 0 0 0 0 0

汇款用途　前欠货款

汇出银行盖章　2013 年 4 月 11 日

中国工商银行南京市支行 2013.4.11 转讫(1)

上列款项已根据委托办理,如需查询,请持此回单来行面洽

此联是银行交给收款人的回单

6. 4 月 13 日,预订报纸杂志。

```
        中国工商银行转账支票存根
        支票号码 Ⅵ Ⅱ 03335020
        附加信息 _____
                 _____
                 _____
        出票日期 2013 年 4 月 13 日
        ┌─────────────────────────┐
        │ 收款人：江苏九九递送有限公司 │
        │ 金  额：￥2 100.00        │
        │ 用  途：订杂志            │
        └─────────────────────────┘
        单位主管         会计  │王冬│
        复核            记账
```

江苏九九递送有限责任公司报款收据

户名：南京市溶剂公司　　　　联系电话：02586241399　　　　　　　NO 7219012
地址：南京市玄武区清流路 3 号 4 幢 2 单元 602 室　　　　　　订户签名：王维

报纸名称	份数	金额	起止日期	备注
扬子晚报	伍份	￥600.00	2013 年 4 月 13 日至 2014 年 4 月 13 日	
南京晨报	伍份	￥600.00	2013 年 4 月 13 日至 2014 年 4 月 13 日	
经济快报	陆份	￥900.00	2013 年 4 月 13 日至 2014 年 4 月 13 日	

共计实收金额　￥2 100　大写（人民币）：贰仟壹佰元整

（江苏九九递送有限公司 玄武区 收款专用章）

收款人：鑫星　　　复核：傅禾　　　开票人：宁夏波　　　收款单位：（章）

7. 4 月 16 日，销售材料，办理了进账手续。

中国工商银行进账单（回单或收账通知） 1

2013 年 4 月 16 日　　　　　　　　第 137 号

收款人	全称	南京市溶剂公司	付款人	全称	南京市第五塑料制品公司
	账号	33011809032591		账号	39012589275670
	开户银行	工商行南京市支行		开户银行	南京商业银行江北分理处

人民币（大写）叁万捌仟陆佰壹拾元整

千	百	十	万	千	百	十	元	角	分
			￥	3	8	6	1	0	0

票据种类　转账支票 Ⅵ Ⅱ 026561245　　收款人开户银行盖章（中国工商银行 南京市支行 2013.4.16 转讫(1)）

票据张数　1 张

单位主管　　会计　　复核　　记账

此联是银行交给收款人的回单或收账通知

3201015109

江苏省增值税专用发票

NO.0030710111

开票日期：2013 年 4 月 16 日

购买方	名称：南京市第五塑料制品公司 纳税人识别号：42070280572337 地址、电话：南京市江北路 58 号 开户行及账号：南京商业银行江北分理处 3901258935270	密码区					
货物及应税劳务、服务的名称	规格型号	单位	数量	单价	金额	税率	税额
原材料		千克	150	220.00	33 000.00	17%	5 610.00
合计					33 000.00		5 610.00
价税合计（大写）	人民币 叁万捌仟陆佰壹拾元整				（小写）¥38 610.00		
销售方	名称：南京溶剂公司 纳税人识别号：32012248823391 地址、电话：玄武区清流路 3 号 025－87378689 开户行及账号：工商行南京市支行 33011809032591	备注					

收款人：×××　　复核：傅禾　　开票人：王冬　　销售方（章）

第四联　销售方记账凭证

8. 4 月 18 日，提现。

```
中国工商银行现金支票存根
支票号码 Ⅵ Ⅱ 03335654
附加信息
－－－－－－－－－－－－－－－
出票日期 2013 年 4 月 18 日
收款人：南京市溶剂公司
金　额：¥2 500.00
用　途：备用金
单位主管　　　　　会计　王冬
复核　　　　　　　记账
```

9. 4 月 22 日，向开户银行临时借款。

中国工商银行借款凭证

日期：2013年4月22日　　　　凭证号码：0154980

借款人	南京市溶剂公司		账号	33011809032591								
贷款金额	人民币（大写）壹拾伍万元整			千	百	十	万	千	百	十	元	角	分
				￥	1	5	0	0	0	0	0	0	0
用途	生产周转借款	期限	3个月	贷款利率	6%（年）	约定还款日期		2013年7月22日				
						借款合同号码		20010101				
上列贷款已转入借款人指定的账户。 银行盖章				复核　杜利丽		记账　蒋萍芝						

（中国工商银行南京市支行 2013.04.22 转讫（1））

此联代收款人收账通知

10. 4月25日，支付违约金。

中国工商银行转账支票存根
支票号码Ⅵ Ⅱ03335637
附加信息 _____
_____
出票日期 2013年4月25日
收款人：南京市利民公司
金　额：￥3 000.00
用　途：支付违约金
单位主管　　　会计　王冬
复核　　　　　记账

南京市普通收款收据

No. 66348

交款单位：南京市溶剂公司　　2013年4月25日　　结算方式：支票

项目	内容	金额
支付违约金	延期支付货款	￥3 000.00
	现金收讫	
合计人民币（大写）叁仟元整		￥3 000.00

收款单位（印章）　　　　　　收款人签章　王丽

11. 4月28日,支付产品广告费。

```
中国工商银行转账支票存根
支票号码 Ⅵ Ⅱ 03335638
附加信息
出票日期 2013 年 4 月 28 日
收款人：南京日报社
金　额：¥1 400.00
用　途：支付广告费
单位主管　　　　会计　王冬
复核　　　　　　记账
```

南京日报社广告费收款收据

2013 年 4 月 28 日　　　　　　　　　　　　　　　　No. 2986605

客户名称	南京市溶剂公司	收费细目	广告费	金　额						
		项目	单位	单价	万	千	百	十	元	角	分
广告内容		广告费	行	¥		1	0	0	0	0	0
广告面积		制版费	厘米²								
备注		代收绘图费	幅								
		套红费		¥			4	0	0	0	0
总金额	(大写)人民币 壹仟肆佰元整			¥		1	4	0	0	0	0

记账：　　　　收款人：李路　　　　收款单位：印章

（第二联 交付款单位）

（南京日报社 财务专用章）

12. 4月30日,支付职工住房公积金。

中国工商银行转账支票存根

支票号码 Ⅵ Ⅱ 03337991

附加信息

出票日期 2013 年 4 月 30 日

收款人：南京市公积金管理中心
金　额：¥30 000.00
用　途：支付公积金

单位主管　　　　会计　王冬
复核　　　　　　记账

南京市普通收款收据

No. 66789

交款单位：南京市溶剂公司　　　2013 年 4 月 30 日　　　结算方式：转账支票

项 目	内 容	金 额
住房公积金	4月份在职职工住房公积金	¥30 000.00
	转账收讫	
合计人民币（大写）叁万元整		¥30 000.00

收款单位(印章)　　　　　　　　收款人签章　王玉

13. 4 月 30 日，采购材料。

33201015452

江苏省增值税专用发票

NO.0030710112

开票日期：2013 年 4 月 30 日

购买方	名　称：南京溶剂公司 纳税人识别号：32012248823391 地　址、电话：玄武区清流路3号　025-87378689 开户行及账号：工商行南京市支行　33011809032591	密码区	

货物及应税劳务、服务的名称	规格型号	单位	数量	单价	金额	税率	税额
甲醇	T-1	吨	50.00	4 500.00	22 500.00	17%	3 825.00
合计					¥22 500.00		¥3 825.00

价税合计(大写)	人民币贰万陆仟叁佰贰拾伍元整	（小写）¥26 325.00

销售方	名　称：扬子石油化工公司 纳税人识别号：42070280031253 地　址、电话：扬子江大道186号　025-84208825 开户行及账号：中国工行浦口支行　4301180903277	备注	

收款人：×××　　复核：陆兴盛　　开票：景萍　　销售方(章)

中国工商银行托收承付结算凭证（承付支款通知）5

托收号码：00551

委托日期：2013年4月25日　　　　　　　　　付款期限到期：2013年4月30日

付款单位	全称	南京市溶剂公司	收款单位	全称	扬子石油化工公司
	账号或地址	玄武区清流路3号 33011809032591		账号或地址	4301180903277
	开户银行	工商行南京市支行		开户银行	中国工行浦口支行

委收金额	人民币（大写）	肆万元整	千	百	十	万	千	百	十	元	角	分
						¥4	0	0	0	0	0	0

款项内容	货款	委托收款凭据名称	商业承兑汇票	附寄单证张数	1	中国工商银行 南京市支行 2013.4.30 (1)

备注：
全部支付

付款单位注意：
1. 根据结算办法，上列委托收款，如在付款期限内未拒付，即视同全部同意付款，以此联代付款通知。
2. 如需提前付或多付款时，应另写书面通知送银行办理。
3. 如系全部或部分拒付，应在付款期限内另填拒绝付款理由书送银行办理。

单位主管：杨帆　　　会计：　　　复核：　　　记账　　　付款人开户银行盖章

此联是付款单位开户银行通知付款单位付款

实训六　编制银行存款余额调节表

一、实训目的
通过实训使学生掌握银行存款的清查方法以及银行存款余额调节表的编制方法。

二、实训任务
（1）将银行存款日记账与银行对账单逐笔进行核对，找出未达账项。
（2）编制银行存款余额调节表，确定该企业的银行存款实有余额。

三、编制程序与方法
首先，将银行存款日记账与银行对账单按结算凭证种类和号数——进行核对，确定哪些是银行已入账企业尚未入账的事项，哪些是企业已入账银行尚未入账的事项；然后，将银行存款日记账与银行对账单的月末余额及未达账项填入银行存款余额调节表；最后，计算出调节后的银行存款余额。

四、实训练习
南京市溶剂公司2013年4月1日—30日银行存款日记账账面记录和银行对账单见表1、表2，假设企业与银行账面记录4月30日前均核对无误，其中月初企业银行存款日记账余额不包括上月末银行已收到入账，而企业尚未收到的一笔未达账项6 500元。4月30日双方账面余额计算均无误。

要求：代出纳员王冬进行银行存款的对账工作，编制银行存款余额调节表（表3），调节后的余额应保持平衡。

表1 银行存款日记账

开户银行：中国工商银行南京市支行　　账号：33011809032591　　第1页　2013年4月30日止

2013年 月	日	摘要	凭证号	借方	贷方	金额
4	1	期初余额				700 000
	2	预付货款	本票6025#		50 000	650 000
	3	上月末银行已收企业未收的未达账项入账	转支#3458	6 500		656 500
	4	交纳税款	转支6370#		60 000	596 500
	5	贷款	借款单4230	500 000		1 096 500
	10	收到销货款	转支6229#	351 000		1 447 500
	10	转发工资	转支6371#		101 500	1 346 000
	10	支取现金	现支553#		3 000	1 343 000
	17	汇款购料	电汇8746#		81 900	1 261 100
	19	送存现金	缴款单245#	58 500		1 319 600
	25	提取现金	现支#3625		1 500	1 318 100
	29	支付保险费	转支#3981		5 000	1 313 100
	31	月末余额				1 313 100

表2 中国工商银行南京市支行对账单

账号：33011809032591　　单位名称：南京市溶剂公司　　第1页　2013年4月30日止

2013年 月	日	摘要	结算凭证号	借方	贷方	余额
4	1	上月结存				706 500
	2	贷款	借款单4230		500 000	1 206 500
	3	预付货款	本票6025#	50 000		1 156 500
	8	收到销货款	转支6229#		351 000	1 507 500
	10	转发工资	转支6371#	101 500		1 406 000
	11	支取现金	现支553#	3 000		1 403 000
	12	交纳税款	转支6370#	60 000		1 343 000
	16	汇款购料	电汇8746#	81 900		1 261 100
	20	送存现金	现缴款单245#		58 500	1 319 600
	26	退回银行汇票尾数	银汇6743#		24 500	1 344 100
	27	委托付款	委托7543#	2 260		1 341 840
	30	汇划进账	汇划5678#		10 000	1 351 840
	31	利息	结算单345#		3 019	1 354 859
	31	月末余额				1 354 859

表 3　　　　　　　　　　　　　**银行存款余额调节表**

开户银行：工商银行南京支行　　　　账号：33011809032591　　　　2013 年 4 月 30 日止

摘　要	银行结算凭证种类及号码	金　额 千 百 十 万 千 百 十 元 角 分	摘　要	银行结算凭证种类及号码	金　额 千 百 十 万 千 百 十 元 角 分
银行存款日记账余额			银行对账单余额		
加：银行已收、企业未收			加：企业已收、银行未收		
1			1		
2			2		
3			3		
4			4		
5			5		
减：银行已付、企业未付			减：企业已付、银行未付		
1			1		
2			2		
3			3		
4			4		
5			5		
调节后的余额			调节后的余额		

实训七　设置和登记三栏式、数量金额式明细账

一、实训目的

通过实训使学生熟悉明细账设置的要求与格式，掌握三栏式债权债务明细账、数量金额式存货明细账的设置和登记方法。

二、明细账的设置要求

明细分类账一般采用活页式账簿，也有采用卡片式账簿（如固定资产明细账），明细分类账的格式根据经营管理的要求及经济业务内容的不同，采用不同的格式。

（1）三栏式明细分类账。三栏式明细分类账是在账页内只设"借方""贷方""余额"三个金额栏的明细账。它适用于只要求提供价值指标的账户，如应收账款、应付账款、实收资本等账户的明细分类账。格式如下：

明 细 分 类 账

账户名称：应收账款

年		凭证号数	摘要	借方	贷方	借或贷	余额
月	日						
9	1		期初余额				10 000 00
	5	银收2	收回销货物		1 350 00		8 650 00
	10	转2	销售产品	3 600 00			12 250 00
	20	转3	销售工业废料	600 00			12 850 00
	30	银收3	收回货款		6 792 00		6 058 00
	30	银收4	冲销银收2号凭证	1 350 00			7 408 00
	30	转10	补充登记		1 530 00		5 878 00
	30		本月合计	5 550 00	9 672 00		5 878 00

（2）多栏式明细分类账。多栏式明细分类账是根据经营管理的需要和经济业务的特点，在借方栏或贷方栏下设置多个栏目用以记录某一会计科目所属的各明细科目的内容。一般适用于成本、费用类的明细账，如管理费用、生产成本、制造费用、营业外收入、利润分配等账户的明细分类账。格式如下：

生产成本明细分类账

产品名称：甲产品　　　　　　　　　　　　　　　　　　　　　　　产量：2 000 件

2012年		凭证字号	摘要	成本项目			
月	日			直接材料	直接人工	制造费用	合计
6	1		月初余额	8 800 00	1 250 00	1 350 00	11 400 00
	11	9	生产领用材料	17 800 00			17 800 00
	30	31	生产工人工资		7 500 00		7 500 00
	30	32	计提生产工人福利费		1 050 00		1 050 00
	30	36	分配制造费用			2 250 00	2 250 00
	30		生产成本合计数	26 600 00	9 800 00	3 600 00	40 000 00
	30	37	转出完工产品成本	26 600 00	9 800 00	3 600 00	40 000 00
			期末余额				

（3）数量金额式明细分类账。数量金额式明细分类账是在账页的"借方""贷方""余额"各栏中再分别设置"数量""单价""金额"栏目的明细账。它适用于既要提供价值指标又要提供数量指标的账户，如原材料、库存商品、产成品等账户的明细分类账。格式如下：

原材料明细账

类　　别：金属　　　　　　　　　　　　　名称和规格：角铁
计量单位：千克　　　　　　　　　　　　　材料编号：104607
计划单价：1元　　　　　　　　　　　　　最高储备量：45 000 千克
存放地点：第四号仓库　　　　　　　　　　最低储备量：30 000 千克

第××页

××年		凭证号数	摘要	借方			贷方			结存		
月	日			数量	单价	金额	数量	单价	金额	数量	单价	金额
2	1		月初结存							40 000	1.00	40 000
	3	收料单#245	向金星厂购入	2 000	1.00	2 000				42 000	1.00	42 000
	4	领料单#136	第一车间领用				5 000	1.00	5 000		1.00	37 000
	5	退料单#136	第一车间退还	1 000	1.00	1 000				38 000	1.00	38 000
	28		本月合计	3 000		3 000	5 000	1.00	5 000	38 000	1.00	38 000

（4）横线登记式明细分类账。它是将每一相关业务登记在一行，从而可依据每一行各个栏目的登记是否齐全来判断该项业务的进展情况。此明细分类账适用于登记材料采购业务、应收票据和一次性备用金业务。格式如下：

材料采购明细分类账

明细账户：　　　　　　　　　　　　　　　　　　　　　　　　　　　　年　月

2012年		记账凭证编号	发票账单号	供应单位名称	数量	借　方				2012年		记账凭证编号	收料单号	摘要	贷　方			
月	日					买价	采购费用	其他	合计	月	日				计划成本	成本差异	其他	合计

明细账登记方法：必须逐日逐笔登记的一般是固定资产、债权债务等明细账；可逐日逐笔登记也可定期汇总登记的有库存商品、原材料、产成品等存货明细账以及收入、费用明细账。

三、三栏式债权债务明细账的设置和登记程序

（1）按单位或个人分别开设三栏式明细账，登记期初余额，并在"借或贷"栏注明余额的方向；

（2）根据业务发生的原始凭证逐笔填制记账凭证；

（3）根据逐笔填制的记账凭证逐日逐笔登记债权债务明细账；

（4）逐日结算余额，并注明余额的方向；

（5）月结。

四、数量金额式明细账的设置和登记程序

（1）按存货名称及规格分别开设数量金额式明细账，并将月初余额（包括数量、单价和金额）登记在结存（余额）栏；

(2)根据业务发生的原始凭证逐笔填制记账凭证；

(3)根据逐笔填制的记账凭证和原始凭证逐笔登记或定期汇总登记存货明细账,包括数量、单价和金额；

(4)逐笔结算余额；

(5)月结。

五、实训练习

企业名称：南京市溶剂公司　　　　　法人代表：金玉堂

开户银行：工商银行南京市支行　　　行号(银行编号)：001

账号：33011809032591

地址：玄武区清流路3号　025-86730717

2013年4月30日有关明细账余额如下：

① 应付账款明细账余额：

龙羊市西山公司：118 645.40元

松花江振华公司：97 560.85元

② 原材料明细账余额：

品名	计量单位	规格	数量	单价	余额
甲醇	吨	95%	10	3 500.00	35 000.00
乙醇	吨	98%	24	4 500.00	108 000.00

5月份发生的部分经济业务如下,已附原始凭证。

要求：请代本公司会计李阳按每个供货单位开设应付账款三栏式明细账,按材料名称及规格开设数量金额式原材料明细账,并仔细审核每笔业务所附原始凭证,编制记账凭证,按经济业务发生的先后顺序,逐笔登记应付账款和存货明细账,并进行结账。

1. 5月1日,购甲醇,验收入库。

南京市溶剂公司
收　料　单

发票号：No.0030710120　　　2013年5月01日　　　　　　No. 1001

供应单位	龙羊市西山公司		材料编号		JC16	
材料名称及规格	计量单位	数　量		实际成本		
		发票	实收	发票价格	运杂费	合计	单价
甲醇95%	吨	5	5			17 500.00	3 500.00
备注：							

核算：×　　主管：×　　保管：李华　　检验：×　　交库：王萍

江苏省增值税专用发票

43201015458　　　　　　　　　　　　　　　　　　　　NO.0030710120

开票日期：2013 年 5 月 01 日

购买方	名　　　称：南京溶剂公司 纳税人识别号：32012248823391 地　址、电话：玄武区清流路 3 号 　　　　　　　025－87378689 开户行及账号：工商行南京市支行 　　　　　　　33011809032591	密码区	

货物及应税劳务、服务的名称	规格型号	单位	数量	单价	金额	税率	税额
甲醇95%	T-1	吨	5.00	3 500.00	17 500.00	17%	2 975.00
合计					￥17 500.00		￥2 975.00

价税合计（大写）	人民币 *贰万零肆佰柒拾伍元整*	（小写）￥20 475.00

销售方	名　　　称：山西省龙羊市西山公司 纳税人识别号：42070280005516 地　址、电话：太原市西关区解放路420 号 开户行及账号：工行解放路分理处 　　　　　　　39012589352704	备注	

收款人：×××　　复核：五一　　开票人：向阳波　　销售方（章）

2. 5 月 5 日，生产领用材料。

南京市溶剂公司
发 料 单

领料车间：二车间　　　　2013 年 5 月 05 日　　　　No. 2001

用　　途	生产甲试剂		材料类别及编号		JC16
材料名称及规格	单位	请领数	实发数	单价	金额
甲醇95%	吨	2	2	3 500.00	7 000.00
备注：					

领料单位负责人：张小东　　记账：×　　发料：李华　　领料：吕伟

3. 5 月 10 日，还欠款。

中国工商银行电汇凭证（回单）1

委托日期：　　　　2013 年 5 月 10 日　　　　应解汇款编号

汇款人	全称	南京市溶剂公司	收款人	全称	松花江振华公司
	账号	33011809032591		账号	33886016
	汇出地点	江苏南京	汇出行名称	工商行南京市支行	汇入地点	松花江市	汇入行名称	建设银行松花江支行

汇入金额	人民币（大写） *玖万柒仟伍佰陆拾元捌角伍分*	千	百	十	万	千	百	十	元	角	分
				￥	9	7	5	6	0	8	5

汇款用途：还欠款	汇出银行盖章 2013 年 5 月 10 日
上列款项已根据委托办理，如需查询，请持此回单来行面洽	

单位主管：　　　　会计：　　　　复核：　　　　记账：

4. 5月15日,还欠款。

中国工商银行电汇凭证(回单) 1

委托日期: 2013 年 5 月 15 日　　　　　　　　　　　应解汇款编号

汇款人	全称	南京市溶剂公司			收款人	全称	龙羊市西山公司		
	账号	33011809032591				账号	39012589352704		
	汇出地点	江苏南京	汇出行名称	工商行南京市支行		汇入地点	龙羊市	汇入行名称	工行解放路分理处
汇入金额	人民币(大写) 壹拾壹万捌仟陆佰肆拾伍元肆角整						千百十万千百十元角分 ¥ 1 1 8 6 4 5 4 0		
汇款用途:还欠款					汇出银行盖章 2013 年 5 月 15 日				
上列款项已根据委托办理,如需查询,请持此回单来行面洽									

单位主管:　　　　会计:　　　　复核:　　　　记账:

(中国工商银行南京市支行 2013.5.15 转讫(1))

5. 5月20日,购入乙醇,验收入库。

43201015458　　　　江苏省增值税专用发票　　　　NO.13071560

开票日期: 2013 年 5 月 20 日

购买方	名　　称: 南京溶剂公司 纳税人识别号: 32012248823391 地址、电话: 玄武区清流路3号 025-87378689 开户行及账号: 工商行南京市支行 33011809032591				密码区			
货物及应税劳务、服务的名称	规格型号	单位	数量	单价	金额	税率	税额
乙醇98%	T-2	吨	8.00	4 500.00	36 000.00	17%	6 120.00
合计					¥ 36 000.00		¥ 6 120.00
价税合计(大写)	人民币 肆万贰仟壹佰贰拾元整				(小写) ¥ 42 120.00		
销售方	名　　称: 松花江振兴公司 纳税人识别号: 52070280034615 地址、电话: 松花江市和平路120号 开户行及账号: 建设银行松花江支行 33886016				备注	松花江振兴公司 52070280034615 发票专用章		

收款人: 何茵　　复核: 六一　　开票人: 陈波　　销售方(章)

第三联 发票联 购买方记账凭证

南京市溶剂公司
收 料 单

发票号：No. 13071560　　　　　2013 年 5 月 20 日　　　　　　　　　　No. 1002

供应单位	松花江振华公司		材料编号		YC15	
材料名称及规格	计量单位	数量		实际成本		单价
		发票	实收	发票价格	运杂费	合计
乙醇98%	吨	8	8	36 000.00		36 000.00	4 500.00

备注：

核算：×　　主管：×　　保管：李华　　检验：×　　交库：王萍

6. 5 月 24 日，生产领用材料。

南京市溶剂公司
发 料 单

领料车间：二车间　　　　　2013 年 5 月 24 日　　　　　　　　　　No. 2002

用　途	生产甲试剂	材料类别及编号		JC16
材料名称及规格	单位	请领数	实发数	单价	金额
乙醇98%	吨	4	4	4 500.00	18 000.00

备注：

领料单位负责人：张小东　　记账：×　　发料：李华　　领料：章林

7. 5 月 18 日购入甲醇，28 日验收入库。

中国工商银行托收承付结算凭证（承付支款通知）5

托收号码：005578

委托日期：　　　　2013 年 5 月 18 日　　　　付款期限 到期 2013 年 5 月 28 日

付款单位	全称	南京市溶剂公司	收款单位	全称	扬子石油化工公司
	账号或地址	玄武区清流路3号 33011809032591		账号或地址	33011909034619
	开户银行	工商行南京市支行		开户银行	中国工行浦口支行

委收金额	人民币（大写） 贰万陆仟叁佰贰拾伍元整	千	百	十	万	千	百	十	元	角	分
				¥	2	6	3	2	5	0	0

款项内容	货款	委托收款凭据名称	商业承兑汇票	附寄单证张数	中国工商银行 南京市支行 2013.5.28 转讫

备注：全部支付

付款单位注意：
1. 根据结算办法，上列委托收款，如在付款期限内未拒付，即视同全部同意付款，以此联代付款通知。
2. 如需提前付或多付款时，应另写书面通知送银行办理。
3. 如系全部或部分拒付，应在付款期限内另填拒绝付款理由书送银行办理。

单位主管：杨帆　　会计：　　复核：　　记账　　付款人开户银行盖章

此联是付款单位开户银行付款通知

江苏省增值税专用发票

43201015346　　　　　　　　　　　　　　　　　　　　　　　　NO.03071679

开票日期：2013 年 5 月 18 日

购买方	名　　　　称：南京溶剂公司 纳税人识别号：32012248823391 地　址、电　话：玄武区清流路3号 　　　　　　　　025-87378689 开户行及账号：工商行南京市支行 　　　　　　　　33011809032591	密码区	（二维码）

货物及应税劳务、服务的名称	规格型号	单位	数量	单价	金额	税率	税额
甲醇95%	T-1	吨	50.00	4 500.00	22 500.00	17%	3 825.00
合计					￥22 500.00		￥3 825.00

价税合计（大写）	人民币贰万陆仟叁佰贰拾伍元整	（小写）￥26 325.00

销售方	名　　　　称：扬子石油化工公司 纳税人识别号：42070280031253 地　址、电　话：扬子江大道186号 　　　　　　　　025-84208825 开户行及账号：中国工行浦口支行 　　　　　　　　4301180903277	备注	扬子江石油化工公司 42070280031253 发票专用章

收款人：×××　　复核：陆兴盛　　开票：景萍　　销售方（章）

南京市溶剂公司
收 料 单

发票号：No.03071679　　　　2013 年 5 月 28 日　　　　　　No. 1003

供应单位	扬子石油化工公司		材料编号		YC15		
材料名称及规格	计量单位	数　量		实际成本			
		发票	实收	发票价格	运杂费	合计	单价
乙醇98%	吨	5	5	22 500.00		22 500.00	4 500.00

备注：

核算：×　　主管：×　　保管：李华　　检验：×　　交库：王萍

8．5 月 31 日，生产领用材料。

南京市溶剂公司
发 料 单

领料车间：二车间　　　　2013 年 5 月 31 日　　　　　　No. 2004

用　　途	生产甲试剂		材料类别及编号		JC16
材料名称及规格	单位	请领数	实发数	单价	金额
甲醇95%	吨	5	5	3 500.00	17 500.00

备注：

领料单位负责人：蒋洪　　记账：×　　发料：李华　　领料：吕伟

南京市溶剂公司
发 料 单

领料车间：二车间　　　　　　2013 年 5 月 31 日　　　　　　　　　No. 2005

用　途	生产乙试剂		材料类别及编号		YC15
材料名称及规格	单位	请领数	实发数	单价	金额
乙醇98%	吨	6	6	4 500.00	27 000.00
备注：					

领料单位负责人：蒋洪　　　记账：　　　发料：李华　　　领料：章林

实训八　设置和登记总账

一、实训目的

通过实训,熟悉一般小型企业总分类账户的建账方法,掌握根据记账凭证逐笔登记总分类账户的方法和总分类账户试算平衡方法。

二、设置要求

为了全面总括地反映经济活动情况,并为编制会计报表提供核算资料,任何单位都应设置总分类账。在总分类账中,应按照一级会计科目的编码顺序分设账户,并为每个账户预留若干账页,以便集中登记属于各账户的经济业务及其发生的增减变动情况。总账账簿应采用订本式,包括封面、扉页、账页和封底(见下组图表)。

① 封面：封面应填写总账账簿名称。

② 扉页：应确定需建立哪些总账账户,编制总账目录,附上账簿使用登记表及科目索引。

③ 账页：建立各个总分类账户,并录入余额。

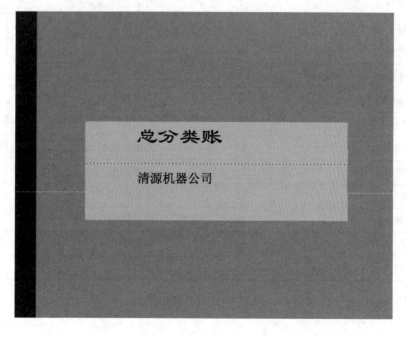

账簿启用及接交表

单位名称	清源机器公司				公　　章		
账簿名称	总分类账（第1册）						
账簿编号	001						
账簿页数	本账簿共300页　（本账簿页数检点人盖章）						
启用日期	公元2013年01月01日						
经营人员	单位主管		财务主管		复　核		记　账
	姓名	盖章	姓名	盖章	姓名	盖章	姓名
接交记录	财管人员			接　管		交　出	
	职　别	姓　名	年 月 日	盖章	年 月 日	盖章	
备注							

目　录（部分）

编号	科　目	起讫页码	编号	科　目	起讫页码
	库存现金	1		长期待摊费用	17
	银行存款	2		长期股权投资	18
	其他货币资金	3		持有至到期投资	19
	交易性金融资产	4		固定资产	20
	应收票据	5		累计折旧	21
	应收账款	6		工程物资	22
	坏账准备	7		在建工程	23
	其他应收款	8		固定资产清理	24
	预付账款	9		无形资产	25
	材料采购	10		递延所得税资产	26
	原材料	11		生产成本	27
	周转材料	12		短期借款	28
	发出商品	13		应付票据	29
	委托加工物资	14		应付账款	30
	库存商品	15		预收账款	31

④ 格式：采用三栏式或多栏式两种格式，格式如下：

原 材 料 总 账(三栏式)

总第　页　分第　页
二级科目编号及名称
一级科目编号及名称

年		凭证		摘要	借方	贷方	借或贷	余额
月	日	种类	号数		千百十万千百十元角分	千百十万千百十元角分		千百十万千百十元角分

总 分 类 账(多栏式)

第　页

年		凭证		摘要	科目		科目		科目	
月	日	字	号		借方	贷方	借方	贷方	借方	贷方

三、登记程序和方法

(1) 根据期初资料开设总分类账户,登记期初余额;

(2) 根据发生的经济业务审核并完善有关原始凭证;

(3) 根据原始凭证编制记账凭证,并将原始凭证附于记账凭证后;

(4) 根据记账凭证逐笔登记总分类账,并进行月末结账;

(5) 根据总分类账户相关资料编制总分类账户试算平衡表。

四、实训练习

(一) 企业基本信息

单位名称:清源机器公司　　　　　税务登记号:210111571107511

地址:南京市松花江路18号　　　　电话:025-83876599

开户银行:工商银行南京市支行　　法定代表人:顾和平

账号:33011809032591　　财务科长:刘阳　　会计:周星辉(兼制单)

(二) 企业客户的基本信息

(1) 大巷机电设备销售公司:

地址:大巷新区太子街8号　　　　开户行:交通银行大巷支行

账号:5386595　　　　　　　　　税务登记号:210254931156747

电话:8340168

（2）徐州物资贸易公司：
地址：解放路 7 段 12 号　　　　　　开户行：工商银行凌河支行
账号：33011902674581　　　　　　　税务登记号：21072754963291
电话：2825849

（3）天津大华公司：
地址：天津市静海路 312 号　　　　　开户行：工商银行静海分理处
账号：20032000784312　　　　　　　税务登记号：21072754966681
电话：3525846

（4）青岛东方股份有限公司：
地址：青岛市朝阳区四方路 115 号　　开户银行：工商银行青岛分行四方支行
账号：24030331589　　　　　　　　　税务识别号：110106235768235
电话：88208825

（三）2013 年 3 月 1 日各总分类账户余额（见下表）

账户名称	借方余额	账户名称	贷方余额
库存现金	1 800	累计折旧	127 400
银行存款	232 400	累计摊销	25 200
应收账款——徐州物资贸易公司	41 200	预收账款——天津大华公司	63 700
其他应收款	5 000	应付职工薪酬	82 000
原材料	78 000	应交税费	63 300
库存商品	591 300	长期借款	1 000 000
固定资产	963 500	实收资本	800 000
无形资产	262 900	利润分配	14 500
合计	2 176 100	合计	2 176 100

2013 年 3 月份发生如下经济业务，原始凭证附后：

1. 3 月 1 日，收到徐州物资贸易公司开出的转账支票 100 000.00 元，用以偿还前欠货款，当日送存银行。

2. 3 月 1 日，销售产品，开出增值税专用发票，同时收到转账支票（号码 Ⅵ Ⅱ 02656912），现办理进账手续。铝合金单位成本 2 000 元。（要求填制银行进账单）

3. 3 月 3 日，按销售合同向大巷机电设备公司销售 300NJ80 轴承 150 套，每套售价 1 800.00 元，价款 270 000.00 元，销项税额 45 900.00 元。同时开出转账支票（号码 Ⅵ Ⅱ 12356914）代垫运杂费 4 100.00 元。收到大巷机电设备销售公司开出的为期 3 个月的不带息商业承兑汇票 320 000.00 元。单位成本 1 000 元。（要求填制增值税专用发票）

4. 3 月 5 日，接到银行收账通知，天津大华公司汇入预付货款 200 000 元。

5. 3 月 10 日结算工资，从银行存款户直接转出 215 500 元发放职工工资，同时扣除代扣款项于月末上交。（要求填写转账支票）

6. 3 月 10 日，向本市华联超市购入劳保用品，取得对方开具的普通发票一张，出纳员王冬开具现金支票支付(要求填制现金支票)。

7. 3月11日,张林出差回来,报销差旅费3 400元,原借支差旅费3 000元。

8. 3月12日,公司委托银行办理了120 000元的银行汇票,拟向青岛东方股份有限公司购买材料。(要求填制银行汇票申请书)

9. 3月15日,采购员持银行汇票向青岛东方股份有限公司采购1 000千克A材料,单价为95.50元,取得增值税专用发票,材料当日验收入库,实收990千克,其中10千克为运输途中合理损耗。

10. 3月15日,销售废料,单位成本100元。开出普通发票,收到现金。(要求填制现金收款收据)

11. 3月18日,收到开户银行转来的银行汇票多余款。

12. 3月20日,开出转账支票(号码Ⅷ033356009),支付发达广告公司广告费9 600元。

13. 3月20日,按销售合同向天津大华公司销售300NJ80轴承90套,每套售价1 800元,价款162 000元,销项税额27 540元。22日,扣除大华公司预付货款,将多余款项以电汇方式汇出。单位成本1 000元。(要求填写电汇凭证)

14. 3月26日,收到银行转来的委托收款凭证的付款通知和电话收费单据,支付电话费2 150元。

15. 3月30日,对库存现金进行清查,发现长款150元,经批准转作营业外收入。

16. 3月31日,开出转账支票(号码ⅥⅡ033356674),支付在职职工的业务培训费用42 000元。(要求填写转账支票)

17. 3月31日,结转本月销售成本。

18. 月末结转损益类账户。

要求:

(1)仔细审核各项经济业务所附原始凭证的基本要素的填写是否正确,对错误之处采用正确的更正方法进行更正。

(2)完善缺少的原始凭证,填写名称见各题空白原始凭证。

(3)根据审核和完善的原始凭证逐笔编制记账凭证,并将原始凭证附于记账凭证之后。

(4)根据记账凭证逐笔登记三栏式或多栏式总分类账,并进行月末结账。

(5)根据总分类账户相关资料编制总分类账户试算平衡表。

业务1-1

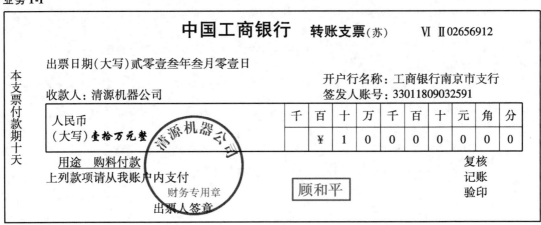

业务 1-2

中国工商银行进账单（送票回执） 1

2013 年 3 月 01 日　　　　　　　　　　　　　No. 37537759

付款人	全称	徐州物资贸易公司	收款人	全称	清源机器公司
	账号	33011902674581		账号	33011809032591
	开户银行	工商银行凌河支行		开户银行	工商行南京市支行

人民币（大写） 壹拾万元整	千	百	十	万	千	百	十	元	角	分
		¥	1	0	0	0	0	0	0	0

票据种类	转账支票	收款单位开户行盖章
票据张数	1	（工商银行南京市支行 2013.03.01 业务章）
凭证号码	Ⅵ Ⅱ 02656912	

单位主管×　　会计×　　复核×　　记账×

此联是送交票据人的回单

业务 2-1

201015634

江苏省增值税专用发票

NO.03071039

发票联　　　　　　　　　　　　　开票日期：2013 年 03 月 01 日

购买方	名　　称：清源机器公司 纳税人识别号：32012248823391 地　址、电话：南京市松花江路 18 号 开户行及账号：工商银行南京市支行 33011809032591	密码区

货物及应税劳务、服务的名称	规格型号	单位	数量	单价	金额	税率	税额
B 材料	M-4	吨	150	2 800.00	420 000.00		71 400.00
合计					¥420 000.00		¥71 400.00

价税合计（大写）	人民币 肆拾玖仟壹佰肆拾元整	（小写）¥491 400.00

销售方	名　　称：南方公司 纳税人识别号：3201645963803069 地　址、电话：东南街 020-35460856 开户行及账号：工商银行东南分理处 3204438	备注 （南方公司 3201645963803069 发票专用章）

收款人：李毅　　复核：潘东　　开票人：车一　　销售方（章）

第三联　发票联　购买方记账凭证

业务 2-2

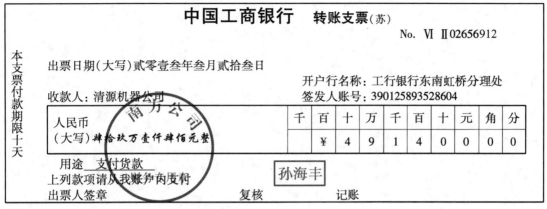

中国工商银行　转账支票(苏)

No. Ⅵ Ⅱ 02656912

出票日期(大写)贰零壹叁年叁月贰拾叁日

开户行名称：工行银行东南虹桥分理处

收款人：清源机器公司

签发人账号：390125893528604

本支票付款期限十天

人民币(大写)	肆拾玖万壹仟肆佰元整	千	百	十	万	千	百	十	元	角	分
			¥	4	9	1	4	0	0	0	0

用途　支付货款
上列款项请从我账户内支付
出票人签章　　　　复核　　　　记账

孙海丰

业务 2-3

中国工商银行进账单(送票回执) 1

2013 年 3 月 01 日　　　　No. 37537779

付款人	全称		收款人	全称										此联是送交票据人的回单
	账号			账号										
	开户银行			开户银行		千	百	十	万	千	百	十	元	角	分
人民币(大写)														
票据种类														
票据张数			收款单位开户行(盖章)											
凭证号码														
单位主管×	会计×	复核×	记账×											

业务 3-1

201015739　　　　江苏省增值税专用发票　　　　NO.03071056

发票联
江苏
国家税务总局监制

开票日期：　年　月　日

购买方	名　　称：		密码区	
	纳税人识别号：			
	地　址、电话：			
	开户行及账号：			

货物及应税劳务、服务的名称	规格型号	单位	数量	单价	金额	税率	税额

价税合计(大写)	(小写)¥

销售方	名　　称：	备注	发票专用章
	纳税人识别号：		
	地　址、电话：		
	开户行及账号：		

收款人：×　　　复核：×　　　开票人：×　　　销售方(章)

第三联 发票联 购买方记账凭证

业务 3-2

商业承兑汇票 2

出票日期(大写)　贰零壹叁年叁月零叁日　　第 21 号

付款人	全称	大巷机电设备销售公司	收款人	全称	清源机器公司		
	账号	5386595		账号	2674581		
	开户行	交通银行大巷支行		开户行	工商银行南京支行	行号	

出票金额	人民币(大写) 叁拾贰万元整	千	百	十	万	千	百	十	元	角	分
			¥	3	2	0	0	0	0	0	0

汇票到期日	2013 年 6 月 3 日	交易合同号码	
本汇票已经本单位承兑,到期日无条件支付票款。承兑人签章		本汇票已经承兑,到期无条件付款。出票人签章	

业务 3-3

中国工商银行
转账支票存根
支票号码 Ⅵ Ⅱ12356914

附加信息 _____

_____

签发日期 2013 年 3 月 03 日

收款人:	南京市东运公司
金　额:	¥4 100.00
用　途:	支付运杂费

单位主管　　　　　会计　王冬
复核　　　　　　　记账

业务 4

中国工商银行进账单(回单或收账通知)

交款日期　　贰零壹叁年叁月零伍日　　第 0038 号

收款人	全称	清源机器公司	付款人	全称	天津大华公司										
	账号	20051000830169		账号	20032000784312										
	开户银行	工商银行静海分理处		开户银行	工商银行南京市支行										

人民币(大写) 贰万元整				亿	千	百	十	万	千	百	十	元	角	分
							¥	2	0	0	0	0	0	0

票据种类	电汇004980
票据张数	1
单位主管 ×　　会计 ×　　复核 ×　　记账 ×	

(收款人开户银行盖章：中国工商银行静海分理处 2013.03.05 转讫 (1))

此联是收款人开户银行给收款人的回单或收账通知

业务 5-1

工资结算汇总表

2013 年 3 月 10 日

| 部门 | 计时工资 | 计件工资 | 奖金 | 津贴补贴 | 加班工资 | 应扣工资 | 应付工资 | 代扣款项 | | | 实发工资 |
								水电费	医疗保险	个人所得税	合计	
生产工人	100 000		10 000		15 000		125 000			18 625		106 375
行政管理人员	50 000			5 000			55 000			5 375		49 625
销售人员	60 000		10 000				70 000			10 500		59 500
合计							250 000			34 500		215 500

业务 5-2

中国工商银行
转账支票存根
支票号码：Ⅵ Ⅱ 12356915
附加信息_____
_____
出票日期　年　月　日
收款人：
金　额：
用　途：
单位主管：　会计：
复核　　　　记账

中国工商银行　转账支票（苏）　Ⅵ Ⅱ 12356915

出票日期（大写）　年　月　日
收款人：
人民币（大写）

本支票付款期十天

开户行名称：
签发人账号：
千百十万千百十元角分

用途
上列款项请从我账户内支付
付讫日期　年　月　日
签发人盖章　　财务专用章

科目（借）_____
对方科目（贷）_____

记账　　复核

业务 6-1

江苏省南京市商业销售发票

发 票 联

132010720130

2013 年 02 月 30 日　　　　No 36475686

| 客户名称 | 清源机器公司 | 税务登记代码 | 210111571107511 | | | | | | | | |
| 品 名 | 规格 | 单位 | 数量 | 单价 | 金　额 | | | | | | 备注 |
					十	万	千	百	十	元	角	分	
洗衣粉		袋	50	18			9	0	0	0	0		
毛巾		条	50	14			7	0	0	0	0		
合计金额 人民币（大写）	壹仟陆佰元整				¥ 1 6 0 0 0 0								
销售单位：华联超市	盖章	开户银行	工商银行城南分理处		结算方式					现金支票			
		账号	1104423		电话：8769443					略			

开票地址：湖南路 3 号　　　填票人：刘一　　　　收款人：方二

第二联　发票联

业务 6-2

中国工商银行（苏）
现金支票 存根
No.13329553
附加信息 _____
_____

出票日期　年　月　日
收款人：
金　额：
用　途：
单位主管　　　会计

中国工商银行 南京市分行现金 **支票**　支票号码：13329553
出票日期（大写）　年　月　日　付款名称：
收款人：　　　　　　　　　　　　出票人账号：
人民币（大写）　　　　　　　　　　千百十万千百十元角分

用途：　　　　　　　　　　　　　复核
上列款项请从　　　　　　　　　　记账
我账户内支付　　　　　　　　　　验印
出票人签章
32011　0033011　000809032591

业务 7-1

借 款 单

2013 年 02 月 28 日　　　　　　　　　　　字第 0021 号

借款人	张林	借款事由	差旅费
所属部门	销售部		
借款金额人民币(大写)	叁仟元整　现金付讫	核准金额	人民币（大写）叁仟元整
审批意见： 同意借支 2013 年 2 月 28 日	归还期限	2013 年 3 月 30 日	归还方式	回来报账

会计主管：×　　　复核：×　　　出纳：李丹　　　借款人：张林

业务 7-2

差 旅 费 报 销 单

单位：清源机器公司　　　2013 年 3 月 11 日　　　　　附件：2 张

出差人	张林					共1人	事由		参加展销会			
出发时间3月1日			到达时间3月1日			火车票	车船飞机票	市内车票	住宿费	公出补助			其他	合计金额
月	日	时	地点	月	日	时	地点					天数	标准	金额		
3	1	8	南京	3	1	11	上海	100		100	2 100	10	100	1 000		2 500
3	8	12	上海	3	8	15	南京	100								
合　　计								¥ 3 400								

合计人民币(大写) 叁仟肆佰元

单位领导：×　　　部门负责人：　　　出纳：　　　报销人：张林

业务 8-1

中国工商银行汇票申请书 （存　根） ① No. 000559
申请日期　　年　月　日

申请人		收款人	
账号或住址		账号或住址	
用　　途		代理付款行	

汇款金额	人民币(大写)	万 千 百 十 万 千 百 十 元 角 分

备注：

科目＿＿＿＿＿＿
对方科目＿＿＿＿＿＿
财务主管×　　复核×　　经办×

第一联　申请人留存

业务 8-2

付款期限
壹个月

中国工商银行
银行汇票 ②

AB35974
第 1 号

申请日期（大写）：贰零壹叁年叁月拾贰日

代理付款行：

收款人：清源机器公司	账号：33011809032591

出票金额人民币（大写）	壹拾贰万元整	千 百 十 万 千 百 十 元 角 分
实际结算金额人民币（大写）		千 百 十 万 千 百 十 元 角 分

申请人：青岛东方股份有限公司
出票行：青岛分行四方支行　　行号2531
备　注：
凭票付款
出票行签章　（工商银行青岛分行四方支行 业务章）

账号或地址：24030331589

多余金额
千 百 十 万 千 百 十 元 角 分

科目(贷)＿＿＿＿＿＿
对方科目(借)＿＿＿＿＿＿
兑付日期　年　月　日
复核　　记账

此联代理付款后作联行往来借方凭证附件

业务8-3

中国工商银行银行汇票 解讫通知 3　　AB35974　第1号

付款期限 壹个月

申请日期（大写）：贰零壹叁年叁月拾贰日　　代理付款行：

收款人：清源机器公司　　账号：33011809032591

出票金额人民币（大写）：壹拾贰万元整

实际结算金额人民币（大写）：千百十万千百十元角分

申请人：青岛东方股份有限公司
出票行：青岛分行四方支行　行号2531
备　注：
复核　　经办
兑付行盖章

账号或地址：24030331589

多余金额：千百十万千百十元角分

科目（贷）＿＿＿＿
对方科目（借）＿＿＿＿
兑付日期　年　月　日
复核　　记账

此联代理付款行付款作为余款随报单寄出票行，由出票行贷方凭证

业务9-1

3201015634

江苏省增值税专用发票　　NO.003074590

发票联　　开票日期：2013 年 4 月 1 日

| 购买方 | 名　称：清源机器公司
纳税人识别号：32012248823391
地　址、电话：南京市松花江路18号
开户行及账号：工商银行南京市分行
33011809032591 | 密码区 | |

货物及应税劳务、服务的名称	规格型号	单位	数量	单价	金额	税率	税额
A 材料	M-4	千克	1 000	95.5	95 500	17%	16 235.00
合计							

价税合计（大写）：拾壹万壹仟柒佰叁拾伍元整　　（小写）¥111 735.00

| 销售方 | 名　称：青岛东方股份有限公司
纳税人识别号：11010623576823
地　址、电话：青岛市朝阳区四方路115号　88208375
开户行及账号：工商银行青岛分行四方支行　24030331589 | 备注 | （青岛东方股份有限公司
11010623576823
发票专用章） |

收款人：李一　　复核：潘东新　　开票人：敦煌　　销售方（章）

第三联　发票联　购买方记账凭证

业务 9-2

收 料 单

材料科目：原材料　　　　　　　　　　　　　　　　　　　编号：139
材料类别：原料及主要材料　　　　　　　　　　　　　　　收料仓库：1号仓库
供应单位：青岛东方股份有限公司　　2013年3月15日　　发票号码：03071039

材料编号	材料名称	规格	计量单位	数量		实际价格				计划价格	
				应收	实收	单价	发票金额	运费	合计	单价	金额
011	A	M-4	千克	1 000	990	95.50	95 500.00		95 500.00		
备注											

采购员：　　　　　　　检验员：　　　　　　　保管员：沈宁

业务 10-1

南京市工商业销售普通发票

发票联

开票日期：　　　　　2013 年 01 月 15 日　　　　　　　　No. 00379394

客户名称	南京京属废品回收站			税务登记代码		42070280031259								
品名	规格	单位	数量	单价	金额									备注
					百	十	万	千	百	十	元	角	分	
工业废料		吨	150	280.00			4	2	0	0	0	0	0	
金额合计 人民币（大写）			人民币肆万贰仟元整				￥	4	2	0	0	0	0	0
销售单位	420702031259		开户银行	工商银行城东支行	结算方式				转账支票					
	发票专用章		账号	33011809032591	电话									

开票地址：松花江路18号　　　　　填票人：五一　　　　　　收款人：王冬

业务 10-2

现金收款收据

年　月　日　　　　　　　　　　No. 1200231

收款单位		交款单位		金　额								
				百	十	万	千	百	十	元	角	分
金额（大写）	人民币		现金收讫									
事由				备注：								

收款单位公章（略）　　　　　　收款人

业务 11

中国工商银行 银行汇票

付款期限 壹个月

余款收账通知 4 Ⅲ XI 0056743 第 1 号

申请日期（大写）：贰零壹叁年零叁月壹拾捌日

代理付款行：

收款人：青岛东方股份有限公司　账号：24030331589

出票金额人民币（大写）：壹拾贰万元整

实际结算金额人民币（大写）：壹拾壹万壹仟柒佰叁拾伍元整　¥111735.00

申请人：清源机器公司
出票行：工商银行南京分行　行号1133
备　注：购材料
代理付款行签章

账号或地址：33011-809032591

多余金额　¥8265.00

科目（贷）
对方科目（借）
兑付期限 2013 年 3 月 18 日
复核　　记账

复核　　经办

此联由出票行作为余款收账通知随报单交付出票人行

业务 12-1

3201015778

江苏省增值税专用发票

发票联

NO.468690

开票日期：2013 年 3 月 20 日

购买方	名　　称：清源机器公司
	纳税人识别号：32012248823391
	地　址、电　话：南京市松花江路18号
	开户行及账号：工商银行南京市分行 33011809032591

货物及应税劳务、服务的名称	规格型号	单位	数量	单价	金额	税率	税额
产品广告		板	10	960	9 600.00	6%	576.00
合计					¥9 600.00		¥576.00

价税合计（大写）：人民币壹万零壹佰柒拾陆元整　（小写）¥10 176.00

销售方	名　　称：江宁发达广告公司
	纳税人识别号：32070280031211
	地　址、电　话：上元路67号 025－84208825
	开户行及账号：工行上元分理处 39012589352704

备注：

收款人：×××　复核：路翁　开票人：付文友　销售方（章）

第三联　发票联　购买方记账凭证

业务 12-2

```
中国工商银行
转账支票存根
支票号码 Ⅵ Ⅱ 033356009
附加信息 _____
_____

出票日期 2013 年 3 月 20 日
收款人：发达广告公司
金　额：¥ 10 176.00
用　途：支付广告费用
备　注：

单位主管　　　　　会计　王冬
复核　　　　　　　记账
```

业务 13-1

3201015109　　　　江苏省增值税专用发票　　　　NO.02081045

开票日期：2013 年 3 月 20 日

购买方	名　称：天津大华公司 纳税人识别号：21072754966681 地　址、电　话：天津市静海路 312 号 开户行及账号：工商银行静海分理处 20032000784312	密码区		
货物及应税劳务、服务的名称	规格型号	单位	数量	单价	金额	税率	税额
轴承	300NJ80	套	90	1 800.00	162 000		27 540.00
合计					¥ 162 000		¥ 27 540.00

价税合计（大写）　拾捌万玖仟伍佰肆拾元整　　（小写）¥ 189 540.00

销售方	名　称：清源机器公司 纳税人识别号：32012248823391 地　址、电　话：南京市松花江路 18 号 开户行及账号：工商银行南京市分行 33011809032591	备注

收款人：×　　复核：刘阳　　开票人：周星辉　　销售方(章)

第四联　销售方记账凭证

业务 13-2

中国工商银行电汇凭证(回单) 1

委托日期　年　月　日　　　凭证号码：I01945068

付款人	全称			收款人	全称			
	账号				账号			
	汇出地点	市	汇出行名称		汇入地点		汇入行名称	
金额	人民币大写					千 百 十 万 千 百 十 元 角 分		
汇款用途	退还多余货款							
上列款项已根据委托办理,如需查询,请持此回单来行面洽						汇出行盖章　　年　月　日		

单位主管×　　　会计×　　　复核×　　　记账×

业务 14

32000740010　　　　江苏省国税专用发票　　　　NO. 20106840

　　　　　　　　　　　　　　　　　　　开票日期：2013 年 3 月 26 日

购买方	名称:	清源机器公司	密码区	
	纳税人识别号:	32012248823391		
	地址、电话:	南京市松花江路 18 号		
	开户行及账号:	工商银行南京市分行 33011809032591		

货物及应税劳务、服务的名称	规格型号	单位	数量	单价	金额	税率	税额
通信费					2 150.00	11%	236.50
合计					¥2 150.00		¥236.50

价税合计(大写)	人民币贰仟叁佰捌拾陆元伍角整	(小写) ¥2 386.50

销售方	名称:	中国移动南京分公司	备注	
	纳税人识别号:	2302021679904		
	地址、电话:	天印大道 888 号 86245669		
	开户行及账号:	工行江宁支行 4222304136		

收款人：刘三　　复核：　　开票人：江晓　　销售方(章)　(1)

业务 15

现金盘点报告表

2013 年 3 月 30 日　　　　　　　　　　　　　　AB35974

实存金额	账存金额	对比结果		备注
		盘盈	盘亏	
3 400	3 250	150		出纳员：王冬 领导签字：

盘点人签章：宋前　　　　　出纳员签章：

业务 16-1

3201015790

江苏省增值税专用发票　　NO.467809

开票日期：2013 年 3 月 31 日

购买方	名　　　称	清源机器公司						
	纳税人识别号	32012248823391						
	地 址 、电 话	南京市松花江路18号						
	开户行及账号	工商银行南京市分行 33011809032591						

货物及应税劳务、服务的名称	规格型号	单位	数量	单价	金额	税率	税额
培训费		人（次）	30	1 400.00	42 000.00	6%	2 520.00
合计					￥42 000.00		￥2 520.00

价税合计（大写）	人民币肆万肆仟伍佰贰拾元整	（小写）￥44 520.00

销售方	名　　　称	江宁职教公司	备注
	纳税人识别号	32012248823456	
	地 址 、电 话	科建路67号 025－8608825	
	开户行及账号	工商行上元支行 33011809045678	

收款人：×××　　复核：张彬　　开票：李丽　　销售方（章）

业务 16-2

中国工商银行（苏）
现金支票存根
Ⅵ Ⅱ 033356674

附加信息＿＿＿＿＿＿

出票日期　　年　月　日
收款人：
金　额：
用　途：
单位主管　　会计

中国工商银行南京市分行转账支票　支票号码Ⅵ Ⅱ 033356674

出票日期（大写）　年　月　日　　付款行名称：
收款人：　　　　　　　　　　　出票人账号：

人民币
（大写）　　　　　　　　　千百十万千百十元角分

用途
上列款项请从　　　　　　　　　　　　复核
我账户内支付　　　　　　　　　　　　记账
出票人签章　　　　　　　　　　　　　验印

实训九　更正错账

一、实训目的

通过实训，熟悉更正错账的三种方法及其适用范围，能够根据出现错误的环境，判断各项错账发生的原因及所造成的账簿登记后果，选择正确的方法进行更正。

二、错账更正要求与方法

会计人员填制会计凭证和登记账簿，必须严肃认真，一丝不苟，防止差错，保证会计核算

资料的质量。在记账过程中,如果账簿记录发生错误,不得任意用刮擦、挖补、涂改或用褪色药水等方法去更改字迹,必须根据具体错误的情形,采用正确的更正方法予以更正。错账更正的主要方法有划线更正法、红字更正法和补充登记法。

(一) 划线更正法

在结账之前,如果发现账簿记录有错误而记账凭证无错误,即纯属登账时文字或数字上的错误,应采用划线更正法更正。具体做法是,先将错误数字全部画一条红线予以注销,但不得只划线更正其中个别数字。注意在画销数字时,应当保持原有数的字迹仍可辨认,以备查考。然后,将正确的数字用蓝字写在所画红线的上方,并由记账员在更正处盖章,以示负责。例如,把5 130.00元误记为5 730.00元时,应将错误数字全部用红线注销,然后再写上正确的数字,即5 130.00,而不能只删改一个"7"字。

例如:记账员在登账时发现账簿记录中金额"630"误写成"680",则更改时将"680"用单条红线全部划去,再在红线上用蓝色笔书写"630"字样,并在旁边加盖私章,如下图所示:

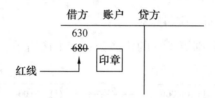

(二) 红字更正法

红字更正法是指在登账后,发现已经入账的记账凭证中,应记科目、借贷方向和金额发生错误,用红字冲账的更正方法。具体做法是:更正时,先用红字金额填制一张与错误记账凭证完全相同的记账凭证,并在摘要栏写明"更正第×号凭证错误",并据以用红字金额登记入账,冲销原有的错误记录;然后,再用蓝字重新填写一张正确的记账凭证,登记入账。

红字更正法适用于下列情况:

① 登账后,发现记账凭证中的应借、应贷会计科目或金额有错误,导致登账错误。

② 登账后,发现记账凭证中会计科目、借贷方向都未发生错误,但所记金额大于应记金额导致登账错误。

例如:企业对办公楼进行维修,费用未付。登记记账凭证时,误将应计入"管理费用"的维修费5 000元列入"生产成本"账户,并已登记入账。

原错误凭证:借:生产成本　　　　　　　　　　　　　　　　5 000
　　　　　　　贷:其他应付款　　　　　　　　　　　　　　　　　5 000

先用红字填制一张记账凭证,冲销错误记录:

借:生产成本　　　　　　　　　　　　　　　　　　　　|5 000|
　　贷:其他应付款　　　　　　　　　　　　　　　　　　　　　|5 000|

(注:□表示红字金额,下同)

再用蓝字填制一张正确的记账凭证:

借:制造费用　　　　　　　　　　　　　　　　　　　　5 000
　　贷:其他应付款　　　　　　　　　　　　　　　　　　　　5 000

将上述会计分录登记入账后,则相关账户的记录如下图所示:

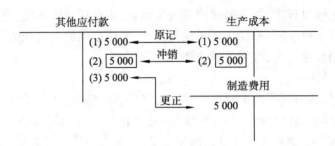

例如:仓库验收入库材料一批,计10 000元,货款尚未支付,填制记账凭证时,误将金额记为100 000元,并已登记入账。

原错误凭证:(1) 借:原材料　　　　　　　　　　　　　　　　　　100 000
　　　　　　　　贷:应付账款　　　　　　　　　　　　　　　　　　　100 000
更正错误凭证:(2) 借:原材料　　　　　　　　　　　　　　　　　　90 000
　　　　　　　　贷:应付账款　　　　　　　　　　　　　　　　　　　90 000

将上述分录登记入账后,则更正后的账簿记录如下图所示:

(三) 补充登记法

补充登记法是指登账后,发现记账凭证中会计科目、记账方向都没有错误,但所填金额小于正确金额时,按照正确数字与错误数字之间的差额,用蓝字编制一张与原错误分录相同应借、应贷会计科目的记账凭证,在摘要栏注明"补记第×号凭证少记数",以此补充登记入账。

例如:生产车间领用原材料一批,计价7 500元,编制记账凭证时,误写为1 500元,并登记入账。

原错误凭证:借:生产成本　　　　　　　　　　　　　　　　　　　1 500
　　　　　　　贷:原材料　　　　　　　　　　　　　　　　　　　　　1 500
更正错误凭证:借:生产成本　　　　　　　　　　　　　　　　　　　6 000
　　　　　　　　贷:原材料　　　　　　　　　　　　　　　　　　　　6 000

将上述分录登记入账后,更正后的账簿记录如下图所示:

二、实训练习

南京市溶剂公司2013年5月发生的错账如下,有关账户登记情况附后。

要求:根据产生错误情形,判断选择何种更正方法,将错误进行更正,完善各账簿的登记,月末进行结账。(注:需要记账凭证可重新填制,账簿错误直接在所附账页上更正)

1. 2日,根据第1号付款凭证登记库存现金日记账时,把"购入办公用品"误写成"构办公用品",并把贷方金额36元误记为3.60元。

2. 6日,根据第2号收款凭证登记库存现金日记账时,把应记入借方的金额80元误记入贷方,余额也随着结错。

3. 10日,发现根据江伟借差旅费(现金)200元的业务所填付字第3号凭证中,把应借科目其他应收款误写为5 400元,并记入有关日记账和明细账。经查,本日付款凭证已填至第5号。

4. 15日,发现根据山河化工厂还来账款(银行存款)4 500元的业务所填第1号收款凭证中,金额误写成5 400元,并已记入有关日记账和明细账。经查,本日收款凭证已填至第5号。

5. 15日,发现根据山河化工厂还来账款(银行存款)3 200元的业务所填第3号收款凭证中,金额误写成2 300元,并已记入有关日记账和明细账。经查,本日收款凭证已填至第6号(包括更正上述错账用收款凭证)。

6. 18日,企业销售给山河化工厂甲试剂,收到山河化工厂签发的一张金额为5 000元的六个月期限的商业汇票,发现所填第1号转账凭证中,误将应收票据填为应收账款科目,并已记入有关明细账。

7. 25日,企业以银行存款4 700元上交城建税,发现所填第9号付款凭证中,误将金额记为7 400元,并已记入有关日记账和明细账。

8. 28日,发现企业为生产产品领用甲原材料10 000元的业务中,所填的第4号转账凭证中,误将金额记为1 000元,并已记入有关明细账。

上述错账有关账户登记情况如下:

库存现金日记账

第 页

2013年		凭证号数	摘要	借方	贷方	余额
月	日					
5	1		月初余额			326 00
	2	付1	厂部构办公用品		3 60	322 40
	6	收2	杨平交差旅费欠款		80 00	242 40
	8	付3	江伟借差旅费款		200 00	42 40
	10	收4	收滨江石化厂账款	150 00		192 40

管理费用明细账

第　页

2013年		凭证号数	摘要	借方发生额				合计
月	日			工资及福利	差旅费	办公费	合计	
				万千百十元角分	万千百十元角分	万千百十元角分	万千百十元角分	万千百十元角分
5	2	付1	购入办公用品			3 6 0 0		3 6 0 0

其他应收款明细账

第　页

明细科目：江伟

2013年		凭证号数	摘要	借方	贷方	借或贷	余额
月	日			百十万千百十元角分	百十万千百十元角分		百十万千百十元角分
5	10	付3	江伟借差旅费	5 4 0 0 0 0		借	5 4 0 0 0 0

银行存款日记账

第 页

2013年		凭证号数	摘要	借方 百十万千百十元角分	贷方 百十万千百十元角分	余额 百十万千百十元角分
月	日					
5	1		月初余额			2 8 0 0 0 0
	6	付1	付广告费		6 0 0 0 0	2 2 0 0 0 0
	15	收2	收山河化工厂账款	5 4 0 0 0 0		7 6 0 0 0 0
	16	收3	收山河化工厂账款	2 3 0 0 0 0		9 9 0 0 0 0
	17	付7	付滨海石化料款		6 0 0 0 0	9 3 0 0 0 0
	20	付8	还红星厂账款		8 0 0 0 0	8 5 0 0 0 0
	25	付9	上交城建税		7 4 0 0 0 0	1 1 0 0 0 0

应收账款明细账

第 页

购货单位：山河化工厂

2013年		凭证号数	摘要	借方 百十万千百十元角分	贷方 百十万千百十元角分	借或贷	余额 百十万千百十元角分
月	日						
5	1		月初余额			借	9 7 0 0 0 0
	6	收1	收回账款		5 4 0 0 0 0	借	4 3 0 0 0 0
	9	收3	收回账款		2 3 0 0 0 0	借	2 0 0 0 0 0
	18	转1	销售产品	5 0 0 0 0 0		借	7 0 0 0 0 0

主营业务收入明细账

第　页

产品名称及规格：甲试剂

2013年		凭证号数	摘要	借方								贷方								借或贷	余额							
月	日			百	十	万	千	百	十	元	角	分	百	十	万	千	百	十	元	角	分		百	十	万	千	百	十	元	角	分
5	18	转1	销售产品													5	0	0	0	0	0	贷				5	0	0	0	0	0

应收票据明细账

第　页

2013年		凭证号数	摘要	借方								贷方								借或贷	余额							
月	日			百	十	万	千	百	十	元	角	分	百	十	万	千	百	十	元	角	分		百	十	万	千	百	十	元	角	分
5	1		月初余额																			借			2	0	0	0	0	0	0

应交税费明细账

第　页

明细科目：应交城市维护建设税

2013年		凭证号数	摘要	借方								贷方								借或贷	余额							
月	日			百	十	万	千	百	十	元	角	分	百	十	万	千	百	十	元	角	分		百	十	万	千	百	十	元	角	分
5	25	付9	上交城建税				7	4	0	0	0	0										借				7	4	0	0	0	0

生产成本明细账

产品名称及规格：甲试剂　　　　　　　　2013 年 5 月　　　　　　　　完工产成品：
　　　　　　　　　　　　　　　　　　　　　　　　　　　　　　　　　　月末在产品：

2013 年		凭证号码	摘 要	成 本 项 目				合计
月	日			直接材料	直接人工	制造费用	其他	
5	28	转 4	生产领用	1 000				

原材料明细账

产品名称及规格：甲试剂　　　　　　　　计量单位：吨　　　　　　　　　　　　第　　页

2013 年		凭证号数	摘 要	收入（借方）			发出（贷方）			结存（余额）		
				数量	单价	金额	数量	单价	金额	数量	单价	金额
5	1		月初余额							1 000	10	10 000
5	28	转 4	生产领用				100	10	1 000			

实训十　编制会计报表

一、实训目的

通过实训，理解资产负债表、利润表的结构及编制的基本原理，能够以自己所做的账簿资料为基础完成资产负债表、利润表编制工作。

二、准备工作

为了总结某一会计期间（月份、季度、年度）的经济活动情况，考核经营成果，必须使各种账簿的记录保持完整和正确，以便于编制会计报表。为此，在编制会计报表之前必须定期进行结账和对账工作。

（一）结账

结账是按照规定把一定时期(月份、季度、年度)内所发生的经济业务登记入账,并将账簿记录定期结算清楚的账务处理工作,需计算并结转各账户的本期发生额和期末余额。会计账簿已经将本期所发生的经济业务全部进行处理和登记,但还不能直观地反映管理上所需的全部资料。结账的目的,就是为了编制会计报表,以便综合反映企业的经营活动状况及其结果。企业应当依照有关法律、行政法规和本条例规定的结账日进行结账,不得提前或者延迟。结账可以分为月结、季结和年结。年度结账日为公历年度每年的12月31日;半年度、季度、月度结账分别为公历年度每半年、每季、每月的最后一天。

结账的内容主要包括以下几方面。

1. 登记入账

将本期内所发生的全部经济业务记入有关账簿,不能提前结账,也不能将本期发生的业务推迟到下期登账。

2．调整账项

按照权责发生制原则调整和结转有关账项。本期内所有的转账业务,应编成记账凭证记入有关账簿,以调整账簿记录。例如,完工产品的实际生产成本,应结转记入"库存商品"账户;本期实现的营业收入,应结转记入"本年利润"账户;财产物资通过清查盘点而发现的盘盈盘亏,也应按有关规定登记入账等等。

3. 结出本期发生额和期末余额

结账工作通常是为了总结一定时期经济活动的变化情况和结果。因此,在本期全部经济业务登记入账的基础上应当结算现金日记账、银行存款日记账,以及总分类账和各明细分类账各账户的本期发生额和期末余额,并结转下期。月、季、年度终了,一般应结出月份、季度和年度发生额,在摘要栏注明"本月合计""本季合计"或"本年合计"字样;在月结、季结数字上端和下端均画通栏单红线,在年度结账数字下端画双杠红线,以示区别。结总数字本身,不得以红字书写,发生额只有一笔的账户,可以不予结总。

结账时,应当结出每个账户的期末余额。需要结出当月发生额的,应当在摘要栏内注明"本月合计"字样,并在下面通栏划单红线。需要结出本年累计发生额的,应当在摘要栏内注明"本年累计"字样,并在下面通栏划单红线。应当在摘要栏内注明"本月合计"字样,并在下面通栏划单红线。年度终了,要把各账户的余额结转到下一会计年度,并在摘要栏注明"结转下年"字样;在下一会计年度新建有关会计账簿的第一行余额栏内填写上年结转的余额,并在摘要栏注明"上年结转"字样。

（二）对账

为了保证各种账簿记录的完整和正确,如实地反映和监督经济活动,为编制会计报表提供真实可靠的数据资料,必须做好对账工作。对账是指为了保证账簿记录的正确性而进行的有关账项的核对工作,简单地说就是对账簿记录进行的核对工作。对账工作每年至少进行一次。主要对会计账簿记录的有关数字与库存实物、货币资金、有价证券、往来单位或者个人等进行相互核对,保证账证相符、账账相符、账实相符。

1. 账证核对

账证核对,是根据各种账簿记录与记账凭证及其所附的原始凭证进行核对。核对会计账簿记录与原始凭证、记账凭证的时间、凭证字号、内容、金额是否一致,记账方向是否相符。

2．账账核对

账账核对,是指各种账簿之间的有关数字进行核对,主要内容包括:

① 总分类账各账户本月借方发生额合计数与贷方发生额合计数是否相等;

② 总分类账各账户余额与其所属有关明细分类账各账户余额合计数是否相等;

③ 现金日记账和银行存款日记账的余额与总分类账各账户余额是否相符;

④ 会计部门有关财产物资的明细分类余额,是否同财产物资保管或使用部门的登记簿所记录的内容,按月或定期相互核对,保持相符。

3．账实核对

核对会计账簿记录与财产等实有数额是否相符。具体内容包括:

① 现金日记账账面余额与现金实际库存数相核对;

② 银行存款日记账账面余额定期与银行对账单相核对;

③ 各种财物明细账账面余额与财物实存数额相核对;

④ 各种应收、应付款明细账账面余额与有关债务、债权单位或者个人核对。

三、会计报表编制的程序

(1) 复核账簿资料,进行结账和对账工作,发现问题,及时通知有关人员查明处理;

(2) 根据总分类账户相关资料编制总分类账户试算平衡表;

(3) 编制资产负债表、利润表和现金流量表。

四、会计报表编制方法

(一) 资产负债表的编制

资产负债表的内容包括资产、负债、所有者权益三个方面。资产项目按其流动性强弱分项列示,列示顺序为:流动资产、长期股权投资、固定资产、无形资产和其他资产。负债项目按偿还期限的长短列示,先列示流动负债,后列示长期负债。所有者权益项目则按股本(实收资本)、资本公积、盈余公积、未分配利润的顺序列示。

资产负债表由表头和表体两部分组成。表头部分包括表名、编制单位名称、编制报表日期及编表使用的货币计量单位。表体是资产负债表最重要的部分。

1. 资产负债表的格式

有账户式和报告式两种,我国主要采用账户式。格式如下:

资产负债表(简表)

编制单位：乙有限责任公司　　　　　　　2013年3月31日　　　　　　　金额单位：元

资　产	期末余额	年初余额	负债和所有者权益	期末余额	年初余额
流动资产：	（略）	根据上年末"资产负债表"的有关项目填列	流动负债：	（略）	根据有关总账、明细账余额直接或计算填列
货币资金	486 000		短期借款	315 000	
交易性金融资产	90 000		应付账款	173 160	
应收账款	383 760		预收款项	0	
存货	990 000		应交税费	6 500	
流动资产合计	1 949 760		应付股利	120 000	
非流动资产：	（略）		流动负债合计	614 660	
固定资产	918 000		非流动负债：	（略）	
在建工程	378 000		负债合计	（略）	
非流动资产合计	1 296 000		所有者权益：	（略）	
			实收资本	2 160 000	
			资本公积	162 000	
			盈余公积	123 100	
			未分配利润	186 000	
			所有者权益合计	2 631 100	
资产总计	3 245 760		负债和所有者权益总计	3 245 760	

2. 资产负债表中"期末数"的具体填列方法

（1）根据总账账户期末借方余额直接填列。如"应收票据""交易性金融资产"等。

（2）根据总账账户期末贷方余额直接填列。如"短期借款""实收资本"等。

（3）根据总账账户及其所属明细账户期末余额分析计算填列。如"长期借款"（归还期已不满1年的除外）等。

（4）根据若干总账账户期末余额计算填列。如"货币资金""存货"等。填列方法如下图所示：

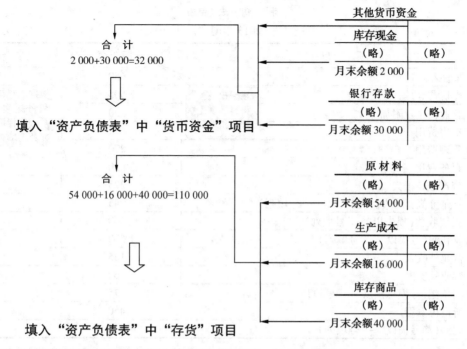

(5) 根据若干明细账账户期末余额计算填列。如"预付账款""应付账款""应收账款""预收账款"等,填列方法及过程如下图所示:

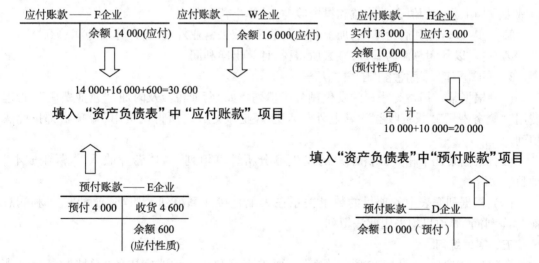

(二) 利润表的编制

利润表,也称损益表,是反映企业在一定期间(如月份、季度、半年度、年度)的经营成果的会计报表,是一张动态报表。它根据"收入-费用=利润"这一关系式,把一定期间的各项收入与同一会计期间的各项费用相抵,从而计算出企业一定期间的利润。

1. 利润表的结构

利润表结构分表头和表体两部分。表头包括报表名称、编报单位、编报时间和编表所采用的货币计量单位。表体包括收入、费用、利润各个项目,体现了利润形成过程。表体格式有单步式和多步式两种,我国企业编制利润表一般采用多步式,其具体格式如下表所示:

利 润 表（简表）

编制单位：丁公司　　　　　　　　　　2013年度　　　　　　　　　　　单位：万元

项　目	本期金额	上期金额
一、营业收入	4 650	
减：营业成本	2 505	
营业税金及附加	150	
销售费用	75	
管理费用	270	
财务费用	30	
资产减值损失	225	
加：公允价值变动收益（损失以"-"号填列）	45	
投资收益（损失以"-"号填列）	60	
二、营业利润（亏损以"-"号填列）	1 500	
加：营业外收入	135	
减：营业外支出	60	
三、利润总额（亏损总额以"-"号填列）	1 575	
减：所得税费用	450	
四、净利润（净亏损以"-"号填列）	1 125	

（本期金额栏标注：根据损益类科目的发生额分析填列）
（上期金额栏标注：根据上年该期利润表"本期金额"栏内所列数字填列）

2．多步式利润表具体计算过程

第一步：以营业收入为基础，减去营业成本、营业税金及附加、期间费用、资产减值损失，再减去或加上公允价值变动收益和投资收益，计算出营业利润。

第二步：以营业利润为基础，加上营业外收入，减去营业外支出，计算出利润总额。

第三步：以利润总额为基础，减去所得税，计算出净利润。

3．利润表中"本期金额"的填列方法

（1）根据某一损益类账户的发生额分析填列。如"营业税金及附加""营业费用""管理费用""财务费用""投资收益""营业外收入""营业外支出""所得税费用"等项目都按此法填列。

（2）根据某几个相关损益账户的发生额分析计算填列。如"营业收入""营业成本"项目。

（3）根据利润表中各项目的数量关系在表上直接计算填列。如"营业利润""利润总额""净利润"等项目均采用此法填列。

五、实训练习

资料见"实训八　设置和登记总账"。要求直接利用实训八完成的"总账和试算平衡表"的结果，编制资产负债表和利润表。

第五部分
会计账务处理综合技能实训

一、综合技能实训介绍

会计基础实训的综合实训,是在其单项实训的基础上,按各种会计核算形式所进行的系统的、综合的实训。按登记总分类账的依据不同,可以分为记账凭证核算形式、科目汇总表核算形式、汇总记账凭证核算形式和多栏式日记账核算形式。本综合实训,根据实际情况,选择了记账凭证核算形式、科目汇总表核算形式、汇总记账凭证核算形式。

综合实训内容安排表

实训号	实训项目	课时	地点
一	记账凭证核算形式	4	模拟室
二	科目汇总表核算形式	4	模拟室
三	汇总记账凭证核算形式	4	模拟室
合计		12	

二、综合技能实训指导

(一) 记账凭证账务处理程序

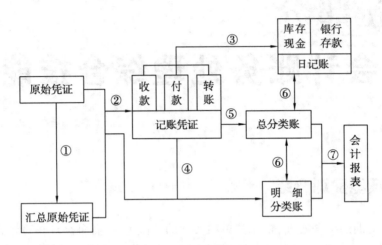

记账凭证账务处理程序图

需要设置的凭证和账簿：

可以采用通用记账凭证，也可以分设收款凭证、付款凭证和转账凭证。

需要设置库存现金日记账、银行存款日记账、各种明细账和总分类账，其中库存现金日记账、银行存款日记账和总分类账一般采用三栏式，明细分类账根据账户反映的经济业务具体内容和管理的需要，采用三栏式、多栏式、数量金额式等账页格式。

(二) 科目汇总表账务处理程序

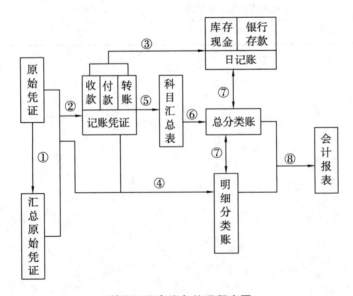

科目汇总表账务处理程序图

设置的凭证和账簿与记账凭证账务处理程序基本相同,但关键是科目汇总表的编制。

科目汇总表的编制方法指导

编制科目汇总表首先要根据收款凭证、付款凭证和转账凭证,按照相同的账户归类,定期汇总计算每一账户的借方发生额和贷方发生额,并将发生额填入科目汇总表的相应栏内,然后分别加总科目汇总表的借方、贷方金额栏。科目汇总表可以每月汇总一次编制一张,也可以5天、10天、15天汇总一次。

科目汇总表账务处理程序减轻了登记总分类账的工作量,并可做到试算平衡,简明易懂,方便易学。其缺点是:科目汇总表不能反映账户对应关系,不便于查对账目。它适用于经济业务较多的单位。科目汇总表格式如下表所示:

科目汇总表

2013 年 12 月 11 日—20 日

会计科目	本期借方发生额	本期贷方发生额
库存现金	0	101 600
银行存款	1 000 000	474 500
应收账款	35 600	0
原材料	401 600	270 000
材料采购	401 600	401 600
库存商品	864 000	0
生产成本	255 000	864 000
制造费用	90 000	0
管理费用	45 000	0
财务费用	2 000	0
应付利息	4 000	0
累计折旧	0	40 000
应付职工薪酬	100 000	100 000
应交税费	68 000	5 100
其他业务收入	0	30 000
其他业务成本	20 000	0
实收资本	0	1 000 000
合　计	3 286 800	3 286 800

现举例说明其运用:

第一,根据下列会计分录(经济业务略)编制科目汇总表及登记账户的程序如下:

①借：库存现金　　　　　　　　　　　　　　　　　　　　　　5 000
　　贷：银行存款　　　　　　　　　　　　　　　　　　　　　　　　5 000
②借：银行存款　　　　　　　　　　　　　　　　　　　　　　3 000
　　贷：应收账款　　　　　　　　　　　　　　　　　　　　　　　　3 000
③借：银行存款　　　　　　　　　　　　　　　　　　　　　　2 000
　　贷：库存现金　　　　　　　　　　　　　　　　　　　　　　　　2 000
④借：管理费用　　　　　　　　　　　　　　　　　　　　　　　 500
　　贷：银行存款　　　　　　　　　　　　　　　　　　　　　　　　 500
⑤借：银行存款　　　　　　　　　　　　　　　　　　　　　　8 000
　　贷：应收账款　　　　　　　　　　　　　　　　　　　　　　　　8 000
⑥借：管理费用　　　　　　　　　　　　　　　　　　　　　　1 600
　　贷：银行存款　　　　　　　　　　　　　　　　　　　　　　　　1 600

科目汇总表

会计科目	借方金额	贷方金额
库存现金	5 000	2 000
银行存款	13 000	7 100
应收账款		11 000
管理费用	2 100	
合计	20 100	20 100

第二，根据科目汇总表登记总分类账户如下：

科目汇总表
20××年4月1日—15日科汇1号

会计科目	借方金额	贷方金额
库存现金	15 000	15 000
银行存款	143 208	154 846.20
……	……	……
总计	426 635.80	426 635.80

科目汇总表
20××年4月16日—30日科汇2号

会计科目	借方金额	贷方金额
库存现金		1 220
银行存款	35 100	21 534.80
……	……	……
总计	785 284.8	785 284.80

银行存款总分类账

日期	凭证编号	摘要	借方	贷方	借/贷	余额
4.1		上年结存			借	93 478.20
4.15	科汇1	1—15日	143 208	154 846.20	借	81 840
4.30	科汇2	16—30日	35 100	21 534.80	借	95 405.20
		合计	178 308	176 381	借	95 405.20

（三）汇总记账凭证账务处理程序

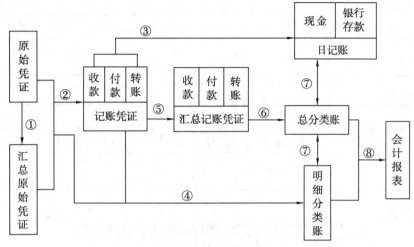

汇总记账凭证账务处理程序图

需要设置的凭证和账簿：

为了便于汇总记账凭证的编制，必须分类设置收款凭证、付款凭证和转账凭证。此外，还应设置汇总收款凭证、汇总付款凭证和汇总转账凭证，作为登记总分类账的依据；需要设置现金日记账、银行存款日记账、各种明细账和总分类账，其中现金日记账、银行存款日记账和总分类账一般采用三栏式，明细分类账根据需要采用三栏式、多栏式和数量金额式。

此种程序关键是分类编制汇总记账凭证，包括汇总收款凭证、汇总付款凭证和汇总转账凭证。

编制步骤：

① 将记账凭证按收款、付款和转账业务分为三类；
② 收款凭证按借方账户分成若干个小类；
③ 付款凭证、转账凭证按贷方账户分成若干个小类；
④ 对各小类记账凭证进行汇总，编制汇总记账凭证，每一小类编制一张。

汇总收款凭证的编制方法指导

汇总收款凭证是指按"库存现金"和"银行存款"科目的借方分别设置的一种汇总记账凭证。它汇总了一定时期内现金和银行存款的收款业务。

单位定期将需要汇总的全部现金和银行存款收款凭证，按借方账户设置，按与其相对应的每一个贷方账户汇总，计算出合计数，填入汇总收款凭证内。每5天、10天或15天汇总一次，每月汇总一张，月末加总每个贷方账户的合计数，据以登记总分类账。汇总收款凭证格式如下所示：

汇 总 收 款 凭 证

年　　　　月　　　　　　　　　　　　汇收第　号

借方科目：库存现金

贷方科目	金　　额				总账页数	
	1—10 日凭证号	11—20 日凭证号	21—30 日凭证号	合计	借方	贷方

借方科目：银行存款

贷方科目	金　　额				总账页数	
	1—10 日凭证号	11—20 日凭证号	21—30 日凭证号	合计	借方	贷方

汇总付款凭证的编制方法指导

　　汇总付款凭证是指按"库存现金"和"银行存款"科目的贷方分别设置的一种汇总记账凭证。它汇总了一定时期内现金和银行存款的付款业务。

　　企业定期将需要汇总的全部现金和银行存款付款凭证,按贷方账户设置,按与其相对应的每一个借方账户汇总,计算出合计数,填入汇总付款凭证内。每 5 天、10 天或 15 天汇总一次,每月汇总一张,月末加总每个借方账户的合计数,据以登记总分类账。汇总付款凭证格式如下所示：

汇 总 付 款 凭 证

年　　　　月　　　　　　　　　　　　汇付第　号

贷方科目：库存现金

借方科目	金　　额				总账页数	
	1—10 日凭证号	11—20 日凭证号	21—30 日凭证号	合计	借方	贷方

贷方科目：银行存款

借方科目	金　　额				总账页数	
	1—10 日凭证号	11—20 日凭证号	21—30 日凭证号	合计	借方	贷方

汇总转账凭证的编制方法指导

　　汇总转账凭证是指按每一个贷方科目分别设置,用来汇总一定时期内转账业务的一种汇总记账凭证。

企业定期将需要汇总的全部转账凭证按每一账户的贷方账户设置,按与其相对应的每一个借方账户汇总,计算出合计数,填入汇总转账凭证内。每5天、10天或15天汇总一次,每月汇总一张,月末加总每个借方账户的合计数,据以登记总分类账。为了便于编制汇总转账凭证,平时编制转账凭证时,应尽可能使账户的对应关系保持"一借一贷"或"一贷多借",避免"一借多贷"或"多借多贷"。

汇总转账凭证格式如下所示:

(企业名称)
汇 总 转 账 凭 证

贷方科目:原材料　　　　　　　　2013年2月　　　　　　　　汇转字第1号

贷方科目	金　　额																				记账	
	(1)					(2)					(3)					合计					借方	贷方
生产成本	2	0	0	0	0	1	8	0	0	0	2	2	0	0	0	6	0	0	0	0		
制造费用		2	5	0	0		3	5	0	0		4	0	0	0	1	0	0	0	0		
管理费用		1	0	0	0		1	2	0	0		1	8	0	0		4	0	0	0		
在建工程		3	6	0	0		2	4	0	0		1	5	0	0		7	5	0	0		

会计主管:李鸣　　　　记账:张清　　　　稽核:沈严　　　　制单:方新

附注:(1) 自1日至7日付款凭证共计7张;
　　　(2) 自11日至20日付款凭证共计10张;
　　　(3) 自21日至28日付款凭证共计8张。

三、综合技能实训

实训一　记账凭证核算形式

一、实训目的

在规模小和经济业务少的单位,有时采用记账凭证核算形式,即直接根据记账凭证逐笔登记总分类账的核算形式。通过记账凭证核算形式的实训,要求能够掌握记账凭证核算形式的基本程序,即根据原始凭证编制记账凭证,根据记账凭证登记总账和其他账簿,根据账簿资料编制会计报表。

二、实训要求

(1)熟练掌握记账凭证核算形式的账务处理方法;

(2)根据"第五部分　账务处理单项技能——实训三"编制的收款凭证、付款凭证和原始凭证逐日、逐笔登记库存现金日记账、银行存款日记账;

(3)根据单项实训三编制的记账凭证和有关原始凭证或汇总原始凭证,登记各种明细账。

(4)根据单项实训三编制的记账凭证逐笔登记总分类账。

(5) 月末结账；

(6) 月末将库存现金日记账、银行存款日记账的余额以及各种明细账的余额和合计数，分别与总分类账中有关账户的余额核对相符。

(7) 根据核对无误的总账、明细账和其他有关资料编制会计报表。

三、实训资料

(一) 选用单项技能"实训三　编制记账凭证"的资料

记账凭证直接使用单项实训三编制的收款凭证、付款凭证和转账凭证。设置库存现金日记账、银行存款日记账、总分类账和明细分类账。分别采用如下格式：

(1) 库存现金日记账和银行存款日记账采用三栏式。

(2) 总分类账采用三栏式，并按每一总分类账科目开设账页。

(3) 明细分类账则可根据管理的需要，采用三栏式、数量金额式或者多栏式。

(二) 2013年1月1日南京市溶剂公司总账及明细账余额(单位：元)

账　户	总　账	
	借　方	贷　方
库存现金	61 905.30	
银行存款	278 478.50	
应收账款	130 560.00	
其他应收款	90.00	
原材料	205 000.00	
库存商品	54 000.00	
应交税费		7 710.00
长期借款		41 000.00
应付账款		12 800.00
实收资本		600 000.00
利润分配		68 523.80
合　计	730 033.80	730 033.80

注：原材料：甲醇30吨，单价4 500元，计135 000元；乙醇20吨，单价3 500元，计70 000元。

库存商品：#8化学制剂40吨，单价1 350元，计54 000元。

应收账款：南京化工公司73 600元，唐山化学公司56 960元。

其他应收款：王平90元。

应付账款：长白山制剂厂12 800元；应交税费(未交增值税)7 710元。

实训二　科目汇总表核算形式

一、实训目的

在规模大、业务多的大、中型企业，为了简化登记总分类账的手续，减少登记总分类账的工作量，一般采用科目汇总表核算的形式。通过科目汇总表核算形式的实训，使学生比较系统地练习科目汇总表核算形式的基本程序和基本方法，掌握根据原始凭证编制记账凭证并据以登记日记账和明细账,根据记账凭证定期汇总编制科目汇总表,根据科目汇总表登记总账,根据总账和有关资料编制会计报表。

二、实训要求

(1) 熟练掌握科目汇总表核算形式的特点及账务处理方法。

(2) 根据"第五部分 账务处理单项技能——实训三"编制的收款凭证、付款凭证和原始凭证逐日、逐笔登记库存现金日记账、银行存款日记账。

(3) 根据单项实训三编制的记账凭证和有关原始凭证或汇总原始凭证,登记各种明细账。

(4) 根据1—15日内的记账凭证,编制科目汇总表1;根据16—31日内的记账凭证,编制科目汇总表2。并计算每个会计科目合计行数字,做到借贷平衡。

(5) 根据科目汇总表登记总账,总账的记账日期栏,写科目汇总表的编制日期;凭证号栏,写科目汇总表的编号,可简写为"科汇1"等;摘要栏,写科目汇总期间,如"1—15日汇总",对应账户栏不必填写。

(6) 月末结账。

(7) 月末将库存现金日记账、银行存款日记账的余额以及各种明细账的余额和合计数,分别与总分类账中有关账户的余额核对相符。

(8) 根据核对无误的总账、明细账和其他有关资料编制会计报表。

三、实训资料

(1) 选用单项实训三的资料。账簿凭证格式要求同实训一,科目汇总表的格式附后。

(2) 2013年1月1日南京市溶剂公司总账及明细账余额见"实训一 记账凭证核算形式"。

科目汇总表

年 月 日   科汇01号

会计科目	过 账	本期发生额	
		借 方	贷 方

记账凭证自   ~   号   共   张   复核   编制

科 目 汇 总 表

年　　月　　日　　　　　　　　　　　　　科汇 02 号

会计科目	过账	本期发生额	
		借方	贷方

记账凭证自　　　～　　号　共　　　张　　　复核　　　　编制

实训三　汇总记账凭证核算形式

一、实训目的

在一些规模较大和经济业务较多的大中型企业，除采用科目汇总表核算形式外，还可以采用汇总记账凭证核算形式。通过汇总记账凭证核算形式的实训，能够掌握汇总记账凭证的基本程序，根据原始凭证编制记账凭证并据以登记日记账和明细账，根据记账凭证编制汇总记账凭证并据以登记总账，根据总账和有关资料编制会计报表。

二、实训要求

（1）掌握汇总记账凭证核算形式的特点及账务处理方法；

（2）根据"第五部分　账务处理单项技能——实训三"编制的收款凭证、付款凭证和原始凭证逐日、逐笔登记库存现金日记账、银行存款日记账；

（3）根据单项实训三编制的记账凭证和有关原始凭证或汇总原始凭证，登记各种明细账；

（4）根据单项实训三编制的收款凭证、付款凭证和转账凭证，每10天编制一次汇总收款凭证、汇总付款凭证和汇总转账凭证；

（5）根据收、付、转汇总记账凭证登记总账；

（6）月末结账；

（7）月末将库存现金日记账、银行存款日记账的余额以及各种明细账的余额和合计数，分别与总分类账中有关账户的余额核对相符；

（8）根据核对无误的总账、明细账和其他有关资料编制会计报表。

三、实训资料

（1）选用单项实训三的资料。账簿凭证格式要求同综合技能实训二，汇总记账凭证附后。

（2）2013年1月1日南京市溶剂公司总账及明细账余额见"实训一　记账凭证核算形式"。

汇总收款凭证

借方科目　　　　　　　　　　　　年　月

贷方科目	1日—10日 金额	11日—20日 金额	21日—30日 金额	合计 金额	记　账

汇总付款凭证

借方科目　　　　　　　　　　　　年　月

贷方科目	1日—10日 金额	11日—20日 金额	21日—30日 金额	合计 金额	记　账

汇总转账凭证

借方科目　　　　　　　　　　　年　　月

借方科目	1日—10日	11日—20日	21日—30日	合计	记　账
	金额	金额	金额	金额	

第六部分

2024年江苏省对口单招财会专业技能考试真题、答案及评分标准

2024年江苏省普通高校对口单独招生财会类专业技能考试卷(第1套)

技能考试科目　　会计账务处理

本试卷分两部分考核,第一部分"会计数字书写"10分;第二部分"会计综合业务处理"140分,其中审核原始凭证20分,填写原始凭证20分,判断并更正会计分录30分,编制记账凭证20分,登记日记账12分,编制银行存款余额调节表8分,编制试算平衡表30分。满分150分,考试时间90分钟。

一、会计数字书写[本大题10分,第(一)和第(二)题各5分]

(一) 写出以下各项的大小写

1. 2023年10月15日　　　　　大写:_____
2. ¥3 400 600.70　　　　　　大写:_____
3. ¥1 830 547 911.00　　　　大写:_____
4. 人民币玖亿叁仟陆佰万元整　　小写:_____
5. 人民币玖仟肆佰捌拾陆万元零叁角贰分　小写:_____

(二) 判断下列要素在相应原始凭证上的签写结果是否正确

原始凭证名称	序号	要素	签写结果	判断结果
银行承兑汇票正面	1	金额	人民币伍万肆千叁佰元整	
银行承兑汇票正面	2	承兑人签章	付款单位签章	
银行承兑汇票背面	3	背书人签章	票据持有单位的财务专用章和法人章	

续表

原始凭证名称	序号	要素	签写结果	判断结果
增值税普通发票	4	价税合计金额	人民币陆仟伍佰圆整	
	5	销售单位盖章	销售单位发票专用章	

二、会计综合业务处理(本大题140分)

(一)企业基本资料

单位名称:南京菲阳节能电器有限公司　　　　增值税一般纳税人

社会信用代码:91320111M197951411　　　　法人代表:周欣怡

地址:南京浦口区盛平路973号　　　　　　　电话:025-60912521

开户银行:中国工商银行南京浦口区名骏路支行　账号:4516034858270236769

开户行地址:南京浦口区香才路874号

国税征收机关:南京浦口区国家税务局

(二)会计岗位设置

会计主管:王义鹤　　　　负责财务科全面工作(兼稽核)

出纳:罗妯　　　　　　　负责货币资金收付、登记日记账及对账等出纳工作

会计:何石　　　　　　　负责分类账、会计报表等工作(兼制单)

(三)往来单位信息

1. 江苏盐城电热合金制造有限公司

开户行:中国工商银行盐城大丰区亿妙路支行

开户行地址:盐城大丰区飞郎路162号

账号:7492040645565145783

社会信用代码:91320904M485662099　　　　法人代表:高武

地址:盐城大丰区亮骏路261号　　　　　　　电话:0515-99772679

2. 深圳佰驰外贸有限公司

开户行:中国工商银行深圳福田区达帆路支行

开户行地址:深圳福田区辰领路788号

账号:8371481537214629862

社会信用代码:91440304M574405188　　　　法人代表:马婵韵

地址:深圳福田区思波路886号　　　　　　　电话:0755-51381933

3. 国网南京供电公司江北分公司

开户银行:中国工商银行南京浦口区亚同路支行

开户行地址:南京浦口区创江路194号

账号:2430269467056210139

社会信用代码:91320111M135102123　　　　法人代表:黄秀民

地址:南京浦口区盛平路921号　　　　　　　电话:025-65736792

(四)2023年12月1日总分类账户期初余额(表1)及部分明细账户期初余额

第六部分 2024年江苏省对口单招财会专业技能考试真题、答案及评分标准

表1 **总分类账户期初余额表** 金额单位：元

账户名称	借方余额	账户名称	贷方余额
库存现金	5 000.00	累计折旧	749 000.00
银行存款	1 810 000.00	应付职工薪酬	118 600.00
库存商品	900 000.00	应交税费	150 000.00
原材料	450 000.00	应付账款	342 000.00
在途物资	303 000.00	实收资本	3 700 000.00
固定资产	3 815 000.00	本年利润	1 655 860.00
在建工程	150 000.00	利润分配	717 540.00
合计	7 433 000.00	合计	7 433 000.00

有关明细账户的期初余额：

① 该企业本月新投产1 000件Q型工业暖风机，月初没有在产品。
② 库存商品——Q型工业暖风机3 000台，单位成本300元，总成本900 000元。
③ 在途物资：上月末向江苏盐城电热合金制造有限公司采购的高温合金尚在运输途中。数量1 000千克，单位成本303元，总成本303 000元。
④ 在建工程——生产用锅炉建造项目150 000元。
⑤ 应付账款——江苏盐城电热合金制造有限公司342 000元。
⑥ 应付职工薪酬——工资118 600元。
⑦ 应交税费——未交增值税（贷方）150 000元（属于上月应交未交的增值税）。
⑧ 本年利润：1—11月份累计实现税前利润1 655 860元。
⑨ 利润分配——未分配利润（贷方）717 540元（历年累计未分配利润）。

（五）2023年12月假如发生如下经济业务或事项（注：假定取得的增值税专用发票都经税务机关认证，产品销售成本随笔结转）

业务1：5日，结算上月工资。按规定从应付职工薪酬中扣除"三险一金"和个人所得税，然后按实发金额签发现金支票，发放职工工资。（凭证1-1、1-2。要求填写凭证1-2现金支票）

业务2：6日，上月末从江苏盐城电热合金制造有限公司采购的1 000千克高温合金今日到达，上月销货单位开出增值税专用发票，注明买价300 000元，代垫运费3 000元（普通发票略）。开户银行同时传来托收承付付款通知，经审核无误，公司承付所有款项。但在验收入库时发现短缺100千克，初查不属于销货单位少发，具体原因待查。（凭证2-1、2-2、2-3）

业务3：10日，公司各部门根据其不同用途领用材料，发料凭证见汇总表。（凭证3-1）

业务4：25日，与深圳佰驰外贸有限公司签订合同，向其销售Q型工业暖风机1 500台，合同不含税价格为750 000元，总成本450 000元。由于是成批销售，经协商公司同意按合同价格享受2%的商业折扣。产品已发出，通过网上银行转付替客户代垫运费价税合计2 180元（凭证略），取得了增值税普通发票，商品的控制权已转移。月末收到深圳佰驰外贸有限公司提交的银行汇票一张，支付全部货款。（凭证4-1、4-2、4-3。要求填写凭证4-1增值税专用发票）

业务5：31日，接到银行付款通知单（凭证略），支付南京供电公司江北分公司提供的工

业用电费用。电费按部门用电量分摊。(凭证5-1、5-2)

业务6：31日，分配本月应付职工薪酬，按应付工资的一定比例计提"三险一金"。(凭证6-1)

业务7：31日，月末汇总生产车间的制造费用并转入生产成本。(注：全部由本月生产的Q型工业暖风机承担。要求填写制造费用汇总表。凭证7-1)

业务8：31日，本月投产的1 000件Q型工业暖风机全部完工，验收入库，结转完工入库产品成本。(要求填写完工产品成本汇总表。凭证8-1)

业务9：31日，将各损益类账户的发生额转入"本年利润"账户。(要求填写损益类账户发生额汇总表。凭证9-1)

业务10：31日，计算全年应纳税所得额，计提本年应交企业所得税，并将所得税费用转入本年利润。(假如不考虑纳税调整事项。要求填写企业所得税计算表，所得税税率为25%。凭证10-1)

原始凭证附后。

要求一：审核原始凭证。(20分)

仔细审核业务1～6所附原始凭证，判断每张原始凭证的正误。

凭证1-1

工资汇总表

2023 年 12 月 05 日　　　　　　　　　　　　　　　单位：元

部门	应付工资	代扣款项						实发工资
		养老保险(8%)	医疗保险(2%)	失业保险(1%)	住房公积金(12%)	个人所得税	合计	
生产工人	50,600.00	4,048.00	1,012.00	506.00	6,072.00	600.00	12,238.00	38,362.00
车间管理人员	14,000.00	1,120.00	280.00	140.00	1,680.00	1,900.00	5,120.00	8,880.00
销售部门人员	24,000.00	1,920.00	480.00	240.00	2,880.00	400.00	5,920.00	18,080.00
行政部门人员	30,000.00	2,400.00	600.00	300.00	3,600.00		6,900.00	23,100.00
		0.00	0.00	0.00	0.00		0.00	0.00
		0.00	0.00	0.00	0.00		0.00	0.00
		0.00	0.00	0.00	0.00		0.00	0.00
		0.00	0.00	0.00	0.00		0.00	0.00
		0.00	0.00	0.00	0.00		0.00	0.00
合计	118,600.00	9,488.00	2,372.00	1,186.00	14,232.00	2,900.00	30,178.00	88,422.00

总经理：周欣怡　　　　　财务主管：王义鹤　　　　　制表：何石

答题区：　　　　　　　　正确□　　　　错误□

第六部分 2024年江苏省对口单招财会专业技能考试真题、答案及评分标准

凭证 2-1

江苏增值税专用发票

发票号码：67440416
开票日期：2023年11月30日
机器编号：982888812388

购买方
名称：南京菲阳节能电器有限公司
纳税人识别号：91320111M197951411
地址、电话：南京浦口区盛平路973号 025-60912521
开户行及账号：中国工商银行南京浦口区名骏路支行 4516034858270236769

货物或应税劳务、服务名称	规格型号	单位	数量	单价	金额	税率	税额
高温合金		千克	1000	300.00	300,000.00	13%	39,000.00
合计					¥300,000.00		¥39,000.00

价税合计（大写）：叁拾叁万玖仟元整　（小写）¥339,000.00

销售方
名称：江苏盐城电热合金制造有限公司
纳税人识别号：91320904M485662099
地址、电话：盐城大丰区亮骏路261号 0515-99772679
开户行及账号：中国工商银行盐城大丰区亿妙路支行 7492040645565145783

校验码：52118 02817 08248 65199

收款人：× 　复核：王凯心　 开票人：刘英 　销售方：（章）

答题区：　　　　　　　　正确□　　错误□

凭证 2-2

中国工商银行 托收凭证（付款通知）

5　№065529

委托日期：2023年11月30日　付款期限：2023年12月07日

业务类型：委托收款（□邮划、□电划）　托收承付（☑邮划、□电划）

付款人
全称：南京菲阳节能电器有限公司
账号：4516034858270236769
地址：江苏省南京市　开户行：中国工商银行南京浦口区名骏路支行

收款人
全称：江苏盐城电热合金制造有限公司
账号：7492040645565145783
地址：江苏省盐城市　开户行：中国工商银行盐城大丰区亿妙路支行

金额：人民币（大写）叁拾肆万贰仟元整　¥342000000（亿千百十万千百十元角分）

款项内容	高温合金材料款及运费	托收凭据名称	托收承付	附寄单证张数	3张
商品发运情况	已发运			合同名称号码	22385540

备注：付款人开户银行收到日期 2023 年 12 月 06 日
复核　　记账

付款人开户银行签章
中国工商银行南京浦口区名骏路支行
2023.12.06 转讫
2023 年 12 月 06 日

付款人注意：
1.根据支付结算办法，上列委托收款（托收承付）款项在付款期限内未提出拒付，即视为同意付款，以此代付款通知。
2.如需提出全部或部分拒付，应在规定期限内，将拒付理由书并附债务证明送交开户银行。

答题区：　　　　　　　　正确□　　错误□

凭证 2-3

收 料 单

供应单位：江苏盐城电热合金制造有限公司　　　　　　　收料单编号：20230156
材料类别：原料及主要材料　　　2023 年 12 月 06 日　　收料仓库：001

材料编号	名称	规格	单位	数量		实际成本				
				应收	实收	买价		运杂费	其他	合计
						单价	金额			
01	高温合金		千克	1000	1000	300.00	300,000.00	3,000.00		¥303,000.00
合　计				1000	1000		300,000.00	3,000.00		¥303,000.00
备　注										

仓库主管：　　　　记账：　　　　收料：　　　　制单：何石

答题区：　　　　　　　　　正确□　　错误□

凭证 3-1

发料凭证汇总表

2023 年 12 月 10 日　　　　　　　　　　　金额单位：元

用途		原料及主要材料	辅助材料	备注
生产产品耗用	Q 型工业暖风机	82 440.00		
生产车间耗用		40 000.00		
销售部门耗用		3 000.00		
后勤基建工程使用			150 000	建造生产用锅炉
合计		125 440.00	150 000	

会计主管：　　　记账：　　　仓储主管：　　　制单：

答题区：　　　　　　　　　正确□　　错误□

凭证 4-2

答题区：　　　　　　　　　正确□　　错误□

第六部分　2024年江苏省对口单招财会专业技能考试真题、答案及评分标准

凭证4-3

答题区：　　　　　　　　正确□　　　错误□

凭证5-1

答题区：　　　　　　　　正确□　　　错误□

凭证 5-2

电费计算分配表

2023 年 12 月 31 日

部门	用电量/千瓦时	分配率	分配金额/元
生产产品动力用	16 000		18 080.00
生产车间一般照明用	2 500		2 825.00
行政管理办公用	5 500		6 215.00
后勤基建工程项目用	24 000		27 120.00
合计	48 000	1.13	54 240.00

制单：何石　　　　　　　　　　　　　　　　复核：王义鹤

答题区：　　　　　　　正确□　　错误□

凭证 6-1

职工薪酬分配汇总表

2023 年 12 月 31 日　　　　　　　　　　　　　　　　金额单位：元

项目		应付工资	社会保险费及住房公积金					合计
			养老保险（12%）	医疗保险（8%）	失业保险（2%）	小计	住房公积金（12%）	
生产工人薪酬	Q 型工业暖风机	70 000.00	8 400.00	5 600.00	1 400.00	15 400.00	8 400.00	23 800.00
生产车间管理人员薪酬		14 000.00	1 680.00	1 120.00	280.00	3 080.00	1 680.00	4 760.00
销售部门人员薪酬		24 000.00	2 880.00	1 920.00	480.00	5 280.00	2 880.00	8 160.00
行政管理部门人员薪酬		30 000.00	3 600.00	2 400.00	600.00	6 600.00	3 600.00	10 200.00
合计		138 000.00	16 560.00	11 040.00	2 760.00	30 360.00	16 560.00	46 920.00

制单：何石　　　　　　　　　　　　　　　　复核：王义鹤

答题区：　　　　　　　正确□　　错误□

要求二：填写原始凭证。（20 分）

请为业务 1、业务 4、业务 7、业务 8、业务 9、业务 10 填写原始凭证并签名盖章(打×处不需要签名)。

业务 1：5 日，结算上月工资。按规定从应付职工薪酬中扣除"三险一金"和个人所得税，然后按实发金额签发现金支票，发放职工工资。（凭证 1-1、1-2。要求填写凭证 1-2 现金支票）

凭证1-2

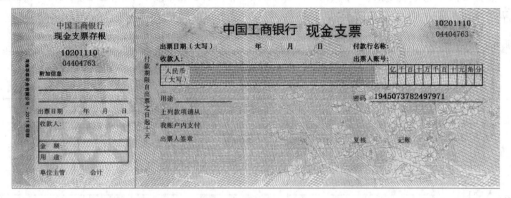

业务4：25日，与深圳佰驰外贸有限公司签订合同，向其销售Q型工业暖风机1 500台，合同不含税价格为750 000元，总成本450 000元。由于是成批销售，经协商公司同意按合同价格享受2%的商业折扣。产品已发出，通过网上银行转付替客户代垫运费价税合计2 180元(凭证略)，取得了增值税普通发票，商品的控制权已转移。月末收到深圳佰驰外贸有限公司提交的银行汇票一张，支付全部货款。(凭证4-1、4-2、4-3。要求填写凭证4-1 增值税专用发票)

凭证4-1

业务7：31日，月末汇总生产车间的制造费用并转入生产成本。(注：全部由本月生产的Q型工业暖风机承担。要求填写制造费用汇总表。凭证7-1)

凭证7-1

制造费用汇总表

项目	材料费	职工薪酬	折旧费	水电费	办公费	其他	合计
本期发生额							

制单： 复核：

业务8：31日，本月投产的1 000件Q型工业暖风机全部完工，验收入库，结转完工入库产品成本。（要求填写完工产品成本汇总表。凭证8-1）

凭证8-1

完工产品成本汇总表

2023年12月31日　　　　　　　　　　　　　　　　　　金额单位：元

产品名称		Q型工业暖风机	合计
产量(1 000件)			
成本项目	直接材料		
	燃料动力		
	直接人工		
	制造费用		
合计			
单位成本			

制单：何石　　　　　　　　　　　　　　　　　　复核：王义鹤

业务9：31日，将各损益类账户的发生额转入"本年利润"账户。（要求填写损益类账户发生额汇总表，凭证9-1）

凭证9-1

损益类账户发生额汇总表

2023年12月

账户	本月发生额	
	借　方	贷　方
主营业务收入		
其他业务收入		
主营业务成本		
其他业务成本		
管理费用		
销售费用		
合计		

制单：　　　　　　　　　　　　　　　　　　　　复核：

业务10：31日，计算全年应纳税所得额，计提本年应交企业所得税，并将所得税费用转入本年利润。（假如不考虑纳税调整事项。要求填写企业所得税计算表，所得税税率25%。凭证10-1）

凭证 10-1

企业所得税计算表

2023 年 12 月   金额单位：元

项目	金额
一、税前会计利润	
加：纳税调增项目	
减：纳税调减项目	
二、应纳税所得额	
所得税税率(25%)	
三、当期应交所得税	

制单：   复核：

要求三：判断并更正会计分录。（30 分）

判断业务 1、业务 2、业务 3、业务 5、业务 6 所编制的会计分录（见会计分录簿）的正误，如果存在错误，请采用正确方法进行更正，对于科目名称错误以及多计金额，请用红字更正法更正；对于漏记事项以及少计金额，请用补充登记法更正。更正会计分录直接填入表内相应位置，凭证从记 11 号开始编号。

（注：除生产成本、应交税费等科目需要写出必要的明细科目以外，其他只写出一级科目）

会计分录簿

业务号	2023 年 月	日	凭证种类及号数	摘要	会计分录 总账科目	会计科目 明细科目	借方金额	贷方金额	判断 对及错
1	12	5	记1 1/3	扣除三险一金及个税	应付职工薪酬	工资	30,178.00		
					其他应付款	社会保险费		13,046.00	
					其他应付款	住房公积金		14,232.00	
					应交税费	应交个人所得税		2,900.00	

	编制更正错证的会计分录				
凭证种类及号数	摘要	会计科目 总账科目	明细科目	借方金额	贷方金额

会计分录簿

业务号	2023年		凭证种类及号数	摘要	会计分录		借方金额	贷方金额	判断
	月	日			会计科目				对 戓 错
					总账科目	明细科目			
1	12	5	记1 2/3	提取现金	库存现金		88,422.00		
					银行存款			88,422.00	

编制更正错误的会计分录

凭证种类及号数	摘要	会计分录		借方金额	贷方金额
		会计科目			
		总账科目	明细科目		

会计分录簿

业务号	2023年		凭证种类及号数	摘要	会计分录		借方金额	贷方金额	判断
	月	日			会计科目				对 戓 错
					总账科目	明细科目			
1	12	5	记1 3/3	发工资	应付职工薪酬	工资	88,422.00		
					银行存款			88,422.00	

编制更正错误的会计分录

凭证种类及号数	摘要	会计分录		借方金额	贷方金额
		会计科目			
		总账科目	明细科目		

会计分录簿

业务号	2023年 月	日	凭证种类及号数	摘要	会计分录 总账科目	明细科目	借方金额	贷方金额	判断 对及错
2	12	6	记2 1/3	采购货款及代垫运费	应付账款	江苏盐城电热合金制造有限公司	342,000.00		
					银行存款			342,000.00	

编制更正错误的会计分录

凭证种类及号数	摘要	会计分录 总账科目	明细科目	借方金额	贷方金额

会计分录簿

业务号	2023年 月	日	凭证种类及号数	摘要	会计分录 总账科目	明细科目	借方金额	贷方金额	判断 对及错
2	12	6	记2 2/3	材料验收入库	原材料	高温合金	303,000.00		
					在途物资	江苏盐城电热合金制造有限公司		303,000.00	

编制更正错误的会计分录

凭证种类及号数	摘要	会计分录 总账科目	明细科目	借方金额	贷方金额

会计分录簿

业务号	2023年 月	日	凭证种类及号数	摘要	会计分录 总账科目	会计分录 明细科目	借方金额	贷方金额	判断 对或错
2	12	6	记2 3/3	材料短缺，原因待查	待处理财产损溢	待处理流动资产损溢	30,300.00		
					在途物资	江苏盐城电热合金制造有限公司		30,300.00	

编制更正错误的会计分录

凭证种类及号数	摘要	总账科目	明细科目	借方金额	贷方金额

会计分录簿

业务号	2023年 月	日	凭证种类及号数	摘要	会计分录 总账科目	会计分录 明细科目	借方金额	贷方金额	判断 对或错
3	12	10	记3	各部门领用材料	生产成本	Q型工业暖风机	82,440.00		
					制造费用		40,000.00		
					销售费用		3,000.00		
					在建工程		150,000.00		
								275,440.00	

编制更正错误的会计分录

凭证种类及号数	摘要	总账科目	明细科目	借方金额	贷方金额

会计分录簿

业务号	2023年 月	日	凭证种类及号数	摘要	会计分录 总账科目	明细科目	借方金额	贷方金额	判断 对或错
5	12	31	记5	支付并分摊电费	生产成本	Q型工业暖风机	18,080.00		
					制造费用		2,825.00		
					销售费用		6,215.00		
					在建工程		27,120.00		
					银行存款			54,240.00	

编制更正错误的会计分录

凭证种类及号数	摘要	会计科目 总账科目	明细科目	借方金额	贷方金额

会计分录簿

业务号	2023年 月	日	凭证种类及号数	摘要	会计分录 总账科目	明细科目	借方金额	贷方金额	判断 对或错
6	12	31	记6 1/2	分配本月职工工资	生产成本	Q型工业暖风机	70,000.00		
					制造费用		14,000.00		
					销售费用		24,000.00		
					管理费用		30,000.00		
					应付职工薪酬	工资		138,000.00	

编制更正错误的会计分录

凭证种类及号数	摘要	会计科目 总账科目	明细科目	借方金额	贷方金额

会计分录簿

业务号	2023 年		凭证种类及号数	摘要	会计分录		借方金额	贷方金额	判断对或错
	月	日			会计科目				
					总账科目	明细科目			
6	12	31	记6 2/2	计提"三险一金"	生产成本	Q型工业暖风机	15,400.00		
					制造费用		3,080.00		
					销售费用		5,280.00		
					管理费用		6,600.00		
					应付职工薪酬	社会保险费		30,360.00	

编制更正错证的会计分录

凭证种类及号数	摘要	会计科目		借方金额	贷方金额
		总账科目	明细科目		

要求四：编制记账凭证。（20 分）

根据业务 4、业务 7、业务 8、业务 9、业务 10 编制对应的记账凭证。（注：除生产成本、应交税费等科目需要写出必要的明细科目以外，其他只写出一级科目）

业务 4：25 日，与深圳佰驰外贸有限公司签订合同，向其销售 Q 型工业暖风机 1 500 台，合同不含税价格为 750 000 元，总成本 450 000 元。由于是成批销售，经协商公司同意按合同价格享受 2% 的商业折扣。产品已发出，通过网上银行转付替客户代垫运费价税合计 2 180 元（凭证略），取得了增值税普通发票，商品的控制权已转移。月末收到深圳佰驰外贸有限公司提交的银行汇票一张，支付全部货款。（凭证 4-1、4-2、4-3。要求填写凭证 4-1 增值税专用发票）

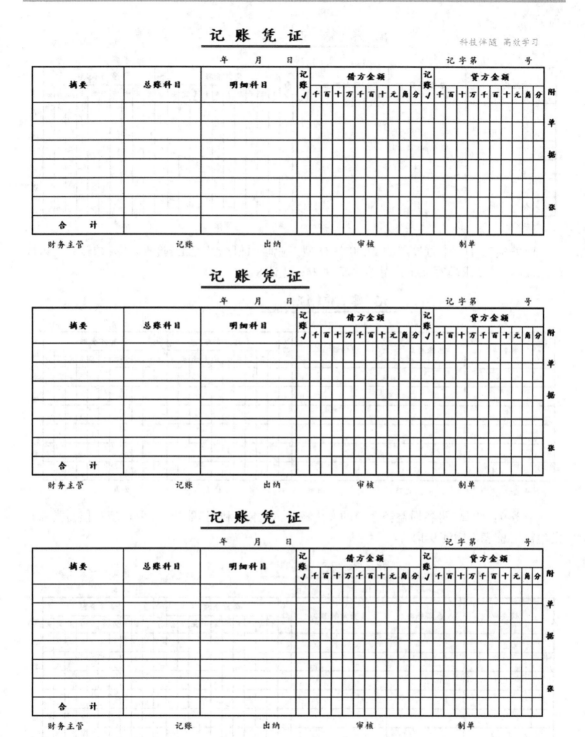

业务7：31日，月末汇总生产车间的制造费用并转入生产成本。(注：全部由本月生产的Q型工业暖风机承担。要求填写制造费用汇总表。凭证7-1)

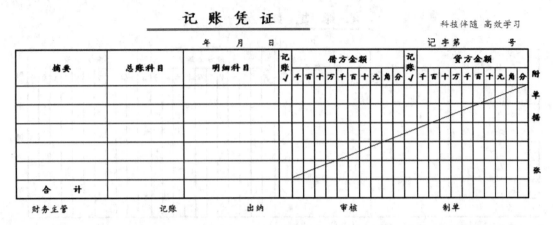

业务8：31日，本月投产的1 000件Q型工业暖风机全部完工，验收入库，结转完工入库产品成本。（要求填写完工产品成本汇总表。凭证8-1）

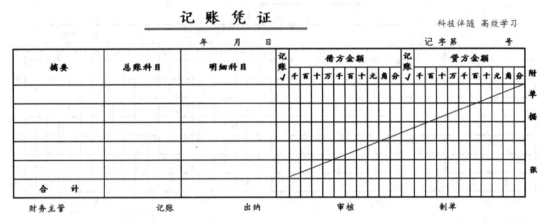

业务9：31日，将各损益类账户的发生额转入"本年利润"账户。（要求填写损益类账户发生额汇总表。凭证9-1）

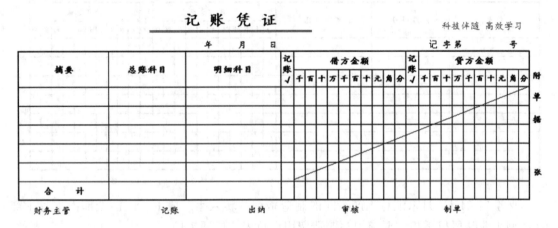

第六部分 2024年江苏省对口单招财会专业技能考试真题、答案及评分标准

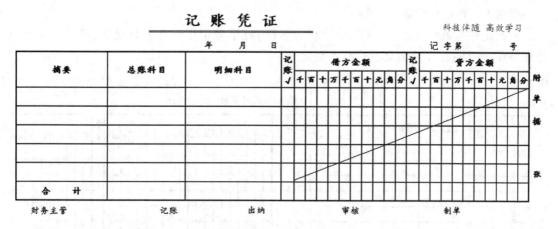

业务10：31日，计算全年应纳税所得额，计提本年应交企业所得税，并将所得税费用转入本年利润。（假如不考虑纳税调整事项。要求填写企业所得税计算表，所得税税率为25%。凭证10-1）

要求五：登记日记账。(12 分)

根据记账凭证(包括更正无误的会计分录簿)逐笔登记银行存款日记账(表 2)，并进行月末结账。(注：红字冲销金额用红字登记)

表2　　　　　　　　　　　　　　银行存款日记账

开户行：
账号：

年 月 日	记账凭证字号	对方科目	摘要	结算凭证 种类 号码	借方	贷方	借或贷	余额

要求六：编制银行存款余额调节表。(8 分)

根据自己登记正确的"银行存款日记账"(表 2)与银行送达的"中国工商银行南京浦口区名骏路支行对账单"(表 3)，对企业基本账号 4516034858270236769 的本月收支流水进行逐笔勾对，找出未达账项，编制银行存款余额调节表(表 4)。

表3　　　**中国工商银行南京浦口区名骏路支行对账单**

单位名称：南京菲阳节能电器有限公司　　　　　　　　账号：4516034858270236769
2023 年 12 月 1 日—12 月 31 日　　　　　　　　　　　金额单位：元

2023年 月	日	摘要	结算凭证号	借方	贷方	余额
12	1	期初余额				1 810 000.00
	5	客户支取现金	现金支票10203210	88 422.00		
	7	承付货款	托收凭证(付款通知)065529	342 000.00		
	25	网银转付	电子回单57360019742	2 180.00		
	31	代扣水费	同城特约委托收款凭证124668号	15 896.00		
	31	利息收入	存款利息清单收款通知1859号		2 278.00	
	31	本月合计		448 498.00	2 278.00	1 363 780.00

表4 银行存款余额调节表

编制单位：南京菲阳节能电器有限公司　　2023年12月31日　　　　　　　　　单位：元

项目	金额	项目	金额
企业银行存款日记账余额		银行对账单余额	
加：银行已收企业未收的款项 　1. 存款利息收入 　2.		加：企业已收银行未收的款项 　1. 收到银行汇票 　2.	
减：银行已付企业未付的款项 　1. 代扣水费 　2.		减：企业已付银行未付的款项 　1. 支付电费 　2.	
调节后余额		调节后余额	

要求七：请根据更正无误的会计分录簿和记账凭证，计算和完善试算平衡表（表5）并达到平衡。（30分）

（注：若有红字用负数登记）

表5 试算平衡表

编制单位：南京菲阳节能电器有限公司　　2023年12月31日　　　　　　　　　单位：元

账户名称	期初余额		本期发生额		期末余额	
	借方	贷方	借方	贷方	借方	贷方
库存现金	5,000.00					
银行存款	1,810,000.00					
库存商品	900,000.00					
原材料	450,000.00					
在途物资	303,000.00					
应收账款						
生产成本						
制造费用						
待处理财产损溢						
固定资产	3,815,000.00					
累计折旧		749,000.00				
在建工程	150,000.00					
应付职工薪酬		118,600.00				
应交税费		150,000.00				
应付账款		342,000.00				
其他应付款						
实收资本		3,700,000.00				
本年利润		1,655,860.00				
利润分配		717,540.00				
合计	7,433,000.00	7,433,000.00				

财会类专业技能考试卷(第1套)评分标准及答案

技能考试科目　　会计账务处理

一、会计数字书写[本大题10分,第(一)和第(二)题各5分]

(一) 写出以下各项的大小写
1. 大写：　贰零贰叁年零壹拾月壹拾伍日
2. 大写：　人民币叁佰肆拾万零陆佰元柒角整(正)
3. 大写：　人民币壹拾捌亿叁仟零伍拾肆万柒仟玖佰壹拾壹元整(正)
4. 小写：　¥936 000 000.00
5. 小写：　¥94 860 000.32

(二) 判断下列要素在相应原始凭证上的签写结果是否正确

原始凭证名称	序号	判断结果
银行承兑汇票正面	1	错(1分)
	2	错(1分)
银行承兑汇票背面	3	对(1分)
增值税普通发票	4	对(1分)
	5	对(1分)

二、会计综合业务处理(本大题140分)

要求一：审核原始凭证。(20分)

评分标准：每张凭证判断2分,共10张,计20分。

凭证1-1：正确☑　　　错误☐
凭证2-1：正确☐　　　错误☑
凭证2-2：正确☑　　　错误☐
凭证2-3：正确☐　　　错误☑
凭证3-1：正确☐　　　错误☑
凭证4-2：正确☐　　　错误☑
凭证4-3：正确☑　　　错误☐
凭证5-1：正确☑　　　错误☐
凭证5-2：正确☐　　　错误☑
凭证6-1：正确☑　　　错误☐

要求二：填写原始凭证。(20分)

评分标准：凭证1-2(5分);凭证4-1(5分);凭证7-1(2分);凭证8-1(3分);凭证9-1(3分);凭证10-1(2分)。共计20分。

第六部分 2024年江苏省对口单招财会专业技能考试真题、答案及评分标准

凭证1-2

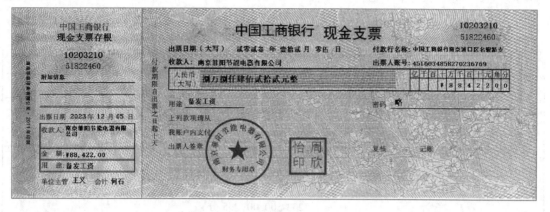

凭证4-1

凭证7-1

制造费用汇总表

金额单位：元

项目	材料费	职工薪酬	折旧费	水电费	办公费	其他	合计
本期发生额	40 000.00 （0.5分）	18 760.00 （0.5分）		2 500.00 （0.5分）			61 260.00 （0.5分）

制单：何石　　　　　　　　　　　　　　　　　　　　　复核：王义鹤

凭证 8-1

完工产品成本汇总表

2023 年 12 月 31 日　　　　　　　　　　　　　　　　金额单位：元

产品名称		Q 型工业暖风机	合计
产量(1 000 件)			
成本项目	直接材料	82 440.00(0.5 分)	
	燃料动力	16 000.00(0.5 分)	
	直接人工	93 800.00(0.5 分)	
	制造费用	61 260.00(0.5 分)	
合计		253 500.00(0.5 分)	
单位成本		253.50(0.5 分)	

制单：何石　　　　　　　　　　　　　　　　　复核：王义鹤

凭证 9-1

损益类账户发生额汇总表

2023 年 12 月　　　　　　　　　　　　　　　　金额单位：元

账户	本月发生额	
	借　方	贷　方
主营业务收入		735 000.00(0.5 分)
其他业务收入		
主营业务成本	450 000.00(0.5 分)	
其他业务成本		
管理费用	45 700.00(0.5 分)	
销售费用	35 160.00(0.5 分)	
合计	530 860.00(0.5 分)	735 000.00

制单：何石(0.5 分)　　　　　　　　　　　　　复核：王义鹤

第六部分 2024年江苏省对口单招财会专业技能考试真题、答案及评分标准

凭证10-1

企业所得税计算表

2023年12月　　　　　　　　　　　　　　　　　　　　金额单位：元

项目	金额
一、税前会计利润	1 860 000.00（0.5分）
加：纳税调增项目	
减：纳税调减项目	
二、应纳税所得额	1 860 000.00（0.5分）
所得税税率（25%）	25%
三、当期应交所得税	465 000.00（0.5分）

制单：何石　　　　　　　　　　　　　复核：王义鹤（0.5分）

要求三：判断并更正会计分录。（30分）

评分标准：10个判断10分，7个更正会计分录20分（记1 1 1/2 记2分，其他更正分录每个记3分）。共计30分。

会计分录簿

业务号	2023年 月	2023年 日	凭证种类及号数	摘要	会计分录 总账科目	会计分录 明细科目	借方金额	贷方金额	判断 对或错
1	12	5	记1 1/3	扣除三险一金及个税	应付职工薪酬	工资	30,178.00		对
					其他应付款	社会保险费		13,046.00	
					其他应付款	住房公积金		14,232.00	
					应交税费	应交个人所得税		2,900.00	

编制更正错误的会计分录					
凭证种类及号数	摘要	会计科目 总账科目	会计科目 明细科目	借方金额	贷方金额

会计分录簿

业务号	2023年		凭证种类及号数	摘要	会计分录				判断
	月	日			会计科目		借方金额	贷方金额	对或错
					总账科目	明细科目			
1	12	5	记1 2/3	提取现金	库存现金		88,422.00		对
					银行存款			88,422.00	

编制更正错证的会计分录

凭证种类及号数	摘要	会计科目		借方金额	贷方金额
		总账科目	明细科目		

会计分录簿

业务号	2023年		凭证种类及号数	摘要	会计分录				判断
	月	日			会计科目		借方金额	贷方金额	对或错
					总账科目	明细科目			
1	12	5	记1 3/3	发工资	应付职工薪酬	工资	88,422.00		错
					银行存款			88,422.00	

编制更正错证的会计分录

凭证种类及号数	摘要	会计科目		借方金额	贷方金额
		总账科目	明细科目		
记11 1/2	红字冲销记1 3/3	应付职工薪酬	工资	88,422.00	
		银行存款			88,422.00
记11 2/2	更正记1 3/3	应付职工薪酬	工资	88,422.00	
		库存现金			88,422.00

会计分录簿

业务号	2023年		凭证种类及号数	摘要	会计分录				判断
	月	日			会计科目		借方金额	贷方金额	对或错
					总账科目	明细科目			
2	12	6	记2 1/3	承付货款及代垫运费	应付账款	江苏盐城电热合金制造有限公司	342,000.00		对
					银行存款			342,000.00	

编制更正错误的会计分录

凭证种类及号数	摘要	会计科目		借方金额	贷方金额
		总账科目	明细科目		

会计分录簿

业务号	2023年		凭证种类及号数	摘要	会计分录				判断
	月	日			会计科目		借方金额	贷方金额	对或错
					总账科目	明细科目			
2	12	6	记2 2/3	材料验收入库	原材料	高温合金	303,000.00		错
					在途物资	江苏盐城电热合金制造有限公司		303,000.00	

编制更正错误的会计分录

凭证种类及号数	摘要	会计科目		借方金额	贷方金额
		总账科目	明细科目		
记12	冲销记2 2/3多记金额	原材料		30,300.00	
		在途物资			30,300.00

会计分录簿

业务号	2023年 月	2023年 日	凭证种类及号数	摘要	会计分录 总账科目	会计分录 明细科目	借方金额	贷方金额	判断 对或错
2	12	6	记2 3/3	材料短缺，原因待查	待处理财产损溢	待处理流动资产损溢	30,300.00		错
					在途物资	江苏盐城电热合金制造有限公司		30,300.00	

编制更正错误的会计分录

凭证种类及号数	摘要	会计分录 总账科目	会计分录 明细科目	借方金额	贷方金额
记13	补充记2 3/3少记	待处理财产损溢		3,900.00	
		应交税费	应交增值税（进项税额转出）		3,900.00

会计分录簿

业务号	2023年 月	2023年 日	凭证种类及号数	摘要	会计分录 总账科目	会计分录 明细科目	借方金额	贷方金额	判断 对或错
3	12	10	记3	各部门领用材料	生产成本	Q型工业暖风机	82,440.00		对
					制造费用		40,000.00		
					销售费用		3,000.00		
					在建工程		150,000.00		
								275,440.00	

编制更正错误的会计分录

凭证种类及号数	摘要	会计分录 总账科目	会计分录 明细科目	借方金额	贷方金额

会计分录簿

业务号	2023 年		凭证种类及号数	摘要	会计分录		借方金额	贷方金额	判断 对或错
	月	日			总账科目	明细科目			
3	12	31	记5	支付并分摊电费	生产成本	Q型工业暖风机	18,080.00		错
					制造费用		2,825.00		
					销售费用		6,215.00		
					在建工程		27,120.00		
					银行存款			54,240.00	
编制更正错误的会计分录									
			凭证种类及号数	摘要	总账科目	明细科目	借方金额	贷方金额	
			记14 1/2	冲销记5	生产成本	Q型工业暖风机	18,080.00		
					制造费用		2,825.00		
					销售费用		6,215.00		
					在建工程		27,120.00		
					银行存款			54,240.00	
			记14 2/2	更正记5	生产成本	Q型工业暖风机	16,000.00		
					制造费用		2,500.00		
					销售费用		5,500.00		
					在建工程		24,000.00		
					应交税费	应交增值税（进项税额）	6,240.00		
					银行存款			54,240.00	

会计分录簿

业务号	2023 年		凭证种类及号数	摘要	会计分录		借方金额	贷方金额	判断 对或错
	月	日			总账科目	明细科目			
6	12	31	记6 1/2	分配本月职工工资	生产成本	Q型工业暖风机	70,000.00		对
					制造费用		14,000.00		
					销售费用		24,000.00		
					管理费用		30,000.00		
					应付职工薪酬	工资		138,000.00	
编制更正错误的会计分录									
			凭证种类及号数	摘要	总账科目	明细科目	借方金额	贷方金额	

会计分录簿

业务号	2023年		凭证种类及号数	摘要	会计分录		借方金额	贷方金额	判断对或错
	月	日			总账科目	明细科目			
6	12	31	记6 2/2	计提"三险一金"	生产成本	Q型工业暖风机	15,400.00		错
					制造费用		3,080.00		
					销售费用		5,280.00		
					管理费用		6,600.00		
					应付职工薪酬	社会保险费		30,360.00	

编制更正错误的会计分录

凭证种类及号数	摘要	会计科目		借方金额	贷方金额
		总账科目	明细科目		
记15	补充记6 2/2漏记的公积金	生产成本	Q型工业暖风机	8,400.00	
		制造费用		1,680.00	
		销售费用		2,880.00	
		管理费用		3,600.00	
		应付职工薪酬	住房公积金		16,560.00

要求四:编制记账凭证。(20分)

评分标准:凭证4 1/3和凭证9 2/2各记3分;其余每张凭证各记2分。共9张凭证,计20分。

业务4:

记 账 凭 证

2023 年 12 月 25 日   记字第 记4 1/3 号

摘要	总账科目	明细科目	记账√	借方金额 千百十万千百十元角分	记账√	贷方金额 千百十万千百十元角分	附单据2张
销售商品代垫运费	应收账款			8 3 2 7 3 0 0 0			
	主营业务收入					7 3 5 0 0 0 0 0	
	应交税费	应交增值税(销项税额)				9 5 5 5 0 0 0	
	银行存款					2 1 8 0 0 0	
合 计				¥8 3 2 7 3 0 0 0		¥8 3 2 7 3 0 0 0	

财务主管   记账   出纳   审核   制单 何石

第六部分 2024年江苏省对口单招财会专业技能考试真题、答案及评分标准

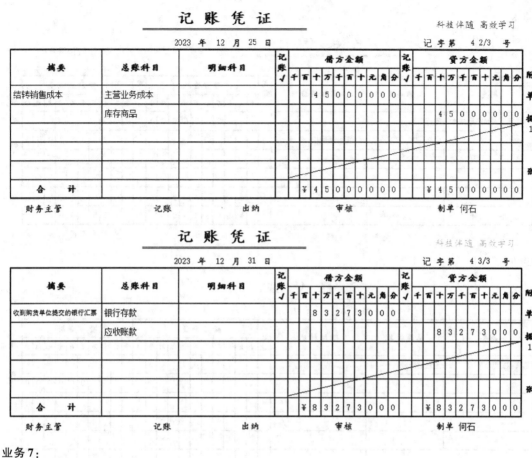

记账凭证
2023 年 12 月 25 日　　　　记字第 4 2/3 号

摘要	总账科目	明细科目	借方金额	贷方金额
结转销售成本	主营业务成本		4 5 0 0 0 0 0 0	
	库存商品			4 5 0 0 0 0 0 0
合计			￥4 5 0 0 0 0 0 0	￥4 5 0 0 0 0 0 0

记账凭证
2023 年 12 月 31 日　　　　记字第 4 3/3 号

摘要	总账科目	明细科目	借方金额	贷方金额
收到购货单位提交的银行汇票	银行存款		8 3 2 7 3 0 0 0	
	应收账款			8 3 2 7 3 0 0 0
合计			￥8 3 2 7 3 0 0 0	￥8 3 2 7 3 0 0 0

业务7：

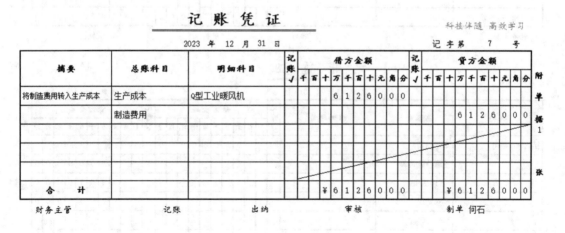

记账凭证
2023 年 12 月 31 日　　　　记字第 7 号

摘要	总账科目	明细科目	借方金额	贷方金额
将制造费用转入生产成本	生产成本	Q型工业暖风机	6 1 2 6 0 0 0	
	制造费用			6 1 2 6 0 0 0
合计			￥6 1 2 6 0 0 0	￥6 1 2 6 0 0 0

业务8：

记账凭证

2023 年 12 月 31 日　　　　　　　　　　记字第 8 号

摘要	总账科目	明细科目	记账√	借方金额 千百十万千百十元角分	记账√	贷方金额 千百十万千百十元角分
结转完工入库产品成本	库存商品			2 5 3 5 0 0 0 0		
	生产成本	Q型工业暖风机				2 5 3 5 0 0 0 0
合计				¥ 2 5 3 5 0 0 0 0		¥ 2 5 3 5 0 0 0 0

财务主管　　　　记账　　　　出纳　　　　审核　　　　制单 何石

业务9：

记账凭证

2023 年 12 月 31 日　　　　　　　　　　记字第 9 1/2 号

摘要	总账科目	明细科目	记账√	借方金额 千百十万千百十元角分	记账√	贷方金额 千百十万千百十元角分
结转收益	主营业务收入			7 3 5 0 0 0 0 0		
	本年利润					7 3 5 0 0 0 0 0
合计				¥ 7 3 5 0 0 0 0 0		¥ 7 3 5 0 0 0 0 0

财务主管　　　　记账　　　　出纳　　　　审核　　　　制单 何石

记账凭证

2023 年 12 月 31 日　　　　　　　　　　记字第 9 2/2 号

摘要	总账科目	明细科目	记账√	借方金额 千百十万千百十元角分	记账√	贷方金额 千百十万千百十元角分
结转成本费用	本年利润			5 3 0 8 6 0 0 0		
	主营业务成本					4 5 0 0 0 0 0 0
	管理费用					4 5 7 0 0 0 0
	销售费用					3 5 1 6 0 0 0
合计				¥ 5 3 0 8 6 0 0 0		¥ 5 3 0 8 6 0 0 0

财务主管　　　　记账　　　　出纳　　　　审核　　　　制单 何石

业务10：

记账凭证

2023 年 12 月 31 日　　　　　　　　　　　记字第 10 1/2 号

摘要	总账科目	明细科目	记账√	借方金额	记账√	贷方金额
计提本年应交企业所得税	所得税费用			4 6 5 0 0 0 0 0		
	应交税费	应交企业所得税				4 6 5 0 0 0 0 0
合　计				¥ 4 6 5 0 0 0 0 0		¥ 4 6 5 0 0 0 0 0

财务主管　　　　记账　　　　出纳　　　　审核　　　　制单 何石

记账凭证

2023 年 12 月 31 日　　　　　　　　　　　记字第 10 2/2 号

摘要	总账科目	明细科目	记账√	借方金额	记账√	贷方金额
将所得税费用转入本年利润	本年利润			4 6 5 0 0 0 0 0		
	所得税费用					4 6 5 0 0 0 0 0
合　计				¥ 4 6 5 0 0 0 0 0		¥ 4 6 5 0 0 0 0 0

财务主管　　　　记账　　　　出纳　　　　审核　　　　制单 何石

要求五：登记日记账。(12 分)

评分标准：期初余额、借方发生额、贷方发生额每个登记指标 1 分，10 个指标，计 10 分；贷方合计、期末余额各 1 分，计 2 分。共计 12 分。

表 2

银行存款日记账

开户行：中国工商银行南京浦口区名骏路支行
账号：4516034858270236769

2023年		记账凭证		对方科目	摘要	结算凭证		借方	贷方	借或贷	余额
月	日	字	号			种类	号码	千百十万千百十元角分	千百十万千百十元角分		千百十万千百十元角分
12	1				期初余额					借	1 8 1 0 0 0 0 0
	5	记	1 2/3	库存现金	提取现金				8 8 4 2 2 0 0		1 7 2 1 5 7 8 0
	5	记	1 3/3	应付职工薪酬	发放工资				8 8 4 2 2 0 0		1 6 3 3 1 5 6 0
		记	11 1/2	应付职工薪酬	冲销记1 3/3				8 8 4 2 2 0 0		1 7 2 1 5 7 8 0
	6	记	2 1/3	应付账款	承付货款及运费				3 4 2 0 0 0 0		1 3 7 9 5 7 8 0
	15	记	4 1/2	应收账款	代垫运费				2 1 8 0 0 0		1 3 7 7 3 9 8 0
	31	记	5	生产成本等	支付并分摊电费				5 4 2 4 0 0 0		1 3 2 3 1 5 8 0
		记	14 1/2	生产成本等	冲销记5				5 4 2 4 0 0 0		1 3 7 7 3 9 8 0
		记	14 2/2	生产成本等	更正记5				5 4 2 4 0 0 0		1 3 2 3 1 5 8 0
	31	记	4 3/3	应收账款 银行汇票	收到银行汇票			8 3 2 7 3 0 0 0	4 8 6 8 4 2 0 0		2 1 5 5 8 8 8 0
	31				合计			8 3 2 7 3 0 0 0	4 8 6 8 4 2 0 0	借	2 1 5 5 8 8 8 0

要求六：编制银行存款余额调节表。(8 分)

评分标准：填写的每个指标计 1 分，共 8 个指标，计 8 分。

表 4

银行存款余额调节表

编制单位：南京菲阳节能电器有限公司　　　2023 年 12 月 31 日　　　　　　金额单位：元

项目	金额	项目	金额
企业银行存款日记账余额	2 155 888.00	银行对账单余额	1 363 780.00
加：银行已收企业未收的款项 　1. 存款利息收入 　2.	2 278.00	加：企业已收银行未收的款项 　1. 收到银行汇票 　2.	832 730.00
减：银行已付企业未付的款项 　1. 代扣水费 　2.	15 896.00	减：企业已付银行未付的款项 　1. 支付电费 　2.	54 240.00
调节后余额	¥ 2 142. 27000	调节后余额	¥ 2 142 270.00

要求七：请根据更正无误的会计分录簿和记账凭证，计算和完善试算平衡表(表 5)并达到平衡。(30 分)

（注：若有红字用负数登记）

评分标准：每个指标 1 分，相同金额不重复计分；30 个指标，共计 30 分。

表 5

试算平衡表

编制单位：南京菲阳节能电器有限公司　　2023 年 12 月 31 日　　单位：元

账户名称	期初余额		本期发生额		期末余额	
	借方	贷方	借方	贷方	借方	贷方
库存现金	5,000.00		88,422.00	88,422.00	5,000.00	
银行存款	1,810,000.00		832,730.00	486,842.00	2,155,888.00	
库存商品	900,000.00		253,500.00	450,000.00	703,500.00	
原材料	450,000.00		272,700.00	275,440.00	447,260.00	
在途物资	303,000.00			303,000.00		
应收账款			832,730.00	832,730.00		
生产成本			253,500.00	253,500.00		
制造费用			61,260.00	61,260.00		
待处理财产损溢			34,200.00		34,200.00	
固定资产	3,815,000.00				3,815,000.00	
累计折旧		749,000.00				749,000.00
在建工程	150,000.00		174,000.00		324,000.00	
应付职工薪酬		118,600.00	118,600.00	184,920.00		184,920.00
应交税费		150,000.00	6,240.00	567,350.00		711,110.00
应付账款		342,000.00	342,000.00			
其他应付款				27,278.00		27,278.00
实收资本		3,700,000.00				3,700,000.00
本年利润		1,655,860.00	995,860.00	735,000.00		1,395,000.00
利润分配		717,540.00				717,540.00
主营业务收入			735,000.00	735,000.00		
主营业务成本			450,000.00	450,000.00		
其他业务收入						
其他业务成本						
管理费用			45,700.00	45,700.00		
财务费用						
销售费用			35,160.00	35,160.00		
营业外收入						
营业外支出						
所得税费用			465,000.00	465,000.00		
合计	7,433,000.00	7,433,000.00	5,996,602.00	5,996,602.00	7,484,848.00	7,484,848.00

2024 年江苏省普通高校对口单独招生财会类专业技能考试卷（第 2 套）

技能考试科目　<u>会计账务处理</u>

本试卷分两部分考核，第一部分"会计数字书写"10 分；第二部分"会计综合业务处理"140 分，其中审核原始凭证 20 分，填写原始凭证 20 分，判断并更正会计分录 30 分，编制记账凭证 20 分，登记日记账 12 分，编制银行存款余额调节表 8 分，编制试算平衡表 30 分。满分 150 分，考试时间 90 分钟。

一、会计数字书写[本大题 10 分，第（一）和第（二）题各 5 分]

（一）写出以下各项的大小写

1. 2024 年 3 月 15 日　　　　　大写：＿＿＿＿＿＿＿＿＿＿
2. ￥30 400 600.00　　　　　　大写：＿＿＿＿＿＿＿＿＿＿
3. ￥1 230 547 901.50　　　　 大写：＿＿＿＿＿＿＿＿＿＿
4. 人民币壹拾亿叁仟捌佰万陆仟元整　　小写：＿＿＿＿＿＿＿＿＿＿
5. 人民币玖仟柒佰捌拾陆万元零伍角贰分　小写：＿＿＿＿＿＿＿＿＿＿

（二）判断下列要素在相应原始凭证上的签写结果是否正确

原始凭证名称	序号	要素	签写结果	判断结果
银行本票	1	出票日期	2024 年 2 月 15 日	
	2	出票人签章	购货单位签章	
银行进账单	3	日期	2024 年 02 月 06 日	
增值税专用发票	4	价税合计金额	人民币陆仟一百圆整	
	5	销售单位盖章	销售单位发票专用章	

二、会计综合业务处理（本大题 140 分）

（一）企业基本资料

单位名称：南京飞妙光伏太阳能有限公司　　　增值税一般纳税人
社会信用代码：91320115M805094811　　　　 法人代表：徐盈浠
地址：南京市江宁区辉通路 592 号　　　　　　电话：025 - 85668166
开户银行：中国工商银行南京市江宁区泰泽路支行　账号：53145284666558871797
开户行地址：南京市江宁区中途路 681 号
国税征收机关：南京江宁区国家税务局

（二）会计岗位设置

会计主管：何支华　　负责财务科全面工作（兼稽核）
出纳：李欣怡　　　　负责货币资金收付、登记日记账及对账等出纳工作
会计：张浩然　　　　负责分类账、会计报表等工作（兼制单）

(三) 往来单位信息

1. 南通海骄新能源有限公司

开户行：中国工商银行南通海门市宇郎路支行

开户行地址：南通海门市兴春路 399 号

账号：2495413232795615150

社会信用代码：91320684M503293397　　　　法人代表：陈帅映

地址：南通海门市菲志路 290 号　　　　　　电话：0513-56487014

2. 深圳麦领物联网有限公司

开户行：中国工商银行深圳市罗湖区辰江路支行

开户行地址：深圳市罗湖区聚芬路 843 号

账号：7849833974069902594

社会信用代码：91440303M057525362　　　　法人代表：杨飒英

地址：深圳市罗湖区沃骄路 745 号　　　　　电话：0755-01811212

3. 南京江宁区宇朗供水有限公司

开户银行：中国工商银行南京江宁区艾才路支行

开户行地址：南京市江宁区香玛路 067 号

账号：9172602889044120645

社会信用代码：91320115M271813253　　　　法人代表：周国兴

地址：南京市江宁区国江路 968　　　　　　电话：025-83149900

(四) 2023 年 12 月 1 日总分类账户期初余额(表1)及部分明细账户期初余额

表1

总分类账户期初余额表

金额单位：元

账户名称	借方余额	账户名称	贷方余额
库存现金	6 000.00	累计折旧	349 000.00
银行存款	610 000.00	应付职工薪酬	170 000.00
库存商品	1 500 000.00	长期借款	100 000.00
原材料	3 600 000.00	应付账款	300 000.00
固定资产	2 815 000.00	实收资本	4 810 000.00
应交税费	13 680.00	本年利润	2 091 320.00
		利润分配	724 360.00
合计	8 544 680.00	合计	8 544 680.00

有关明细账户的期初余额：

① 该企业本月新投产 200 件 220 V 光伏太阳能发电箱，月初没有在产品。

② 库存商品——220 V 光伏太阳能发电箱 300 台，单位成本 5 000 元，总成本 1 500 000 元。

③ 原材料：250 W 太阳能电池板 6 000 件，其中 500 件尚未取得发票，暂估价入账 300 000 元；其余 5 500 件，单位成本 600 元。合计总成本 3 600 000 元。

④ 应付账款——南通海骄新能源有限公司(暂估价款)300 000 元。

⑤ 应付职工薪酬——工资 170 000 元。

⑥ 应交税费——未交增值税(借方)13 680元(属于上月没有抵扣完的进项税额)。

⑦ 本年利润：1—11月份累计实现税前利润2 091 320元。

⑧ 利润分配——未分配利润(贷方)724 360元(历年累计未分配利润)。

(五) 2023年12月假如发生如下经济业务或事项(注：假定取得的增值税专用发票都经税务机关认证,产品销售成本随笔结转)

业务1：1日,上月末从南通海骄新能源有限公司购入的500件生产用原材料250 W太阳能电池板,由于发票账单尚未到达,上月末按估价300 000元入账。今日发票等账单送达,增值税专用发票上注明的价款325 000元,增值税42 250元,对方代垫运费价税合计2 500元(取得的普通发票略)。今日冲销原估价入账,按实际成本重新填写收料单,按实际交易额开出银行汇票支付全部价款。(凭证1-1、1-2、1-3。要求填写凭证1-3银行汇票)

业务2：5日,结算上月工资。按规定从应付职工薪酬中扣除"三险一金"和个人所得税,然后签发转账支票,通知开户银行按实发金额发放职工上月工资。(凭证2-1、2-2)

业务3：10日,公司各部门根据其不同用途领用材料,发料凭证见汇总表。(凭证3-1)

业务4：20日,与深圳麦领物联网有限公司签订了一份100台220 V光伏太阳能发电箱销售合同,每台售价10 000元,每台成本5 000元,增值税税率13%。客户要求对该产品提供6个月价格不下降的保障。公司对未来6个月市场进行了预测,每台产品的价格至少将下降70元,同意按合同售价每台折让70元。上述价格均不包含增值税。当日收到开户银行转来的进账通知单,货款已入账。(凭证4-1、4-2、4-3。要求确定交易价格,填写凭证4-1增值税专用发票)

业务5：30日,接到银行付款通知单(凭证略),支付江宁区宇朗供水有限公司水费。水费按部门用水量分摊。(凭证5-1、5-2)

业务6：31日,分配本月应付职工薪酬,并按应付工资的一定比例计提"三险一金"。(凭证6-1)

业务7：31日,月末汇总生产车间的制造费用并转入生产成本。(注：全部由本月生产的220 V光伏太阳能发电箱承担。要求填写制造费用汇总表。凭证7-1)

业务8：31日,本月投产的200件220 V光伏太阳能发电箱全部完工,验收入库,结转完工入库产品成本。(要求填写完工产品成本汇总表。凭证8-1)

业务9：31日,将各损益类账户的发生额转入"本年利润"账户。(要求填写损益类账户发生额汇总表。凭证9-1)

业务10：31日,计算全年应纳税所得额,计提本年应交企业所得税,并将所得税费用转入本年利润。(假如不考虑纳税调整事项。要求填写企业所得税计算表,所得税税率为25%。凭证10-1)

原始凭证附后。

要求一：审核原始凭证。(20分)

仔细审核业务1~6所附原始凭证,判断每张原始凭证的正误。

第六部分 2024年江苏省对口单招财会专业技能考试真题、答案及评分标准

凭证1-1

答题区： 正确□ 错误□

凭证1-2

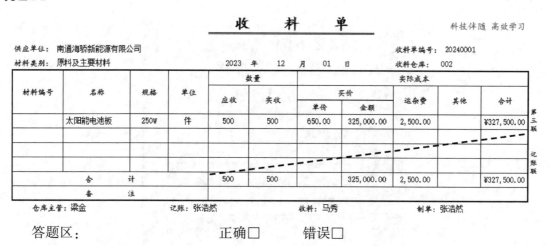

答题区： 正确□ 错误□

凭证 2-1

工资汇总表

2023 年 12 月 05 日　　　　　　　　　　　　　　　　　单位：元

| 部门 | 应付工资 | 代扣款项 | | | | | | 实发工资 |
		养老保险（8%）	医疗保险（2%）	失业保险（1%）	住房公积金（12%）	个人所得税	合计	
生产工人	76,000.00	6,080.00	1,520.00	760.00	9,120.00	1,100.00	18,580.00	57,420.00
车间管理人员	14,000.00	1,120.00	280.00	140.00	1,680.00	1,900.00	5,120.00	8,880.00
销售部门人员	45,000.00	3,600.00	900.00	450.00	5,400.00	3,000.00	13,350.00	31,650.00
行政部门人员	35,000.00	2,800.00	700.00	350.00	4,200.00	2,000.00	10,050.00	24,950.00
		0.00	0.00	0.00	0.00		0.00	0.00
		0.00	0.00	0.00	0.00		0.00	0.00
		0.00	0.00	0.00	0.00		0.00	0.00
		0.00	0.00	0.00	0.00		0.00	0.00
		0.00	0.00	0.00	0.00		0.00	0.00
合计	170,000.00	13,600.00	3,400.00	1,700.00	20,400.00	8,000.00	47,100.00	122,900.00

总经理：周欣怡　　　　　财务主管：王义鹤　　　　　制表：何石

答题区：　　　　　　　正确□　　错误□

凭证 2-2

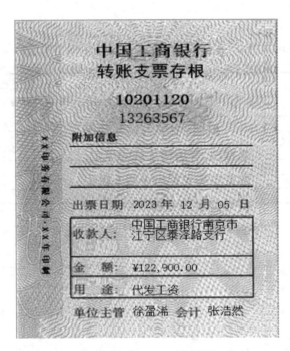

答题区：　　　　　　　正确□　　错误□

第六部分 2024年江苏省对口单招财会专业技能考试真题、答案及评分标准

凭证 3-1

发料凭证汇总表

2023 年 12 月 10 日　　　　　　　　　　　　　　　　　　　　单位：元

用途		原料及主要材料	辅助材料	备注
生产产品耗用	光伏太阳能发电箱	1 120 000.00		
	车间耗用	15 000.00		
	销售部门耗用	10 000.00		
	对外捐赠		120 000.00	通过民政部门捐赠给一所希望小学建造校舍。该批材料市场价格 120 000 元。
	合计	￥1 145 000.00	￥120 000.00	

会计主管：何支华　　　　　　　　　　　　　　　　会计：张浩然

答题区：　　　　　　　　　正确□　　　错误□

凭证 4-2

出 库 单

科技伴随 高效学习
No. 52154660

购货单位：深圳麦领物联网有限公司　　2024 年 01 月 20 日

编号	品　名	规　格	单位	数量	单价	金　额	备注
	光伏太阳能发电箱	220v	台	100	5,000.00	500,000.00	
合　　　　　　计							

第一联　存根联

仓库主管：　　　记账：张浩然　　　保管：　　　经手人：　　　制单：

答题区：　　　　　　　　　正确□　　　错误□

凭证4-3

中国工商银行　进账单（收账通知）

2023 年 12 月 20 日　　3　　№ 17483223

出票人	全称	深圳麦领物联网有限公司	收款人	全称	南京飞妙光伏太阳能有限公司
	账号	7849833974069902594		账号	5314528466655871797
	开户银行	中国工商银行深圳市罗湖区辰江路支行		开户银行	中国工商银行南京市江宁区泰泽路支行

金额	人民币（大写）	壹佰壹拾贰万贰仟零玖拾元整	亿 千 百 十 万 千 百 十 元 角 分
			¥ 1 1 2 2 0 9 0 0 0

票据种类	银行汇票	票据张数	1
票据号码	略		

中国工商银行南京市江宁区泰泽路支行
2023.12.20
转讫

复核　　记账　　　　　　　收款人开户银行签章

答题区：　　　　　　正确□　　错误□

凭证5-1

3200241140　　江苏增值税专用发票　　№ 79774516　　3200241140
　　　　　　　　　　　　　　　　　　　　　　　　　　　79774516
发票联

机器编号：982888812388　　　　　开票日期：2023年12月30日

购买方	名　称	南京飞妙光伏太阳能有限公司	密码区	96%3#7-15>015-#409*#>69647>6 %4*-*0#0%7*04*2232>#68611238 8249%11>5##437%%02225-*487-1 >074-909%9%318193%-21*%*5263
	纳税人识别号	91320115M305094811		
	地址、电话	南京市江宁区辉通路592号025-85668166		
	开户行及账号	中国工商银行南京市江宁区泰泽路支行5314528466655871797		

货物或应税劳务、服务名称	规格型号	单位	数量	单价	金额	税率	税额
工业用水费		立方米	13000	3.00	39,000.00	9%	3,510.00
合　计					¥39,000.00		¥3,510.00

价税合计（大写）　㊀ 肆万贰仟伍佰壹拾元整　　　　　（小写）¥42,510.00

销售方	名　称	南京江宁区宇朗供水有限公司	备注	校验码 52118 02813 08248 05519
	纳税人识别号	91320115M271813253		
	地址、电话	南京市江宁区国江路968号025-83149900		
	开户行及账号	中国工商银行南京江宁区艾才路支行9172602889044120645		

收款人：×　　复核：李媚梅　　开票人：梁姣姣

答题区：　　　　　　正确□　　错误□

凭证5-2

水费计算分配表

2023年12月30日

部门		用电量/千瓦时	分配率	分配金额/元
生产产品动力用	光伏太阳能发电箱	6 500		21 255.00
生产车间一般耗用		2 500		8 175.00
行政管理部门办公用		4 000		13 080.00
合计		13 000	3.27	42 510.00

制单：张浩然　　　　　　　　　　　　　　　复核：何支华

答题区：　　　　　　正确□　　　错误□

凭证6-1

职工薪酬分配汇总表

2023年12月31日　　　　　　　　　　　　　　金额单位：元

项目		应付工资	社会保险费及住房公积金					合计
			养老保险（12%）	医疗保险（8%）	失业保险（2%）	小计	住房公积金（12%）	
生产工人薪酬	光伏太阳能发电箱	35 000.00	4 200.00	2 800.00	700.00	7 700.00	4 200.00	11 900.00
车间管理人员薪酬		14 000.00	1 680.00	1 120.00	280.00	3 080.00	1 680.00	4 760.00
销售部门人员薪酬		48 000.00	5 760.00	1 920.00	480.00	10 560.00	5 760.00	16 320.00
行政管理部门人员薪酬		60 000.00	7 200.00	4 800.00	1200.00	13 200.00	7 200.00	20 400.00
合计		￥157 000.00	￥18 840.00	￥12 560.00	￥3 140.00	￥34 540.00	￥18 840.00	￥53 380.00

主管：何支华　　　　　　　　　　　　　　　制单：张浩然

答题区：　　　　　　正确□　　　错误□

要求二：填写原始凭证。（20分）

请为业务1、业务4、业务7、业务8、业务9、业务10填写原始凭证并签名盖章（打×处不需要签名）。

业务1：1日，上月末从南通海骄新能源有限公司购入的500件生产用原材料250 W太阳能电池板，由于发票账单尚未到达，上月末按估价300 000元入账。今日发票等账单送达，增值税专用发票上注明的价款325 000元，增值税42 250元，对方代垫运费价税合计2 500元（取得的普通发票略）。今日冲销原估价入账，按实际成本重新填写收料单，按实际交易额开出银行汇票支付全部价款。（凭证1-1、1-2、1-3。要求填写凭证1-3银行汇票）

凭证 1-3

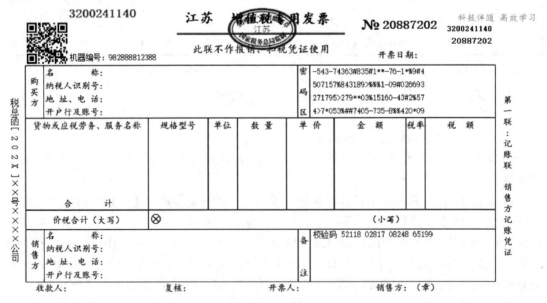

业务 4：20 日，与深圳麦领物联网有限公司签订了一份 100 台 220 V 光伏太阳能发电箱销售合同，每台售价 10 000 元，每台成本 5 000 元，增值税税率 13%。客户要求对该产品提供 6 个月价格不下降的保障。公司对未来 6 个月市场进行了预测，每台产品的价格至少将下降 70 元，同意按合同售价每台折让 70 元。上述价格均不包含增值税。当日收到开户银行转来的进账通知单，货款已入账。（凭证 4-1、4-2、4-3）。要求确定交易价格，填写凭证 4-1 增值税专用发票）

凭证 4-1

业务 7：31 日，月末汇总生产车间的制造费用并转入生产成本。（注：全部由本月生产的 220 V 光伏太阳能发电箱承担。要求填写制造费用汇总表。凭证 7-1）

凭证 7-1

制造费用汇总表

项目	材料费	职工薪酬	折旧费	水电费	办公费	其他	合计
本期发生额							

会计主管：　　　　　　　　　　　　　　　　　　　　　制单：

业务 8：31 日，本月投产的 200 件 220 V 光伏太阳能发电箱全部完工，验收入库，结转完工入库产品成本。(要求填写完工产品成本汇总表。凭证 8-1)

凭证 8-1

完工产品成本汇总表

2023 年 12 月 31 日　　　　　　　　　　　　　　　金额单位：元

产品名称		Q 型工业暖风机	合计
产量(1 000 件)			
成本项目	直接材料		
	燃料动力		
	直接人工		
	制造费用		
合计			
单位成本			

会计主管：　　　　　　　　　　　　　　　　　　　　　制单：

业务 9：31 日，将各损益类账户的发生额转入"本年利润"账户。(要求填写损益类账户发生额汇总表。凭证 9-1)

凭证 9-1

损益类账户发生额汇总表

2023 年 12 月

账户	本月发生额	
	借　方	贷　方
主营业务收入		
其他业务收入		
主营业务成本		
其他业务成本		
管理费用		
销售费用		
合计		

会计主管：　　　　　　　　　　　　　　　　　　　　　制单：

业务10：31日，计算全年应纳税所得额，计提本年应交企业所得税，并将所得税费用转入本年利润。（假如不考虑纳税调整事项。要求填写企业所得税计算表，所得税税率为25%。凭证10-1）

凭证10-1

企业所得税计算表

2023年12月　　　　　　　　　　　　　　　　　　　　　　金额单位：元

项目	金额
一、税前会计利润	
加：纳税调增项目	
减：纳税调减项目	
二、应纳税所得额	
所得税税率（25%）	
三、当期应交所得税	

会计主管：　　　　　　　　　　　　　　制单：

要求三：判断并更正会计分录。（30分）

判断业务1、业务2、业务3、业务5、业务6所编制的会计分录（见会计分录簿）的正误，如果存在错误，请采用正确方法进行更正，对于科目名称错误以及多计金额，请用红字更正法更正；对于漏记事项以及少计金额，请用补充登记法更正。更正会计分录直接填入表内相应位置，凭证从记11号开始编号。

（注：除生产成本、应交税费等科目需要写出必要的明细科目以外，其他只写出一级科目）

会计分录簿

科技伴随 高效学习

业务号	2023年		凭证种类及号数	摘要	会计分录		借方金额	贷方金额	判断对属错
	月	日			总账科目	明细科目			
1	12	1	记1 1/3	冲销上月末借记入账	原材料	暂估价	300,000.00		
					应付账款	暂估入账款		300,000.00	

编制更正错证的会计分录

凭证种类及号数	摘要	会计分录		借方金额	贷方金额
		总账科目	明细科目		

会计分录簿

业务号	2023年 月	日	凭证种类及号数	摘要	会计分录 总账科目	明细科目	借方金额	贷方金额	判断 对应错
1	12	1	记1 2/3	开出银行汇票	其他货币资金	银行汇票	369,750.00		
					银行存款			369,750.00	

编制更正错误的会计分录

凭证种类及号数	摘要	会计科目 总账科目	明细科目	借方金额	贷方金额

会计分录簿

业务号	2023年 月	日	凭证种类及号数	摘要	会计分录 总账科目	明细科目	借方金额	贷方金额	判断 对应错
1	12	1	记1 3/3	以银行汇票支付购料款	原材料	太阳能电池板	327,500.00		
					应交税费	应交增值税（进项税额）	42,250.00		
					应付票据	银行汇票		369,750.00	

编制更正错误的会计分录

凭证种类及号数	摘要	会计科目 总账科目	明细科目	借方金额	贷方金额

会计分录簿

业务号	2023年		凭证种类及号数	摘要	会计分录		借方金额	贷方金额	判断
	月	日			会计科目				时底错
					总账科目	明细科目			
2	12	5	记2 1/2	扣缴三险一金和个税	应付职工薪酬	工资	47,100.00		
					其他应付款	社会保险费		18,700.00	
					其他应付款	住房公积金		20,400.00	
					应交税费	应交个人所得税		8,000.00	

编制更正错证的会计分录

凭证种类及号数	摘要	会计分录		借方金额	贷方金额
		总账科目	明细科目		

会计分录簿

业务号	2023年		凭证种类及号数	摘要	会计分录		借方金额	贷方金额	判断
	月	日			会计科目				时底错
					总账科目	明细科目			
2	12	5	记2 2/2	发放职工工资	应付职工薪酬	工资	122,900.00		
					银行存款			122,900.00	

编制更正错证的会计分录

凭证种类及号数	摘要	会计分录		借方金额	贷方金额
		总账科目	明细科目		

会计分录簿

业务号	2023年 月	日	凭证种类及号数	摘要	会计分录 总账科目	明细科目	借方金额	贷方金额	判断对或错
3	12	10	记3	按用途领用材料	生产成本	光伏太阳能发电箱	1,120,000.00		
					制造费用		15,000.00		
					销售费用		10,000.00		
					营业外支出		120,000.00		
					原材料			1,265,000.00	

编制更正错误的会计分录

凭证种类及号数	摘要	总账科目	明细科目	借方金额	贷方金额

会计分录簿

业务号	2023年 月	日	凭证种类及号数	摘要	会计分录 总账科目	明细科目	借方金额	贷方金额	判断对或错
5	12	30	记5	支付并分摊水费	生产成本	光伏太阳能发电箱	21,255.00		
					制造费用		8,175.00		
					管理费用		13,080.00		
					银行存款		120,000.00		
								42,510.00	

编制更正错误的会计分录

凭证种类及号数	摘要	总账科目	明细科目	借方金额	贷方金额

会计分录簿

业务号	2023年 月	日	凭证种类及号数	摘要	会计科目 总账科目	会计科目 明细科目	借方金额	贷方金额	判断 对或错
6	12	31	记6 1/2	分配职工工资	生产成本	光伏太阳能发电箱	35,000.00		
					制造费用		14,000.00		
					管理费用		60,000.00		
					销售费用		48,000.00		
					应付职工薪酬			157,000.00	

编制更正错误的会计分录

凭证种类及号数	摘要	会计科目 总账科目	会计科目 明细科目	借方金额	贷方金额

会计分录簿

业务号	2023年 月	日	凭证种类及号数	摘要	会计科目 总账科目	会计科目 明细科目	借方金额	贷方金额	判断 对或错
6	12	31	记6 2/2	按比例计提三险一金	生产成本	光伏太阳能发电箱	119,000.00		
					制造费用		4,760.00		
					管理费用		20,400.00		
					销售费用		16,320.00		
					其他应付款	社会保险费		34,540.00	

编制更正错误的会计分录

凭证种类及号数	摘要	会计科目 总账科目	会计科目 明细科目	借方金额	贷方金额

第六部分 2024年江苏省对口单招财会专业技能考试真题、答案及评分标准

要求四：编制记账凭证。(20分)

根据业务4、业务7、业务8、业务9、业务10编制对应的记账凭证。(注：除生产成本、应交税费等科目需要写出必要的明细科目以外，其他只写出一级科目)

业务4：20日，与深圳麦领物联网有限公司签订了一份100台220 V光伏太阳能发电箱销售合同，每台售价10 000元，每台成本5 000元，增值税税率13%。客户要求对该产品提供6个月价格不下降的保障。公司对未来6个月市场进行了预测，每台产品的价格至少将下降70元，同意按合同售价每台折让70元。上述价格均不包含增值税。当日收到开户银行转来的进账通知单，货款已入账。(凭证4-1、4-2、4-3。要求确定交易价格，填写凭证4-1增值税专用发票)

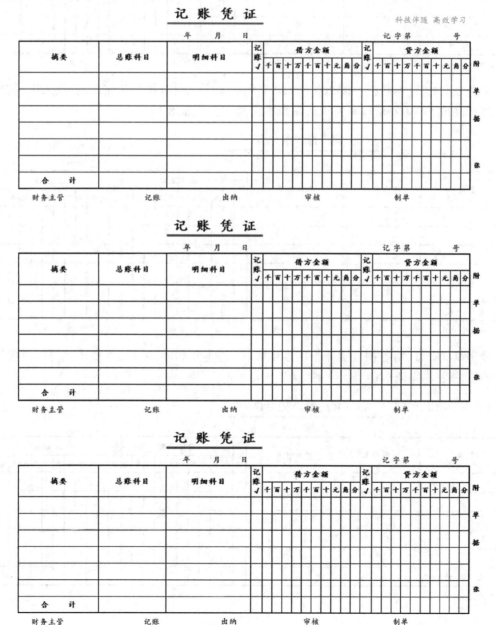

业务7：31日，月末汇总生产车间的制造费用并转入生产成本。（注：全部由本月生产的220 V光伏太阳能发电箱承担。要求填写制造费用汇总表。凭证7-1）

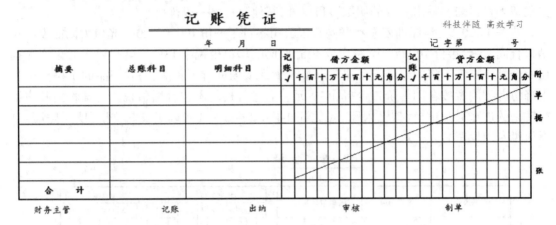

业务8：31日，本月投产的200件220 V光伏太阳能发电箱全部完工，验收入库，结转完工入库产品成本。（要求填写完工产品成本汇总表。凭证8-1）

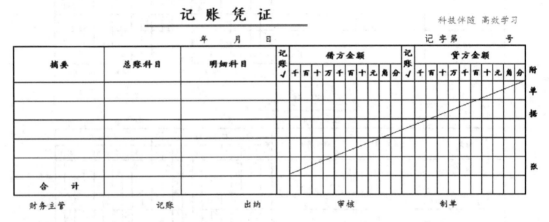

业务9：31日，将各损益类账户的发生额转入"本年利润"账户。（要求填写损益类账户发生额汇总表。凭证9-1）

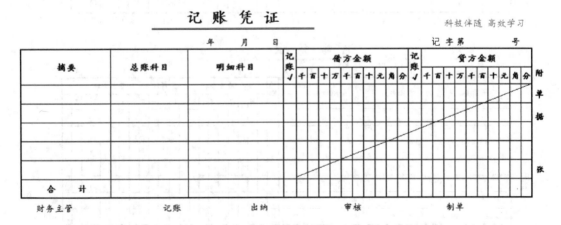

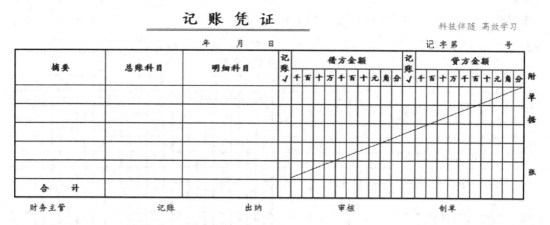

业务10：31日，计算全年应纳税所得额，计提本年应交企业所得税，并将所得税费用转入本年利润。（假如不考虑纳税调整事项，要求填写企业所得税计算表，所得税税率为25%。凭证10-1）

要求五：登记日记账。（12分）

根据记账凭证（包括更正无误的会计分录簿）逐笔登记银行存款日记账（表2），并进行

月末结账。(注:红字冲销金额用红字登记)

表2

银行存款日记账

年		记账凭证		对方科目	摘要	结算凭证		借方	贷方	借或贷	余额
月	日	字	号			种类	号码	千百十万千百十元角分	千百十万千百十元角分		千百十万千百十元角分

要求六:编制银行存款余额调节表。(8分)

根据自己登记正确的"银行存款日记账"(表2)与银行送达的"中国工商银行南京市江宁区泰泽路支行对账单"(表3),对企业基本账号53145284666655871797的本月收支流水进行逐笔勾对,找出未达账项,编制银行存款余额调节表(表4)。

表3

中国工商银行南京市江宁区泰泽路支行对账单

单位名称:南京飞妙光伏太阳能有限公司　　　　　　　　　　　　　　账号:53145284666655871797

2023年12月1日—12月31日　　　　　　　　　　　　　　金额单位:元

2023年		摘要	结算凭证号	借方	贷方	余额
月	日					
12	1	期初余额				610 000.00
	1	签发银行汇票	银行汇票10203210	369 750.00		
	5	代发工资	转账支票10201120	122 900.00		
	19	进账单	进账单(收款通知)17483223		1 122 090.00	
	31	网银退款	电子汇单67360020742		6 000.00	
	31	代扣电费	同城特约委托收款凭证124668号	55 890.00		
	31	利息费用	利息清单付款通知1689号	3 269.00		
	31	本月合计		551 809.00	1 128 090.00	1 186 281.00

表4

银行存款余额调节表

编制单位：南京飞妙光伏太阳能有限公司　　2023年12月31日　　金额单位：元

项目	金额	项目	金额
企业银行存款日记账余额		银行对账单余额	
加：银行已收企业未收的款项 　1. 网银退款 　2.		加：企业已收银行未收的款项 　1. 收到银行汇票 　2.	
减：银行已付企业未付的款项 　1. 代扣电费 　2. 利息支出		减：企业已付银行未付的款项 　1. 支付水费 　2.	
调节后余额		调节后余额	

要求七：请根据更正无误的会计分录簿和记账凭证，计算和完善试算平衡表（表5）并达到平衡。（30分）

（注：若有红字用负数登记）

表5　　　　　　　　　　　　　　试算平衡表

编制单位：南京飞妙光伏太阳能有限公司　　2023年12月31日　　单位：元

账户名称	期初余额		本期发生额		期末余额	
	借方	贷方	借方	贷方	借方	贷方
库存现金	6,000.00					
银行存款	610,000.00					
其他货币资金						
库存商品	1,500,000.00					
原材料	3,600,000.00					
生产成本						
制造费用						
长期借款		100,000.00				
固定资产	2,815,000.00					
累计折旧		349,000.00				
应付职工薪酬		170,000.00				
应交税费	13,680.00					
应付账款		300,000.00				
应付票据						
其他应付款						
实收资本		4,810,000.00				
利润分配		724,360.00				
本年利润		2,091,320.00				
合计	8,544,680.00	8,544,680.00				

财会类专业技能考试卷(第2套)评分标准及答案

技能考试科目　<u>会计账务处理</u>

一、会计数字书写[本大题10分,第(一)和第(二)题各5分]

(一) 写出以下各项的大小写

1. 大写：<u>贰零贰肆年叁月壹拾伍日</u>
2. 大写：<u>人民币叁仟零肆拾万零陆佰元整(正)</u>
3. 大写：<u>人民币壹拾贰亿叁仟零伍拾肆万柒仟玖佰零壹元伍角整(正)</u>
4. 小写：<u>￥1 038 006 000.00</u>
5. 小写：<u>￥97 860 000.52</u>

(二) 判断下列要素在相应原始凭证上的签写结果是否正确

原始凭证名称	序号	判断结果
银行本票	1	错(1分)
银行本票	2	错(1分)
银行进账单	3	对(1分)
增值税专用发票	4	错(1分)
增值税专用发票	5	对(1分)

二、会计综合业务处理(本大题140分)

要求一：审核原始凭证。(20分)

评分标准：每张凭证判断2分,共10张,计20分。

凭证1-1：正确□　　错误☑
凭证1-2：正确☑　　错误□
凭证2-1：正确□　　错误☑
凭证2-2：正确□　　错误☑
凭证3-1：正确☑　　错误□
凭证4-2：正确☑　　错误□
凭证4-3：正确☑　　错误□
凭证5-1：正确☑　　错误□
凭证5-2：正确□　　错误☑
凭证6-1：正确☑　　错误□

要求二：填写原始凭证。(20分)

评分标准：凭证1-3(5分);凭证4-1(5分);凭证7-1(2分);凭证8-1(3分);凭证9-1(3分);凭证10-1(2分)。共计20分。

凭证1-3、

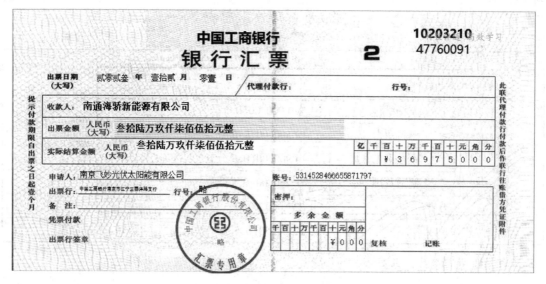

凭证4-1

凭证7-1

制造费用汇总表

项目	材料费	职工薪酬	折旧费	水电费	办公费	其他	合计
本期发生额	15 000.00 （0.5分）	18 760.00 （0.5分）		7 500.00 （0.5分）			41 260.00 （0.5分）

会计主管：何支华　　　　　　　　　　　　　　　制单：张浩然

凭证 8-1

完工产品成本汇总表

2023 年 12 月 31 日　　　　　　　　　　　　　　　　金额单位：元

产品名称		220 V 光伏太阳能发电箱	合计
产量(200 件)			
成本项目	直接材料	1 120 000.00(0.5 分)	
	燃料动力	19 500.00(0.5 分)	
	直接人工	46 900.00(0.5 分)	
	制造费用	41 260.00(0.5 分)	
合计		1 227 660.00(0.5 分)	
单位成本		6 138.30(0.5 分)	

会计主管：何支华　　　　　　　　　　　　　　　　　　制单：张浩然

凭证 9-1

损益类账户发生额汇总表

2023 年 12 月　　　　　　　　　　　　　　　　　　金额单位：元

账户	本月发生额	
	借　方	贷　方
主营业务收入		993 000.00（0.5 分）
其他业务收入		
主营业务成本	500 000.00（0.5 分）	
其他业务成本		
管理费用	92 400.00（0.5 分）	
销售费用	74 320.00（0.5 分）	
营业外支出	135 600.00（0.5 分）	
合计	802 320.00（0.5 分）	993 000.00

会计主管：何支华　　　　　　　　　　　　　　　　　　制单：张浩然

凭证 10-1

企业所得税计算表

2023 年 12 月　　　　　　　　　　　　　　　　　　　金额单位：元

项目	金额
一、税前会计利润	2 282 000.00（1 分）
加：纳税调增项目	
减：纳税调减项目	
二、应纳税所得额	2 282 000.00（0.5 分）
所得税税率（25%）	25%
三、当期应交所得税	570 500.00（0.5 分）

会计主管：何支华　　　　　　　　　　　　　　　　　　制单：张浩然

要求三：判断并更正会计分录。（30 分）

评分标准：9 个判断 9 分，7 个更正会计分录每个计 3 分，计 21 分。共计 30 分。

会计分录簿

业务号	2023 年		凭证种类及号数	摘要	会计分录				判断
	月	日			会计科目		借方金额	贷方金额	对或错
					总账科目	明细科目			
1	12	1	记1 1/3	冲销上月末估价入账	原材料	暂估价	300,000.00		对
					应付账款	暂估入账款		300,000.00	

编制更正错误的会计分录

凭证种类及号数	摘要	会计科目		借方金额	贷方金额
		总账科目	明细科目		

会计分录簿

业务号	2023年 月	日	凭证种类及号数	摘要	会计分录 总账科目	会计科目 明细科目	借方金额	贷方金额	判断 对或错
1	12	1	记1 2/3	开出银行汇票	其他货币资金	银行汇票	369,750.00		对
					银行存款			369,750.00	

编制更正错误的会计分录

凭证种类及号数	摘要	总账科目	明细科目	借方金额	贷方金额

会计分录簿

业务号	2023年 月	日	凭证种类及号数	摘要	会计分录 总账科目	会计科目 明细科目	借方金额	贷方金额	判断 对或错
1	12	1	记1 3/3	以银行汇票支付购料款	原材料	太阳能电池板	327,500.00		错
					应交税费	应交增值税（进项税额）	42,250.00		
					应付票据	银行汇票		369,750.00	

编制更正错误的会计分录

凭证种类及号数	摘要	总账科目	明细科目	借方金额	贷方金额
记11 1/2	冲销记1 3/3	原材料		327,500.00	
		应交税费	应交增值税（进项税额）	42,250.00	
		应付票据			369,750.00
记11 2/2	更正记1 3/3	原材料		327,500.00	
		应交税费	应交增值税（进项税额）	42,250.00	
		其他货币资金	银行汇票		369,750.00

会计分录簿

科技伴随 高效学习

业务号	2023 年		凭证种类及号数	摘要	会计分录				判断
	月	日			会计科目		借方金额	贷方金额	对或错
					总账科目	明细科目			
2	12	5	记2 1/2	扣除三险一金和个税	应付职工薪酬	工资	47,100.00		对
					其他应付款	社会保险费		18,700.00	
					其他应付款	住房公积金		20,400.00	
					应交税费	应交个人所得税		8,000.00	

编制更正错误的会计分录

凭证种类及号数	摘要	会计科目		借方金额	贷方金额
		总账科目	明细科目		

会计分录簿

科技伴随 高效学习

业务号	2023 年		凭证种类及号数	摘要	会计分录				判断
	月	日			会计科目		借方金额	贷方金额	对或错
					总账科目	明细科目			
2	12	5	记2 2/2	发放职工工资	应付职工薪酬	工资	122,900.00		对
					银行存款			122,900.00	

编制更正错误的会计分录

凭证种类及号数	摘要	会计科目		借方金额	贷方金额
		总账科目	明细科目		

会计分录簿

业务号	2023年 月	2023年 日	凭证种类及号数	摘要	会计分录 总账科目	会计分录 明细科目	借方金额	贷方金额	判断 对或错
3	12	10	记3	按用途领用材料	生产成本	光伏太阳能发电箱	1,120,000.00		错
					制造费用		15,000.00		
					销售费用		10,000.00		
					营业外支出		120,000.00		
					原材料			1,265,000.00	

			编制更正错误的会计分录					
	凭证种类及号数		摘要	会计分录 总账科目	会计分录 明细科目	借方金额	贷方金额	
	记12		补充记3漏记事项	营业外支出		15,600.00		
				应交税费	应交增值税（销项税额）		15,600.00	

会计分录簿

业务号	2023年 月	2023年 日	凭证种类及号数	摘要	会计分录 总账科目	会计分录 明细科目	借方金额	贷方金额	判断 对或错
5	12	30	记5	支付并分配水费	生产成本	光伏太阳能发电箱	21,255.00		错
					制造费用		8,175.00		
					管理费用		13,080.00		
					银行存款			42,510.00	

			编制更正错误的会计分录					
	凭证种类及号数		摘要	会计分录 总账科目	会计分录 明细科目	借方金额	贷方金额	
	记13 1/2		冲销记5	生产成本	光伏太阳能发电箱	21,255.00		
				制造费用		8,175.00		
				管理费用		13,080.00		
				银行存款			42,510.00	
	记13 2/2		更正记5	生产成本		19,500.00		
				制造费用		7,500.00		
				管理费用		12,000.00		
				应交税费	应交增值税（进项税额）	3,510.00		
				银行存款			42,510.00	

会计分录簿

业务号	2023年 月	日	凭证种类及号数	摘要	会计科目 总账科目	会计科目 明细科目	借方金额	贷方金额	判断 对或错
6	12	31	记6 1/2	分配职工工资	生产成本	光伏太阳能发电箱	35,000.00		对
					制造费用		14,000.00		
					管理费用		60,000.00		
					销售费用		48,000.00		
					应付职工薪酬	工资		157,000.00	

编制更正错误的会计分录

凭证种类及号数	摘要	总账科目	明细科目	借方金额	贷方金额

会计分录簿

业务号	2023年 月	日	凭证种类及号数	摘要	会计科目 总账科目	会计科目 明细科目	借方金额	贷方金额	判断 对或错
6	12	31	记6 2/2	按比例计提三险一金	生产成本	光伏太阳能发电箱	119,000.00		错
					制造费用		4,760.00		
					管理费用		20,400.00		
					销售费用		16,320.00		
					其他应付款	社会保险费		34,540.00	

编制更正错误的会计分录

凭证种类及号数	摘要	总账科目	明细科目	借方金额	贷方金额
		其他应付款	住房公积金		18,840.00
记14 1/2	冲销记6 2/2	生产成本	光伏太阳能发电箱	119,000.00	
		制造费用		4,760.00	
		管理费用		20,400.00	
		销售费用		16,320.00	
		其他应付款	社会保险费		34,540.00
		其他应付款	住房公积金		18,840.00

凭证种类及号数	摘要	会计科目		借方金额	贷方金额
		总账科目	明细科目		
		编制更正错误的会计分录			
记14 2/2	更正记6 2/2	生产成本	光伏太阳能发电箱	119,000.00	
		制造费用		4,760.00	
		管理费用		20,400.00	
		销售费用		16,320.00	
		应付职工薪酬	社会保险费		34,540.00
		应付职工薪酬	住房公积金		18,840.00

要求四：编制记账凭证。（20分）

评分标准：凭证4 1/2和凭证9 2/2各计3分；其余每张凭证各计2分。共9张凭证，计20分。

业务4：

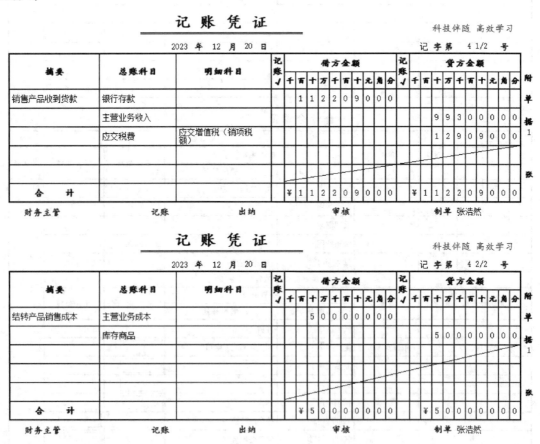

业务7:

记账凭证

2023 年 12 月 31 日　　记字第 7 号

摘要	总账科目	明细科目	借方金额 千百十万千百十元角分	贷方金额 千百十万千百十元角分
汇总并将制造费用转入生产成本	生产成本	光伏太阳能发电箱	4 1 2 6 0 0 0 0	
	制造费用			4 1 2 6 0 0 0 0
合计			¥ 4 1 2 6 0 0 0 0	¥ 4 1 2 6 0 0 0 0

制单 张浩然

业务8:

记账凭证

2023 年 12 月 31 日　　记字第 8 号

摘要	总账科目	明细科目	借方金额 千百十万千百十元角分	贷方金额 千百十万千百十元角分
结转完工入库产品成本	库存商品		1 2 2 7 6 6 0 0 0	
	生产成本	光伏太阳能发电箱		1 2 2 7 6 6 0 0 0
合计			¥ 1 2 2 7 6 6 0 0 0	¥ 1 2 2 7 6 6 0 0 0

制单 张浩然

业务9:

记账凭证

2023 年 12 月 31 日　　记字第 9 1/2 号

摘要	总账科目	明细科目	借方金额 千百十万千百十元角分	贷方金额 千百十万千百十元角分
结转收益	主营业务收入		9 9 3 0 0 0 0 0	
	本年利润			9 9 3 0 0 0 0 0
合计			¥ 9 9 3 0 0 0 0 0	¥ 9 9 3 0 0 0 0 0

制单 张浩然

记账凭证

2023 年 12 月 31 日   记字第 9 2/2 号

摘要	总账科目	明细科目	记账√	借方金额 千百十万千百十元角分	记账√	贷方金额 千百十万千百十元角分
结转成本费用支出	本年利润			8 0 2 3 2 0 0 0		
	主营业务成本					5 0 0 0 0 0 0 0
	管理费用					9 2 4 0 0 0 0
	销售费用					7 4 3 2 0 0 0
	营业外支出					1 3 5 6 0 0 0 0
合计				¥ 8 0 2 3 2 0 0 0		¥ 8 0 2 3 2 0 0 0

财务主管   记账   出纳   审核   制单 张浩然

业务10：

记账凭证

2023 年 12 月 31 日   记字第 10 1/2 号

摘要	总账科目	明细科目	记账√	借方金额 千百十万千百十元角分	记账√	贷方金额 千百十万千百十元角分
计提本年应交企业所得税	所得税费用			5 7 0 5 0 0 0 0		
	应交税费	应交企业所得税				5 7 0 5 0 0 0 0
合计				¥ 5 7 0 5 0 0 0 0		¥ 5 7 0 5 0 0 0 0

财务主管   记账   出纳   审核   制单 张浩然

记账凭证

2023 年 12 月 31 日   记字第 10 2/2 号

摘要	总账科目	明细科目	记账√	借方金额 千百十万千百十元角分	记账√	贷方金额 千百十万千百十元角分
将所得税费用转入本年利润	本年利润			5 7 0 5 0 0 0 0		
	所得税费用					5 7 0 5 0 0 0 0
合计				¥ 5 7 0 5 0 0 0 0		¥ 5 7 0 5 0 0 0 0

财务主管   记账   出纳   审核   制单 张浩然

要求五：登记日记账。(12分)

评分标准：期初余额、借方发生额、贷方发生额每个登记指标1分,7个指标,计7分;借方合计计1分,贷方合计计2分,期末余额计2分。共计12分。

表2

银行存款日记账

开户行：中国工商银行南京市江宁区泰泽路支行
账号：53145284666655871797

2023年		记账凭证		对方科目	摘要	结算凭证		借方	贷方	借或贷	余额
月	日	字	号			种类	号码	千百十万千百十元角分	千百十万千百十元角分		千百十万千百十元角分
12	1				期初余额					借	6 1 0 0 0 0 0 0
	1	记	1 2/3	其他货币资金	开出银行汇票				3 6 9 7 5 0 0 0		2 4 0 2 5 0 0 0
	5	记	2 2/2	职工薪酬	签发转账支票支付工资				1 2 2 9 0 0 0 0		1 1 7 3 5 0 0 0
	20	记	4 1/2	主营业务收入	销售商品收到款			1 1 2 2 0 9 0 0 0			1 2 3 9 4 4 0 0 0
	30	记	5	生产成本等	支付并分配水费				4 2 5 1 0 0 0		1 1 9 6 9 3 0 0 0
		记	13 1/2	生产成本等	冲销记5				4 2 5 1 0 0 0		1 2 3 9 4 4 0 0 0
		记	13 2/2	生产成本等	更正记5				4 2 5 1 0 0 0		1 1 9 6 9 3 0 0 0
					本月合计			1 1 2 2 0 9 0 0 0	5 3 5 1 6 0 0 0	借	1 1 9 6 9 3 0 0 0
											1 1 9 6 9 3 0 0 0

要求六：编制银行存款余额调节表。(8分)

评分标准：填写的每个指标计1分，共8个指标，计8分。

表4

银行存款余额调节表

编制单位：南京飞妙光伏太阳能有限公司　　2023年12月31日　　　　　　　　　　　　　　金额单位：元

项目	金额	项目	金额
企业银行存款日记账余额	1 196 930.00	银行对账单余额	1 186 281.00
加：银行已收企业未收的款项 　1. 网银退款 　2.	 6 000.00 	加：企业已收银行未收的款项 　1. 收到银行汇票 　2.	
减：银行已付企业未付的款项 　1. 代扣电费 　2. 利息支出	 55 890.00 3 269.00	减：企业已付银行未付的款项 　1. 支付水费 　2.	 42 510.00
调节后余额	￥1 143 771.00	调节后余额	￥1 143 771.00

要求七：请根据更正无误的会计分录簿和记账凭证，计算和完善试算平衡表(表5)并达到平衡。(30分)

(注：若有红字用负数登记)

评分标准：每个指标1分，相同金额不重复计分；30个指标，共计30分。

表5 试算平衡表

编制单位：南京飞妙光伏太阳能有限公司　　　2023 年 12 月 31 日　　　单位：元

账户名称	期初余额 借方	期初余额 贷方	本期发生额 借方	本期发生额 贷方	期末余额 借方	期末余额 贷方
库存现金	6,000.00				6,000.00	
银行存款	610,000.00		1,122,090.00	535,160.00	1,196,930.00	
其他货币资金			369,750.00	369,750.00		
库存商品	1,500,000.00		1,227,660.00	500,000.00	2,227,660.00	
原材料	3,600,000.00		27,500.00	1,265,000.00	2,362,500.00	
生产成本			1,227,660.00	1,227,660.00		
制造费用			41,260.00	41,260.00		
长期借款		100,000.00				100,000.00
固定资产	2,815,000.00				2,815,000.00	
累计折旧		349,000.00				349,000.00
应付职工薪酬		170,000.00	170,000.00	210,380.00		210,380.00
应交税费	13,680.00		45,760.00	723,190.00		663,750.00
应付账款		300,000.00		-300,000.00		
应付票据						
其他应付款				39,100.00		39,100.00
实收资本		4,810,000.00				4,810,000.00
利润分配		724,360.00				724,360.00
本年利润		2,091,320.00	1,372,820.00	993,000.00		1,711,500.00
主营业务收入			993,000.00	993,000.00		
其他业务收入						
主营业务成本			500,000.00	500,000.00		
其他业务成本						
管理费用			92,400.00	92,400.00		
销售费用			74,320.00	74,320.00		
财务费用						
营业外支出			135,600.00	135,600.00		
所得税费用			570,500.00	570,500.00		
合计	8,544,680.00	8,544,680.00	7,970,320.00	7,970,320.00	8,608,090.00	8,608,090.00

2024 年江苏省普通高校对口单独招生财会类专业技能考试卷（第3套）

技能考试科目　<u>会计账务处理</u>

本试卷分两部分考核，第一部分"会计数字书写"10 分；第二部分"会计综合业务处理"140 分，其中审核原始凭证 20 分，填写原始凭证 20 分，判断并更正会计分录 30 分，编制记账凭证 20 分，登记日记账 12 分，编制银行存款余额调节表 8 分，编制试算平衡表 30 分。满分 150 分，考试时间 90 分钟。

一、会计数字书写[本大题 10 分，第（一）和第（二）题各 5 分]

（一）写出以下各项的大小写

1. 2023 年 10 月 19 日　　大写：＿＿＿＿＿＿＿＿＿＿＿＿
2. ￥2 500 800.90　　大写：＿＿＿＿＿＿＿＿＿＿＿＿
3. ￥1 730 587 711.00　　大写：＿＿＿＿＿＿＿＿＿＿＿＿
4. 人民币捌亿伍仟陆佰肆拾万元整　　　　小写：＿＿＿＿＿＿＿＿＿＿＿＿
5. 人民币柒仟叁佰捌拾陆万贰仟元零叁角陆分　　小写：＿＿＿＿＿＿＿＿＿＿＿＿

（二）判断下列要素在相应原始凭证上的签写结果是否正确

原始凭证名称	序号	要素	签写结果	判断结果
转账支票正联	1	金额	人民币三万肆千叁佰元整	
	2	日期	2023 年 09 月 12 日	
转账支票存根联	3	金额	34 300.00	
增值税普通发票	4	价税合计金额	人民币陆仟伍佰元整	
	5	销售单位盖章	销售单位财务专用章	

二、会计综合业务处理（本大题 140 分）

（一）企业基本资料

单位名称：南京名丹纸业有限公司　　　　增值税一般纳税人
社会信用代码：91320106M832677890　　　法人代表：王少军
地址：南京浦口区盛平路 973 号　　　　　电话：025 - 87109004
开户银行：工行南京鼓楼区迪旺路支行　　账号：1953298652783349409
开户行地址：南京鼓楼区博尼路 144 号
国税征收机关：南京鼓楼区国家税务局

（二）会计岗位设置

会计主管：林柏　　　　负责财务科全面工作（兼稽核）
出纳：黄国　　　　　　负责货币资金收付、登记日记账及对账等出纳工作
会计：吴子轩　　　　　负责分类账、会计报表等工作（兼制单）

（三）往来单位信息

1. 苏州新壹林业科技有限公司

开户行：工行苏州吴江区略雷路支行

开户行地址：苏州吴江区绿日路183号

账号：7605316052843214643

社会信用代码：91320509M231160389　　　　　法人代表：陈秀

地址：苏州吴江区沃帅路488号　　　　　　　　电话：0512-49717448

2. 上海伟园文化用品有限公司

开户行：工行上海市斯顺路支行

开户行地址：上海市碧月路250号

账号：6713686345242995938

社会信用代码：91310115M779046869　　　　　法人代表：赵石

地址：上海市纳为路565号　　　　　　　　　　电话：021-56363076

3. 国网南京供电公司鼓楼分公司

开户银行：中国工商银行南京鼓楼区华侨路支行

开户行地址：南京鼓楼区华侨路94号

账号：2430269467056210139

社会信用代码：91320111M135102123　　　　　法人代表：黄秀民

地址：南京市鼓楼区中山路251号　　　　　　　电话：025-65736792

（四）2023年12月1日总分类账户期初余额(表1)及部分明细账户期初余额

表1　　　　　　　　**总分类账户期初余额表**　　　　　　　金额单位：元

账户名称	借方余额	账户名称	贷方余额
库存现金	3 000.00	累计折旧	850 000.00
银行存款	2 800 000.00	应付职工薪酬	232 000.00
库存商品	600 000.00	应交税费	150 000.00
原材料	360 000.00	应付账款	342 000.00
应收账款	300 000.00	实收资本	4 020 000.00
固定资产	8 815 000.00	本年利润	3 668 220.00
无形资产	500 000.00	利润分配	4 115 780.00
合计	13 378 000.00	合计	13 378 000.00

有关明细账户的期初余额：

① 企业本月新投产800吨白板纸，月初没有在产品。

② 库存商品——200吨白板纸，单位成本3 000元，总成本600 000元。

③ 原材料——纸浆，数量300吨，单位成本1 200元，总成本360 000元。

④ 应收账款——上海伟园文化用品有限公司300 000元。

⑤ 应付账款——苏州新壹林业科技有限公司342 000元。

⑥ 应付职工薪酬——工资232 000元。

⑦ 应交税费——未交增值税(贷方)150 000元(属于上月应交未交的增值税)。

⑧ 本年利润：1—11月累计实现税前利润3 668 220元。

⑨ 利润分配——未分配利润(贷方)4 115 780元(历年累计未分配利润)。

(五) 2023年12月假如发生如下经济业务或事项(注:假定取得的增值税专用发票都经税务机关认证,产品销售成本随笔结转)

业务1:5日,结算上月工资。按规定从应付职工薪酬中扣除"三险一金"和个人所得税,然后按实发金额签发转账支票,发放职工工资。(凭证1-1、1-2)

业务2:6日,从苏州新壹林业科技有限公司采购1 000吨纸浆,8日到达。取得增值税专用发票,注明买价1 200 000元,增值税156 000元。对方代垫运费价税合计3 000元(普通发票略)。开户银行同时传来托收承付付款通知,经审核无误,公司承付所有款项。但在验收入库时发现短缺0.5吨,初查属于定额内合理损耗。(凭证2-1、2-2、2-3)

业务3:10日,公司各部门根据其不同用途领用材料,发料凭证见汇总表。(凭证3-1)

业务4:20日,与上海伟园文化用品有限公司签订合同,向其销售白板纸500吨,合同不含税价格为2 000 000元,增值税税率为13%,总成本为1 500 000元。因为是成批销售,经协商公司同意给予对方1%的商业折扣。产品已发出,通过网上银行转账替客户垫付运费价税合计1 090元(网银付款凭证略),商品的控制权已转移。27日收到上海伟园文化用品有限公司提交的银行汇票一张,面值2 241 090元,已办理入账手续,结清全部款项。(凭证4-1、4-2、4-3。要求填写凭证4-1增值税专用发票)

业务5:31日,接到银行付款通知单(凭证略),支付南京供电公司鼓楼分公司提供的工业用电费用。电费按部门用电量分摊。(凭证5-1、5-2。要求填写凭证5-2电费计算分配表,分配率保留两位小数)

业务6:31日,分配本月应付职工薪酬,按应付工资的一定比例计提"三险一金"。(凭证6-1)

业务7:31日,月末汇总生产车间的制造费用并转入生产成本。(要求填写凭证7-1制造费用汇总表。注:全部由本月生产的白板纸承担)

业务8:31日,本月投产的800吨白板纸全部完工,验收入库,结转完工入库产品成本。(要求填写凭证8-1完工产品成本汇总表,单位成本保留两位小数)

业务9:31日,将各损益类账户的发生额转入"本年利润"账户。(要求填写凭证9-1损益类账户发生额汇总表)

业务10:31日,计算全年应纳税所得额,计提本年应交企业所得税,并将所得税费用转入本年利润。(假如不考虑纳税调整事项。要求填写凭证10-1企业所得税计算表,所得税税率为25%)

原始凭证附后。

要求一:审核原始凭证。(20分)

仔细审核业务1~6所附原始凭证,判断每张原始凭证的正误。

凭证 1-1

工资汇总表

2023 年 12 月 05 日　　　　单位：元

| 部门 | 应付工资 | 代扣款项 ||||| 合计 | 实发工资 |
		养老保险（8%）	医疗保险（2%）	失业保险（1%）	住房公积金（12%）	个人所得税		
生产工人	103,000.00	8,240.00	2,060.00	1,030.00	12,360.00	900.00	24,590.00	78,410.00
车间管理人员	28,000.00	2,240.00	560.00	280.00	3,360.00	750.00	7,190.00	20,810.00
行政部门人员	45,000.00	3,600.00	900.00	450.00	5,400.00	450.00	10,800.00	34,200.00
销售部门人员	56,000.00	4,480.00	1,120.00	560.00	6,720.00	1,200.00	14,080.00	41,920.00
		0.00	0.00	0.00	0.00		0.00	0.00
		0.00	0.00	0.00	0.00		0.00	0.00
		0.00	0.00	0.00	0.00		0.00	0.00
		0.00	0.00	0.00	0.00		0.00	0.00
		0.00	0.00	0.00	0.00		0.00	0.00
合计	232,000.00	18,560.00	4,640.00	2,320.00	27,840.00	3,300.00	56,660.00	175,340.00

总经理　林柏　　　　财务主管　吴子轩　　　　制表　黄国

答题区：　　　　正确□　　错误□

凭证 1-2

中国工商银行 转账支票存根
10203220
56515722

出票日期 2023 年 12 月 05 日
收款人：南京名丹纸业有限公司
金额：¥175,340.00
用途：备发工资
单位主管 林柏　会计 黄国

中国工商银行 转账支票　10203220　56515722

出票日期（大写）：贰零贰叁 年 壹拾贰 月 零伍 日
付款行名称：工行南京鼓楼区迪旺路支行
收款人：南京名丹纸业有限公司
出票人账号：1953298652783349409
人民币（大写）：壹拾柒万伍仟叁佰肆拾元整　¥175340.00
用途：备发工资
密码：5166975878327791
上列款项请从我账户内支付
出票人签章　　复核　　记账

答题区：　　　　正确□　　错误□

第六部分 2024年江苏省对口单招财会专业技能考试真题、答案及评分标准

凭证2-1

答题区：　　　　　正确□　　　错误□

凭证2-2

答题区：　　　　　正确□　　　错误□

凭证2-3

收 料 单

供应单位：苏州衡壹林业科技有限公司　　　　　　　　　　　　收料单编号：231208
材料类别：原料及主要材料　　　　2023 年 12 月 06 日　　　　收料仓库：1#仓库

材料编号	名称	规格	单位	数量		实际成本				
				应收	实收	买价		运杂费	其他	合计
						单价	金额			
01	纸浆		吨	1000	1000	1,200.00	1,200,000.0	3,000.00		1,203,000.00
	合 计			1000	1000		1,200,000.0	3,000.00		1,203,000.00
备 注										

第三联 记账联

仓库主管：　　　　　记账：　　　　　　收料：　　　　　　制单：吴子轩

答题区：　　　　　　　正确□　　　　错误□

凭证3-1

发料凭证汇总表

2023 年 12 月 10 日　　　　　　　　　　　　　　　金额单位：元

用途		原料及主要材料	辅助材料	备注
生产产品耗用	白板纸	1 152 000.00		
生产车间耗用		48 000.00		
销售部门耗用		3 600.00		
管理部门耗用			6 400.00	
作为股利发放给股东			80 000.00	该批材料公允价值为100 000元
合计		￥1 203 600.00	￥86 400.00	

会计主管：　　　　　记账：　　　　　仓储主管：　　　　制单：

答题区：　　　　　　　正确□　　　　错误□

第六部分 2024年江苏省对口单招财会专业技能考试真题、答案及评分标准

凭证 4-2

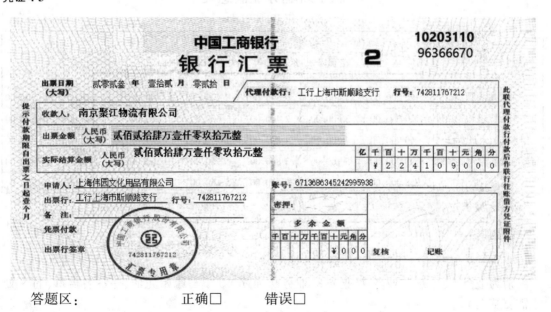

答题区：　　　　　　正确□　　　错误□

凭证 4-3

答题区：　　　　　　正确□　　　错误□

凭证 5-1

答题区：　　　　　　　正确□　　　错误□

凭证 6-1

职工薪酬分配汇总表

2023 年 12 月 31 日　　　　　　　　　　　　　　金额单位：元

项目		应付工资	社会保险费及住房公积金					
			养老保险（12%）	医疗保险（8%）	失业保险（2%）	小计	住房公积金（12%）	合计
生产工人薪酬	白板纸	120 000.00	14 400.00	9 600.00	2 400.00	26 400.00	14 400.00	40 800.00
生产车间管理人员薪酬		30 000.00	3 600.00	2 400.00	600.00	6 600.00	3 600.00	10 200.00
销售部门人员薪酬		60 000.00	7 200.00	4 800.00	1 200.00	13 200.00	7 200.00	20 400.00
行政管理部门人员薪酬		48 000.00	5 760.00	3 840.00	960.00	10 560.00	5 760.00	16 320.00
合计		¥258 000.00	¥30 960.00	¥20 640.00	¥5 160.00	¥56 760.00	¥30 960.00	¥87 720.00

制单：吴子轩　　　　　　　　　　　　　　　　　　复核：林柏

答题区：　　　　　　　正确□　　　错误□

要求二：填写原始凭证。（20 分）

请为业务 4、业务 5、业务 7、业务 8、业务 9、业务 10 填写原始凭证，并签名盖章（打×处不需要签名）。

业务 4：20 日，与上海伟园文化用品有限公司签订合同，向其销售白板纸 500 吨，合同不含税价格为 2 000 000 元，增值税税率为 13%，总成本为 1 500 000 元。因为是成批销售，经协商公司同意给予对方 1% 的商业折扣。产品已发出，通过网上银行转账替客户垫付运费价税合计 1 090 元（凭证略），商品的控制权已转移。27 日收到上海伟园文化用品有限公司提交的银行汇票一张，面值 2 241 090 元。（要求填写凭证 4-1 增值税专用发票）

凭证 4-1

[增值税专用发票图示，机器编号：982888812388，发票号码 №20887202]

业务 5：31 日，接到银行付款通知单（凭证略），支付南京供电公司鼓楼分公司提供的工业用电费用。电费按部门用电量分摊。（要求填写凭证 5-2 电费计算分配表，分配率保留两位小数）

凭证 5-2

电费计算分配表

2023 年 12 月 31 日

部门	用电量/千瓦时	分配率	分配金额
生产产品动力用	54 000		
生产车间一般照明用	4 500		
行政管理办公用	7 500		
管理部门办公用	6 000		
合计	72 000		

制单：　　　　　　　　　　　复核：

业务 7：31 日，月末汇总生产车间的制造费用并转入生产成本。（注：全部由本月生产的白板纸承担。要求填写凭证 7-1 制造费用汇总表）

凭证 7-1

制造费用汇总表

项目	材料费	职工薪酬	折旧费	水电费	办公费	其他	合计
本期发生额							

制单：吴子轩　　　　　　　　复核：林柏

业务 8：31 日，本月投产的 800 吨白板纸全部完工，验收入库，结转完工入库产品成本。（要求填写凭证 8-1 完工产品成本汇总表，单位成本保留两位小数）

凭证 8-1

完工产品成本汇总表

产量：800 吨　　　　　　　　2023 年 12 月 31 日　　　　　　　　金额单位：元

产品名称		白板纸	合计
成本项目	直接材料		
	燃料动力		
	直接人工		
	制造费用		
合计			
单位成本			

制单：　　　　　　　　　　　　　　　　　复核：

业务 9：31 日，将各损益类账户的发生额转入"本年利润"账户。（要求填写凭证 9-1 损益类账户发生额汇总表）

凭证 9-1

损益类账户发生额汇总表

2023 年 12 月

账户	本月发生额	
	借方	贷方
主营业务收入		
其他业务收入		
主营业务成本		
其他业务成本		
管理费用		
销售费用		
合计		

制单：　　　　　　　　　　　　　　　　　复核：

业务 10：31 日，计算全年应纳税所得额，计提本年应交企业所得税，并将所得税费用转入本年利润。（假如不考虑纳税调整事项。要求填写凭证 10-1 企业所得税计算表，所得税税率为 25%）

凭证 10-1

企业所得税计算表

2023 年 12 月　　　　　　　　　　　　　　　　　　　　金额单位：元

项目	金额
一、税前会计利润	
加：纳税调增项目	
减：纳税调减项目	
二、应纳税所得额	
所得税税率(25%)	
三、当期应交所得税	

会计主管：　　　　　　　　　　　制单：

要求三：判断并更正会计分录。(30 分)

判断业务 1、业务 2、业务 4、业务 6 所编制的会计分录(见会计分录簿)的正误，如果存在错误，请采用正确方法进行更正，对于科目名称错误以及多计金额，请用红字更正法更正；对于漏记事项以及少计金额，请用补充登记法更正。更正会计分录直接填入表内相应位置，凭证从记 11 号开始编号。

(注：除生产成本、应交税费科目需要写出必要的明细科目以外，其他可以只写出一级科目)

会计分录簿

业务号	2023 年		凭证种类及号数	摘要	会计分录		借方金额	贷方金额	判断
	月	日			会计科目				对或错
					总账科目	明细科目			
1	12	5	记1 1/2	扣除三险一金及个税	应付职工薪酬	工资	56,660.00		
					其他应付款	社会保险费		25,520.00	
					其他应付款	住房公积金		27,840.00	
					其他应付款	应交个人所得税		3,300.00	

编制更正错误的会计分录

凭证种类及号数	摘要	会计分录		借方金额	贷方金额
		总账科目	明细科目		

会计分录簿

业务号	2023年		凭证种类及号数	摘要	会计分录		借方金额	贷方金额	判断对或错
	月	日			会计科目				
					总账科目	明细科目			
1	12	05	记1 2/2	发工资	应付职工薪酬	工资	175,340.00		
					银行存款			175,340.00	

	编制更正错误的会计分录				
凭证种类及号数	摘要	会计科目		借方金额	贷方金额
		总账科目	明细科目		

会计分录簿

业务号	2023年		凭证种类及号数	摘要	会计分录		借方金额	贷方金额	判断对或错
	月	日			会计科目				
					总账科目	明细科目			
2	12	6	记2 1/2	购进材料	在途物资	苏州新壹林业科技有限公司	1,202,752.00		
					应交税费	应交增值税（进项税额）	156,248.00		
					银行存款			1,359,000.00	

	编制更正错误的会计分录				
凭证种类及号数	摘要	会计科目		借方金额	贷方金额
		总账科目	明细科目		

会计分录簿

业务号	2023 年		凭证种类及号数	摘要	会计分录				判断
	月	日			会计科目		借方金额	贷方金额	对或错
					总账科目	明细科目			
2	12	6	记2 2/2	材料入库	原材料	纸浆	1,202,752.00		
					在途物资	苏州新壹林业科技有限公司		1,202,752.00	

编制更正错误的会计分录

凭证种类及号数	摘要	会计科目		借方金额	贷方金额
		总账科目	明细科目		

会计分录簿

业务号	2023 年		凭证种类及号数	摘要	会计分录				判断
	月	日			会计科目		借方金额	贷方金额	对或错
					总账科目	明细科目			
4	12	20	记4 1/3	销售产品	应收账款		2,241,090.00		
					主营业务收入			1,980,000.00	
					应交税费	应交增值税（销项税额）		260,000.00	
					银行存款			1,090.00	

编制更正错误的会计分录

凭证种类及号数	摘要	会计科目		借方金额	贷方金额
		总账科目	明细科目		

会计分录簿

业务号	2023年 月	日	凭证种类及号数	摘要	会计分录 总账科目	会计科目 明细科目	借方金额	贷方金额	判断 对或错
4	12	20	记4 2/3	结转销售成本	主营业务成本		1,500,000.00		
					库存商品	白板纸		1,500,000.00	

编制更正错误的会计分录

凭证种类及号数	摘要	会计科目 总账科目	明细科目	借方金额	贷方金额

会计分录簿

业务号	2023年 月	日	凭证种类及号数	摘要	会计分录 总账科目	会计科目 明细科目	借方金额	贷方金额	判断 对或错
4	12	27	记4 3/3	收到货款	银行存款		241,090.00		
					应收账款			241,090.00	

编制更正错误的会计分录

凭证种类及号数	摘要	会计科目 总账科目	明细科目	借方金额	贷方金额

会计分录簿

业务号	2023年		凭证种类及号数	摘要	会计分录				判断对或错
	月	日			会计科目		借方金额	贷方金额	
					总账科目	明细科目			
6	12	31	记6 1/2	分配工资	生产成本	白板纸	12,000.00		
					制造费用		30,000.00		
					销售费用		60,000.00		
					管理费用		48,000.00		
					应付职工薪酬	工资		150,000.00	

编制更正错误的会计分录

凭证种类及号数	摘要	会计科目		借方金额	贷方金额
		总账科目	明细科目		

会计分录簿

业务号	2023年		凭证种类及号数	摘要	会计分录				判断对或错
	月	日			会计科目		借方金额	贷方金额	
					总账科目	明细科目			
6	12	31	记6 2/2	计提三险一金	生产成本	白板纸	40,800.00		
					制造费用		10,200.00		
					销售费用		20,400.00		
					管理费用		16,320.00		
					其他应付款			87,720.00	

编制更正错误的会计分录

凭证种类及号数	摘要	会计科目		借方金额	贷方金额
		总账科目	明细科目		

要求四：编制记账凭证。（20分）

根据业务3、业务5、业务7、业务8、业务9、业务10编制对应的记账凭证。（注：除生产成本、应交税费科目需要写出必要的明细科目以外，其他只写出一级科目）

业务3：10日，公司各部门根据其不同用途领用材料，发料凭证见汇总表。（凭证3-1）

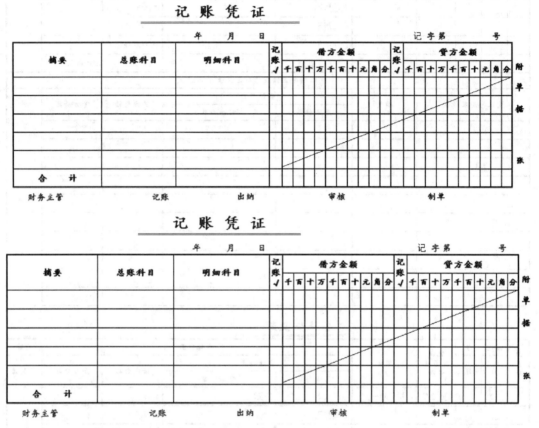

业务5：31日，接到银行付款通知单（凭证略），支付南京供电公司鼓楼分公司提供的工业用电费用。电费按部门用电量分摊。（凭证5-1、5-2。要求填写凭证5-2电费计算分配表，分配率保留两位小数）

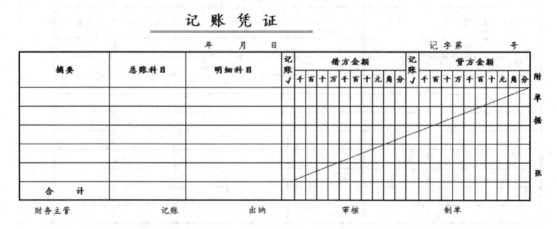

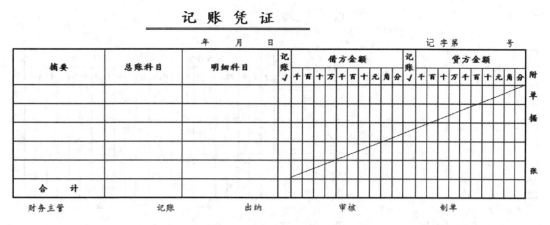

业务7：31日，月末汇总生产车间的制造费用并转入生产成本。（要求填写凭证7-1制造费用汇总表。注：全部由本月生产的白板纸承担）

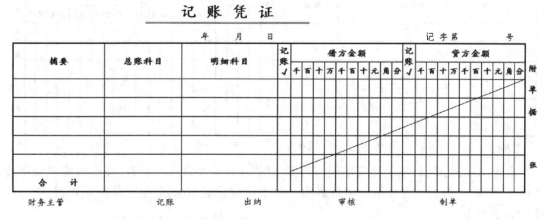

业务8：31日，本月投产的800吨白板纸全部完工，验收入库，结转完工入库产品成本。（要求填写凭证8-1完工产品成本汇总表，单位成本保留两位小数）

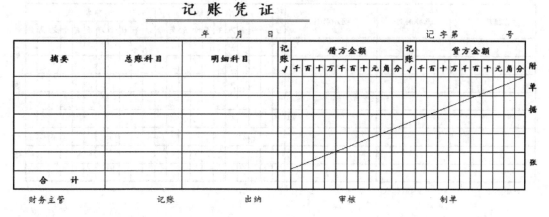

业务9：31日，将各损益类账户的发生额转入"本年利润"账户。（要求填写凭证9-1损益类账户发生额汇总表）

记 账 凭 证

年　月　日　　　　　　　　　　　　　　　　记字第　　号

摘要	总账科目	明细科目	记账√	借方金额 千百十万千百十元角分	记账√	贷方金额 千百十万千百十元角分
合　计						

财务主管　　　　　记账　　　　　出纳　　　　　审核　　　　　制单

记 账 凭 证

年　月　日　　　　　　　　　　　　　　　　记字第　　号

摘要	总账科目	明细科目	记账√	借方金额 千百十万千百十元角分	记账√	贷方金额 千百十万千百十元角分
合　计						

财务主管　　　　　记账　　　　　出纳　　　　　审核　　　　　制单

业务10：31日，计算全年应纳税所得额，计提本年应交企业所得税，并将所得税费用转入本年利润。（假如不考虑纳税调整事项。要求填写凭证10-1企业所得税计算表，所得税税率为25%）

记 账 凭 证

年　月　日　　　　　　　　　　　　　　　　记字第　　号

摘要	总账科目	明细科目	记账√	借方金额 千百十万千百十元角分	记账√	贷方金额 千百十万千百十元角分
合　计						

财务主管　　　　　记账　　　　　出纳　　　　　审核　　　　　制单

记账凭证

年　月　日　　　　　　　　　　　　　　　　　记字第　　号

摘要	总账科目	明细科目	记账√	借方金额 千百十万千百十元角分	记账√	贷方金额 千百十万千百十元角分	附单据　　张
合计							

财务主管　　　　记账　　　　出纳　　　　审核　　　　制单

要求五：登记日记账。(12分)

根据记账凭证(包括更正无误的会计分录簿)逐笔登记银行存款日记账(表2),并进行月末结账。(注:红字冲销金额用红字登记)

表2

银行存款日记账

开户行：
账号：

年 月 日	记账凭证 字 号	对方科目	摘要	结算凭证 种类 号码	借方 千百十万千百十元角分	贷方 千百十万千百十元角分	借或贷	余额 千百十万千百十元角分

要求六：编制银行存款余额调节表。(8分)

根据自己登记的正确的"银行存款日记账"(表2)与银行送达的"工行南京鼓楼区迪旺路支行对账单"(表3),对企业基本账号953298652783349409的本月收支流水进行逐笔勾对,找出未达账项,编制银行存款余额调节表(表4)。

表3

工行南京鼓楼区迪旺路支行对账单

单位名称：南京名丹纸业有限公司　　　　　　　　　　　　　账号：953298652783349409

2023年12月1日—12月31日　　　　　　　　　　　　　　金额单位：元

2023年		摘要	结算凭证号	借方	贷方	余额
月	日					
12	1	期初余额				2 800 000.00
	5	转账支票转付	转账支票10203220	175 340.00		
	7	承付货款	托收凭证（付款通知）821070	1 359 000.00		
	25	网银转付	电子回单57360027742	1 090.00		
	31	代扣水费	同城特约委托收款凭证125768号	30 766.00		
	31	利息收入	存款利息清单收款通知1859号		4 278.00	
	31	本月合计		1 566 196.00	4 278.00	1 238 082.00

表4

银行存款余额调节表

编制单位：南京名丹纸业有限公司　　　2023年12月31日　　　　　　金额单位：元

项目	金额	项目	金额
企业银行存款日记账余额		银行对账单余额	
加：银行已收企业未收的款项 　1. 存款利息收入 　2.		加：企业已收银行未收的款项 　1. 收到银行汇票 　2.	
减：银行已付企业未付的款项 　1. 代扣水费 　2.		减：企业已付银行未付的款项 　1. 支付电费 　2.	
调节后余额		调节后余额	

要求七：请根据更正无误的会计分录簿和记账凭证，计算和完善试算平衡表（表5）并达到平衡。（30分）

（注：若有红字用负数登记）

表5　　　　　　　　　　　　　　　　试算平衡表　　　　　　　　　　　　　　　科技伴随 高效学习

编制单位：南京名丹纸业有限公司　　　　　　2023 年 12 月 31 日　　　　　　　　　　　单位：元

账户名称	期初余额		本期发生额		期末余额	
	借方	贷方	借方	贷方	借方	贷方
库存现金	3,000.00					
银行存款	2,800,000.00					
库存商品	600,000.00					
原材料	360,000.00					
应收账款	300,000.00					
生产成本						
制造费用						
待处理财产损溢						
固定资产	8,815,000.00					
累计折旧		850,000.00				
无形资产	500,000.00					
应付职工薪酬		232,000.00				
应交税费		150,000.00				
应付账款		342,000.00				
实收资本		4,020,000.00				
本年利润		3,668,220.00				
利润分配		4,115,780.00				
合计	13,378,000.00	13,378,000.00				

财会类专业技能考试卷(第3套)评分标准及答案

技能考试科目　　**会计账务处理**

一、会计数字书写[本大题10分,第(一)和第(二)题各5分]

(一) 写出以下各项的大小写

1. 大写：贰零贰叁年零壹拾月壹拾玖日

2. 大写：人民币贰佰伍拾万零捌佰元(零)玖角整(正)

3. 大写：人民币壹拾柒亿叁仟零伍拾捌万柒仟柒佰壹拾壹元整(正)

4. 小写：¥856 400 000.00

5. 小写：¥73 862 000.36

(二) 判断下列要素在相应原始凭证上的签写结果是否正确

原始凭证名称	序号	判断结果
转账支票正联	1	错（1分）
	2	错（1分）
转账支票存根联	3	错（1分）
增值税普通发票	4	对（1分）
	5	错（1分）

二、会计综合业务处理（本大题 140 分）

要求一：审核原始凭证。（20 分）

评分标准：每张凭证判断 2 分，共 10 张，计 20 分。

凭证 1-1：正确 □　　　错误 ☑

凭证 1-2：正确 □　　　错误 ☑

凭证 2-1：正确 □　　　错误 ☑

凭证 2-2：正确 ☑　　　错误 □

凭证 2-3：正确 □　　　错误 ☑

凭证 3-1：正确 □　　　错误 ☑

凭证 4-2：正确 □　　　错误 ☑

凭证 4-3：正确 □　　　错误 ☑

凭证 5-1：正确 □　　　错误 ☑

凭证 6-1：正确 ☑　　　错误 □

要求二：填写原始凭证。（20 分）

评分标准：凭证 4-1(5 分)；凭证 5-2(4 分)；凭证 7-1(2 分)；凭证 8-1(3 分)；凭证 9-1(4 分)；凭证 10-1(2 分)。共计 20 分。

凭证 4-1

凭证 5-2

电费计算分配表

2023 年 12 月 31 日

部门	用电量/千瓦时	分配率	分配金额
生产产品动力用	54 000		54 000.00(0.5 分)
生产车间一般照明用	4 500		4 500.00(0.5 分)
行政管理办公用	7 500		7 500.00(0.5 分)
管理部门办公用	6 000		6 000.00(0.5 分)
合计	72 000	1.00(0.5 分)	72 000.00(0.5 分)

制单：吴子轩(0.5 分)　　　　　　　　　　　　　　　复核：林柏(0.5 分)

凭证 7-1

制造费用汇总表

项目	材料费	职工薪酬	折旧费	水电费	办公费	其他	合计
本期发生额	48 000.00 (0.5 分)	40 200.00 (0.5 分)		4 500.00 (0.5 分)			92 700.00 (0.5 分)

制单：吴子轩　　　　　　　　　　　　　　　复核：林柏

凭证 8-1

完工产品成本汇总表

产量：800 吨　　　　　2023 年 12 月 31 日　　　　　金额单位：元

产品名称		白板纸	合计
成本项目	直接材料	1 152 000.00(0.5 分)	
	燃料动力	54 000.00(0.5 分)	
	直接人工	160 800.00(0.5 分)	
	制造费用	92 700.00(0.5 分)	
合计		1 459 500.00(0.5 分)	
单位成本		1 824.38(0.5 分)	

制单：吴子轩　　　　　　　　　　　　　　　复核：林柏

凭证 9-1

损益类账户发生额汇总表

2023 年 12 月

账户	本月发生额	
	借方	贷方
主营业务收入		1980 000.00(0.5 分)
其他业务收入		10 0000.00(0.5 分)
主营业务成本	1500 000.00(0.5 分)	
其他业务成本	80 000.00(0.5 分)	
管理费用	76 720.00(0.5 分)	
销售费用	91 500.00(0.5 分)	
合计	1 748 220.00(0.5 分)	2 080 000.00(0.5 分)

制单：吴子轩　　　　　　　　　　　　　　　复核：林柏

凭证 10-1

企业所得税计算表

2023 年 12 月　　　　　　　　　　　　　　　　　　　金额单位：元

项目	金额
一、税前会计利润	4 000 000.00（0.5 分）
加：纳税调增项目	
减：纳税调减项目	
二、应纳税所得额	4 000 000.00（0.5 分）
所得税税率（25%）	25%
三、当期应交所得税	1 000 000.00（0.5 分）

制单：吴子轩（0.5 分）　　　　　　　　　　　　　　　复核：林柏

要求三：判断并更正会计分录。（30 分）

评分标准：9 个判断 9 分，7 个更正会计分录 21 分。共计 30 分。

会计分录簿

业务号	2023 年		凭证种类及号数	摘要	会计分录		借方金额	贷方金额	判断对与错
	月	日			总账科目	明细科目			
					会计科目				
1	12	05	记1 1/2	扣除三金一金及个税	应付职工薪酬	工资	56,660.00		错
					其他应付款	社会保险费		25,520.00	
					其他应付款	住房公积金		27,840.00	
					其他应付款	应交个人所得税		3,300.00	

			编制更正错误的会计分录			
凭证种类及号数	摘要	会计分录		借方金额	贷方金额
		总账科目	明细科目		
记11 1/2	红字冲销记1 1/2	应付职工薪酬	工资	56,660.00	
		其他应付款	社会保险费		25,520.00
		其他应付款	住房公积金		27,840.00
		其他应付款	应交个人所得税		3,300.00
记11 2/2	更正记1 1/2	应付职工薪酬	工资	56,660.00	
		其他应付款	社会保险费		25,520.00
		其他应付款	住房公积金		27,840.00
		应交税费	应交个人所得税		3,300.00

会计分录簿

业务号	2023年		凭证种类及号数	摘要	会计分录		借方金额	贷方金额	判断
	月	日			会计科目				对或错
					总账科目	明细科目			
1	12	05	记1 2/2	发工资	应付职工薪酬	工资	175,340.00		
					银行存款			175,340.00	对

编制更正错误的会计分录

凭证种类及号数	摘要	会计分录		借方金额	贷方金额
		总账科目	明细科目		

会计分录簿

业务号	2023年		凭证种类及号数	摘要	会计分录		借方金额	贷方金额	判断
	月	日			会计科目				对或错
					总账科目	明细科目			
2	12	06	记2 1/2	购进材料	在途物资	苏州新壹林业科技有限公司	1,202,752.00		
					应交税费	应交增值税（进项税额）	156,248.00		
					银行存款			1,359,000.00	错

编制更正错误的会计分录

凭证种类及号数	摘要	会计分录		借方金额	贷方金额
		总账科目	明细科目		
记12 1/2	冲销记2 1/2	在途物资	苏州新壹林业科技有限公司	1,202,752.00	
		应交税费	应交增值税（进项税额）	156,248.00	
		银行存款			1,359,000.00
记12 2/2	更正记2 1/2	在途物资	苏州新壹林业科技有限公司	1,203,000.00	
		应交税费	应交增值税（进项税额）	156,000.00	
		银行存款			1,359,000.00

会计分录簿

业务号	2023年		凭证种类及号数	摘要	会计分录		借方金额	贷方金额	判断 对或错
	月	日			会计科目				
					总账科目	明细科目			
2	12	08	记2 2/2	材料入库	原材料	纸浆	1,202,752.00		
					在途物资			1,202,752.00	错

编制更正错误的会计分录

凭证种类及号数	摘要	会计科目		借方金额	贷方金额
		总账科目	明细科目		
记13	补充登记记2 2/2	原材料	纸浆	248.00	
		在途物资			248.00

会计分录簿

业务号	2023年		凭证种类及号数	摘要	会计分录		借方金额	贷方金额	判断 对或错
	月	日			会计科目				
					总账科目	明细科目			
4	12	20	记4 1/3	销售产品	应收账款		2,241,090.00		
					主营业务收入			1,980,000.00	
					应交税费	应交增值税（销项税额）		260,000.00	错
					银行存款			1,090.00	

编制更正错误的会计分录

凭证种类及号数	摘要	会计科目		借方金额	贷方金额
		总账科目	明细科目		
记15	冲销记4 1/3多记金额	应收账款		2,600.00	
		应交税费	应交增值税（销项税额）		2,600.00

会计分录簿

业务号	2023年		凭证种类及号数	摘要	会计分录		借方金额	贷方金额	判断
					会计科目				对或错
	月	日			总账科目	明细科目			
4	12	20	记4 2/3	结转销售成本	主营业务成本		1,500,000.00		
					库存商品	白板纸		1,500,000.00	
									对

编制更正错误的会计分录

凭证种类及号数	摘要	会计科目		借方金额	贷方金额
		总账科目	明细科目		

会计分录簿

业务号	2023年		凭证种类及号数	摘要	会计分录		借方金额	贷方金额	判断
					会计科目				对或错
	月	日			总账科目	明细科目			
4	12	27	记4 3/3	收到货款	银行存款		241,090.00		
					应收账款			241,090.00	
									错

编制更正错误的会计分录

凭证种类及号数	摘要	会计科目		借方金额	贷方金额
		总账科目	明细科目		
记16	冲销记4 3/3多记金额	银行存款		2,600.00	
		应收账款			2,600.00

会计分录簿

业务号	2023年		凭证种类及号数	摘要	会计分录		借方金额	贷方金额	判断对或错
	月	日			会计科目				
					总账科目	明细科目			
6	12	31	记6 1/2	分配工资	生产成本	白板纸	12,000.00		错
					制造费用		30,000.00		
					销售费用		60,000.00		
					管理费用		48,000.00		
					应付职工薪酬	工资		150,000.00	

编制更正错误的会计分录

凭证种类及号数	摘要	会计科目		借方金额	贷方金额
		总账科目	明细科目		
记17	补充记6 1/2少记金额	生产成本	白板纸	10,800.00	
		应付职工薪酬	工资		10,800.00

会计分录簿

业务号	2023年		凭证种类及号数	摘要	会计分录		借方金额	贷方金额	判断对或错
	月	日			会计科目				
					总账科目	明细科目			
6	12	31	记6 2/2	计提三险一金	生产成本	白板纸	40,800.00		错
					制造费用		10,200.00		
					销售费用		20,400.00		
					管理费用		16,320.00		
					其他应付款			87,720.00	

编制更正错误的会计分录

凭证种类及号数	摘要	会计科目		借方金额	贷方金额
		总账科目	明细科目		
记18 1/2	冲销记6 2/2	生产成本	白板纸	40,800.00	
		制造费用		10,200.00	
		销售费用		20,400.00	
		管理费用		16,320.00	
		其他应付款			87,720.00
记18 2/2	更正记6 2/2	生产成本	白板纸	40,800.00	
		制造费用		10,200.00	
		销售费用		20,400.00	
		管理费用		16,320.00	
		应付职工薪酬			87,720.00

第六部分 2024年江苏省对口单招财会专业技能考试真题、答案及评分标准

要求四：编制记账凭证。（本题20分）

根据业务3、业务5、业务7、业务8、业务9、业务10编制对应的记账凭证。（注：除生产成本、应交税费科目需写出必要的明细科目以外，其他只写出一级科目）

评分标准：凭证3 1/2、3 2/2 记3分；其余每张凭证各记2分。共9张凭证一共计20分。

业务3：

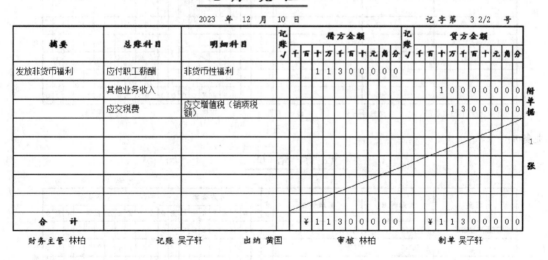

业务 5：

记 账 凭 证

2023 年 12 月 31 日　　　　　　　　记字第 5 号

摘要	总账科目	明细科目	记账√	借方金额 千百十万千百十元角分	记账√	贷方金额 千百十万千百十元角分
支付并分摊电费	生产成本	白板纸		5 4 0 0 0 0 0		
	制造费用			4 5 0 0 0 0 0		
	销售费用			7 5 0 0 0 0		
	管理费用			6 0 0 0 0 0		
	应交税费	应交增值税（进项税额）		9 3 6 0 0 0		
	银行存款					8 1 3 6 0 0 0 0
合　计				¥ 8 1 3 6 0 0 0 0		¥ 8 1 3 6 0 0 0 0

附单据 2 张

财务主管 林柏　　　记账 吴子轩　　　出纳 黄国　　　审核 林柏　　　制单 吴子轩

业务 7：

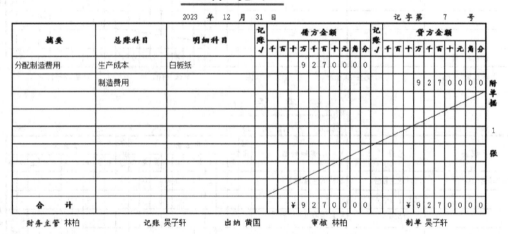

业务 8：

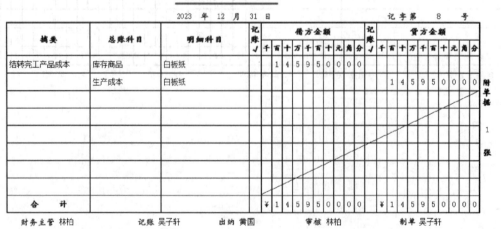

业务9：

记 账 凭 证
2023 年 12 月 31 日　　　　　　　　　　　　　　　记字第 9 1/2 号

摘要	总账科目	明细科目	记账√	借方金额 千百十万千百十元角分	记账√	贷方金额 千百十万千百十元角分
结转损益	主营业务收入			1 9 8 0 0 0 0 0 0		
	其他业务收入			1 0 0 0 0 0 0 0		
	本年利润					2 0 8 0 0 0 0 0 0
合计				￥2 0 8 0 0 0 0 0 0		￥2 0 8 0 0 0 0 0 0

财务主管 林柏　　　记账 吴子轩　　　出纳 黄国　　　审核 林柏　　　制单 吴子轩

记 账 凭 证
2023 年 12 月 31 日　　　　　　　　　　　　　　　记字第 9 1/2 号

摘要	总账科目	明细科目	记账√	借方金额 千百十万千百十元角分	记账√	贷方金额 千百十万千百十元角分
结转损益	本年利润			1 7 4 8 2 2 0 0 0		
	主营业务成本					1 5 0 0 0 0 0 0 0
	销售费用					9 1 5 0 0 0 0
	管理费用					7 6 7 2 0 0 0
	其他业务成本					8 0 0 0 0 0 0
合计				￥1 7 4 8 2 2 0 0 0		￥1 7 4 8 2 2 0 0 0

财务主管 林柏　　　记账 吴子轩　　　出纳 黄国　　　审核 林柏　　　制单 吴子轩

业务10：

记 账 凭 证
2023 年 12 月 31 日　　　　　　　　　　　　　　　记字第 10 1/2 号

摘要	总账科目	明细科目	记账√	借方金额 千百十万千百十元角分	记账√	贷方金额 千百十万千百十元角分
计提本年应交所得税	所得税费用			1 0 0 0 0 0 0 0 0		
	应交税费	应交企业所得税				1 0 0 0 0 0 0 0 0
合计				￥1 0 0 0 0 0 0 0 0		￥1 0 0 0 0 0 0 0 0

财务主管 林柏　　　记账 吴子轩　　　出纳 黄国　　　审核 林柏　　　制单 吴子轩

记账凭证

2023 年 12 月 31 日　　记字第 10 2/2 号

摘要	总账科目	明细科目	记账√	借方金额 千百十万千百十元角分	记账√	贷方金额 千百十万千百十元角分
将所得税费用转入本年利润	本年利润			1 0 0 0 0 0 0 0 0		
	所得税费用					1 0 0 0 0 0 0 0 0
合计				￥ 1 0 0 0 0 0 0 0 0		￥ 1 0 0 0 0 0 0 0 0

附单据 1 张

财务主管　　　记账 吴子轩　　　出纳 黄国　　　审核 林柏　　　制单 吴子轩

要求五：登记日记账。（12 分）

评分标准：期初余额、借方发生额、贷方发生额、借方合计数、贷方合计数、期末余额每个登记指标 1 分，共 12 个指标，计 12 分。

表 2

银行存款日记账

开户行：工行南京鼓楼区迪旺路支行
账号：1953298652783349409

2023年 月 日	记账凭证 字 号	对方科目	摘要	结算凭证 种类 号码	借方 千百十万千百十元角分	贷方 千百十万千百十元角分	借或贷	余额 千百十万千百十元角分
12 01			期初余额				借	2 8 0 0 0 0 0 0 0
12 05	记 1 2/2	应付职工薪酬	发放工资			1 7 5 3 4 0 0 0		2 6 2 4 6 6 0 0 0
12 06	记 2 1/2	在途物资等	购进材料			1 3 5 9 0 0 0 0		1 2 6 5 6 6 0 0 0
12 06	记 12 1/2	在途物资等	冲销记 2 1/2		1 3 5 9 0 0 0 0			2 6 2 4 6 6 0 0 0
12 27	记 4 3/3	应收账款	收到货款		2 4 1 0 9 0 0 0			2 8 6 5 7 5 0 0 0
12 27	记 16	应收账款	冲销记4 3/3多记金额		— 1 2 6 0 0 0 0			2 8 6 3 1 5 0 0 0
12 20	记 4 1/3	应收账款	销售产品			1 0 9 0 0 0		2 8 6 2 0 6 0 0 0
12 31	记 5	生产成本等	支付并分摊电费			8 1 3 6 0 0 0		2 7 8 0 7 0 0 0 0
12 06	记 12 2/2	在途物资等	更正记2 1/2			1 3 5 9 0 0 0 0		1 4 2 1 7 0 0 0 0
			合计		2 3 8 4 9 0 0 0	1 6 1 6 7 9 0 0 0		1 4 2 1 7 0 0 0 0

要求六：编制银行存款余额调节表。（8 分）

评分标准：填写的每个指标计 1 分，共 8 个指标，计 8 分。

表 4

银行存款余额调节表

编制单位：南京名丹纸业有限公司　　2023 年 12 月 31 日　　金额单位：元

项目	金额	项目	金额
企业银行存款日记账余额	3 421 700.00	银行对账单余额	1 238 082.00
加：银行已收企业未收的款项 1. 存款利息收入 2.	4 278.00	加：企业已收银行未收的款项 1. 收到银行汇票 2.	2 238 490.00
减：银行已付企业未付的款项 1. 代扣水费 2.	30 766.00	减：企业已付银行未付的款项 1. 支付电费 2.	81 360.00
调节后余额	￥3 395 212.00	调节后余额	￥3 395 212.00

要求七：请根据更正无误的会计分录簿和记账凭证，计算和完善试算平衡表(表5)并达到平衡。(30分)

(注：若有红字用负数登记)

评分标准：每个指标1分，相同金额不重复计分；30个指标，共计30分。

表5

试算平衡表

编制单位：南京名丹纸业有限公司　　　　　2023年12月31日　　　　　　　　　单位：元

账户名称	期初余额		本期发生额		期末余额	
	借方	贷方	借方	贷方	借方	贷方
库存现金	3,000.00				3,000.00	
银行存款	2,800,000.00		2 238 490.00	1 616 790.00	3 421 700.00	
应收账款	300,000.00		2 238 490.00	2 238 490.00	300 000.00	
原材料	360,000.00		1 203 000.00	1 290 000.00	273 000.00	
在途物资			1 203 000.00	1 203 000.00		
库存商品	600,000.00		1 459 500.00	1 500 000.00	559 500.00	
生产成本			1 459 500.00	1 459 500.00		
制造费用			92 700.00	92 700.00		
固定资产	8,815,000.00				8,815,000.00	
无形资产	500,000.00				500,000.00	
累计折旧		850,000.00				850,000.00
其他应付款				53 360.00		53 360.00
应付股利		113,000.00	113 000.00			
应付职工薪酬		232,000.00	232 000.00	345 720.00		345 720.00
应交税费		150,000.00	165 360.00	1 273 700.00		1 258 340.00
实收资本		4,020,000.00				4,020,000.00
本年利润		3,668,220.00	2 748 220.00	2 080 000.00		3 000 000.00
利润分配		4,115,780.00				4,115,780.00
销售费用			91 500.00	91 500.00		
管理费用			76 720.00	76 720.00		
主营业务收入			1 980 000.00	1 980 000.00		
主营业务成本			1 500 000.00	1 500 000.00		
所得税费用			1 000 000.00	1 000 000.00		
其他业务收入			100 000.00	100 000.00		
其他业务成本			80 000.00	80 000.00		
营业外收入						
营业外支出						
合计	13,378,000.00	13,149,000.00	17,981,480.00	17,981,480.00	13,872,200.00	13,643,200.00

2024年江苏省普通高校对口单独招生财会类专业技能考试卷(第4套)

技能考试科目 　会计账务处理　

本试卷分两部分考核,第一部分"会计数字书写"10分;第二部分"会计综合业务处理"140分,其中审核原始凭证20分,填写原始凭证20分,判断并更正会计分录30分,编制记账凭证20分,登记日记账12分,编制银行存款余额调节表8分,编制试算平衡表30分。满分150分,考试时间90分钟。

一、会计数字书写[本大题10分,第(一)和第(二)题各5分]

(一) 写出以下各项的大小写

1. 2023年11月20日　　大写:_____
2. ¥40 500 800.00　　大写:_____
3. ¥1 730 567 901.30　　大写:_____
4. 人民币贰拾贰亿叁仟捌佰万伍仟元整　　小写:_____
5. 人民币捌仟肆佰捌拾陆万元零柒角贰分　　小写:_____

(二) 判断下列要素在相应原始凭证上的签写结果是否正确

原始凭证名称	序号	要素	签写结果	判断结果
银行本票	1	出票日期	贰零贰叁年零叁月壹拾叁日	
	2	出票人签章	申请人的开户行签章	
商业承兑汇票	3	日期	2023年03月06日	
	4	出票金额	柒万捌千叁佰元整	
	5	承兑人签章	付款行签章	

二、会计综合业务处理(本大题140分)

(一) 企业基本资料

单位名称:南京登帆服饰有限公司　　　　增值税一般纳税人
社会信用代码:91320102M252075745　　　法人代表:林武
地址:南京玄武区特建路466号　　　　　　电话:025-73080094
开户银行:工行南京玄武区睿波路支行　　　账号:9883226712298619388
开户行地址:南京玄武区钧威路565号
国税征收机关:南京玄武区国家税务局

(二) 会计岗位设置

会计主管:王丽　　负责财务科全面工作(兼稽核)
出纳:杨华　　　　负责货币资金收付、登记日记账及对账等出纳工作
会计:黄兰　　　　负责分类账、会计报表等工作(兼制单)

(三) 往来单位信息
1. 合肥创旺羽绒原材料有限公司
开户行：工行合肥瑶海区欧景路支行　　开户行地址：合肥瑶海区欣立路 206 号
账号：1566059276268329427　　　　　社会信用代码：91340102M410357992
地址：合肥瑶海区特建路 479 号　　　　电话：0551 – 74335495　　法人代表：赵武

2. 镇江东伦商贸有限公司
开户行：工行镇江丹阳市嘉虹路支行　　开户行地址：镇江丹阳市尔巨路 797 号
账号：6373082517735969216　　　　　社会信用代码：91321181M373460436
地址：镇江丹阳市诗威路 60 号　　　　电话：0511 – 70647648　　法人代表：陈帅

3. 南京亚园供水有限公司
开户行：工行南京玄武区翔日路支行　　开户行地址：南京玄武区绿爱路 914 号
账号：3376420665805832120　　　　　社会信用代码：91320102M601394031
地址：南京玄武区鸿盈路 825 号　　　　电话：025 – 18912923　　法人代表：黄微松

(四) 2023 年 12 月 1 日总分类账户期初余额（表1）及部分明细账户期初余额

表1

总分类账户期初余额表

金额单位：元

账户名称	借方余额	账户名称	贷方余额
库存现金	4 000.00	累计折旧	349 000.00
银行存款	2 610 000.00	应交税费	13 680.00
应收账款	350 000.00	短期借款	100 000.00
库存商品	600 000.00	应付账款	300 000.00
原材料	800 000.00	实收资本	3 833 000.00
固定资产	3 303 440.00	本年利润	3 647 400.00
无形资产	1 300 000.00	利润分配	724 360.00
合计	8 967 440.00	合计	8 967 440.00

有关明细账户的期初余额：
① 企业本月新投产 30 000 件鹅绒羽绒服，月初没有在产品。
② 应收账款——镇江东伦商贸有限公司 350 000 元。
③ 库存商品——鹅绒羽绒服 2 000 件，单位成本 300 元，总成本 600 000 元。
④ 原材料——1 000 千克鹅绒，单位成本 800 元，总成本 800 000 元。
⑤ 应付账款——合肥创旺羽绒原材料有限公司 300 000 元。
⑥ 应交税费——未交增值税（贷方）13 680 元（属于上月未交的增值税）。
⑦ 本年利润——1—11 月累计实现税前利润 3 647 400 元。
⑧ 利润分配——未分配利润（贷方）724 360 元（历年累计未分配利润）。

(五) 2023 年 12 月假如发生如下经济业务或事项（注：假定取得的增值税专用发票都经税务机关认证，产品销售成本随笔结转）

业务 1：1 日，从合肥创旺羽绒原材料有限公司购入 6 000 千克鹅绒，销货单位开出增值税专用发票,注明买价4 800 000元,增值税624 000元,发票已收到。企业开出银行承兑汇票一张,面值为5 424 000元,期限3个月,通过银行转账(回单略)交纳银行承兑手续费3 000元,增值税180元(发票略)。取得运费增值税专用发票(发票略),注明运输费2 500元,增值税225元,运费已通过转账支票付讫。3日,鹅绒验收入库。(凭证1-1、1-2、1-3。要求填写凭证1-2银行承兑汇票)

业务2:5日,公司进行产品推广,发生广告费50 000元,增值税3 000元,取得增值税专用发票,开出银行汇票付讫;发生业务费10 000元,通过网银转账支付(凭证略,业务费不考虑相关税费)。(凭证2-1、2-2)

业务3:10日,公司各部门根据其不同用途领用材料,发料凭证见汇总表。(凭证3-1)

业务4:12日,与镇江东伦商贸有限公司签订了一份销售合同,销售20 000件#90绒规格的鹅绒服,每件售价500元,每件成本为300元,增值税税率为13%,价款10 000 000元,公司开出增值税专用发票。产品已发出,商品控制权已转移,当日收到开户银行转来的进账通知单,货款已入账。15日,客户收到商品,验收入库时发现10%的商品不符合合同规定的质量要求,经协商,同意将不合格商品退货,公司于退货当日通过银行转账支付了退货款(凭证略),并按规定开出红字增值税专用发票。退回的产品已办理入库(凭证略)。(凭证4-1、4-2、4-3。要求用负数填写凭证4-3红字增值税专用发票)

业务5:30日,接到银行付款通知单(凭证略),支付南京亚园供水有限公司水费。水费按部门用水量分摊。(凭证5-1、5-2)

业务6:31日,分配本月应付职工薪酬,并按应付工资的一定比例计提"三险一金"。(凭证6-1)

业务7:31日,月末汇总生产车间的制造费用并转入生产成本。(注:全部由本月生产的鹅绒服承担。凭证7-1)

业务8:31日,本月投产的30 000件鹅绒服全部完工,验收入库,结转完工入库产品成本。(凭证8-1)

业务9:31日,将各损益类账户的发生额转入"本年利润"账户。(凭证9-1)

业务10:31日,计算全年应纳税所得额,计提本年应交企业所得税,并将所得税费用转入本年利润。(假如不考虑纳税调整事项。所得税税率为25%。凭证10-1)

原始凭证附后。

要求一:审核原始凭证。(20分)

仔细审核业务1~6所附原始凭证,判断每张原始凭证的正误。

第六部分 2024年江苏省对口单招财会专业技能考试真题、答案及评分标准

凭证1-1

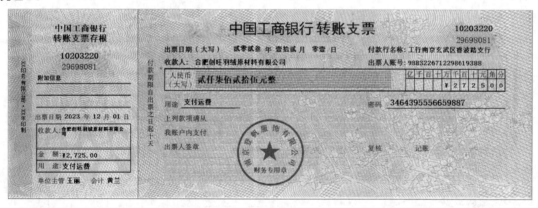

答题区： 正确□ 错误□

凭证1-3

答题区： 正确□ 错误□

凭证 2-1

答题区：　　　　　　正确□　　　错误□

凭证 2-2

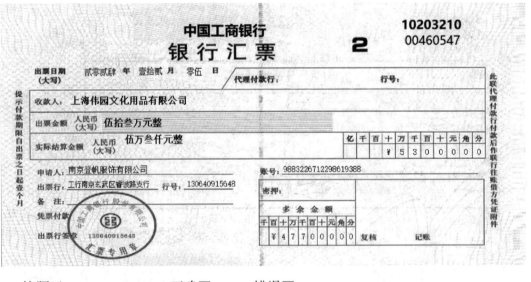

答题区：　　　　　　正确□　　　错误□

凭证 3-1

发料凭证汇总表

2023 年 12 月 10 日 　　　　　　　　　　　　　　　　金额单位：元

用途		原料及主要材料	辅助材料	备注
生产产品耗用	鹅绒服	5 000 000.00		
车间耗用		5 000.00		
销售部门耗用		10 000.00		
管理部门耗用			12 000.00	
合计		¥5 015 000.00	¥12 000.00	

会计主管：王丽　　　　　　　　　　　　　　　会计：黄兰

答题区：　　　　　　正确□　　　错误□

凭证 4-1

答题区：　　　　　　正确□　　　错误□

凭证 4-2

中国工商银行　进账单（收账通知）3

2023 年 12 月 12 日　　　№ 45967449

出票人	全称	镇江东伦商贸有限公司	收款人	全称	南京登帆服饰有限公司
	账号	6373082517735969216		账号	9883226712298619388
	开户银行	工行镇江丹阳市嘉虹路支行		开户银行	工行南京玄武区睿波路支行

金额　人民币（大写）　壹仟壹佰叁拾万元整　　￥11300000 00

票据种类：银行汇票　　票据张数：1
票据号码：略

工行南京玄武区睿波路支行　2023.12.12　转讫

复核　　记账　　收款人开户银行签章

此联是收款人开户银行交给收款人的收账通知

答题区：　　正确□　　错误□

凭证 5-1

答题区：　　正确□　　错误□

凭证5-2

水费计算分配表

2023年12月30日 金额单位：元

部门		用水量/立方米	分配率	分配金额
生产产品动力用	鹅绒服	12 000		39 240.00
生产车间一般耗用		5 000		16 350.00
销售部门耗用		2 000		6 540.00
行政管理部门办公用		3 000		9 810.00
合计		22 000	3.27	71 940.00

制单：黄兰　　　　　　　　　　　　　　　　复核：王丽

答题区：　　　　　正确□　　　错误□

凭证6-1

职工薪酬分配汇总表

2023年12月31日 金额单位：元

项目		应付工资	社会保险费及住房公积金					合计
			养老保险（12%）	医疗保险（8%）	失业保险（2%）	小计	住房公积金（12%）	
生产工人薪酬	鹅绒服	100 000.00	12 000.00	8 000.00	2000.00	22 000.00	12 000.00	34 000.00
车间管理人员薪酬		20 000.00	2 400.00	1 600.00	400.00	4 400.00	2 400.00	6 800.00
销售部门人员薪酬		50 000.00	6 000.00	4 000.00	1 000.00	11 000.00	6 000.00	17 000.00
行政管理部门人员薪酬		60 000.00	7 200.00	4 800.00	1 200.00	13 200.00	7 200.00	20 400.00
合计		¥230 000.00	¥27 600.00	¥18 400.00	¥4 600.00	¥50 600.00	¥27 600.00	¥78 200.00

主管：王丽　　　　　　　　　　　　　　　　制单：黄兰

要求二：填写原始凭证。（20分）

请为业务1、业务7、业务8、业务9、业务10填写原始凭证并签名盖章（打×处不需要签名）。

业务1：1日,从合肥创旺羽绒原材料有限公司购入6 000千克鹅绒,销货单位开出增值税专用发票,注明买价4 800 000元,增值税624 000元,发票已收到。企业开出银行承兑汇票一张,面值为5 424 000元,期限3个月,通过银行转账（回单略）交纳银行承兑手续费3 000元,增值税180元（发票略）。取得运费增值税专用发票（发票略）,注明运输费2 500元,增值税225元,运费已通过转账支票付讫。3日,鹅绒验收入库。（凭证1-1、1-2、1-3。要求填写凭证1-2银行承兑汇票）

凭证 1-2

业务 4：12 日，与镇江东伦商贸有限公司签订了一份销售合同，销售 20 000 件#90 绒规格的鹅绒服，每件售价为 500 元，每件成本为 300 元，增值税税率为 13%，价款为 10 000 000 元，公司开出增值税专用发票。产品已发出，商品控制权已转移，当日收到开户银行转来的进账通知单，货款已入账。15 日，客户收到商品，验收入库时发现 10% 的商品不符合合同规定的质量要求，经协商，同意将不合格商品退货，公司于退货当日通过银行转账支付了退货款（凭证略），并按规定开出红字增值税专用发票。18 日，退回的产品办理入库（凭证略）。（凭证 4-1、4-2、4-3。要求用负数填写凭证 4-3 红字增值税专用发票）

凭证 4-3

业务 7：31 日，月末汇总生产车间的制造费用并转入生产成本。（注：全部由本月生产的鹅绒服承担。要求填写凭证 7-1 制造费用汇总表）

凭证 7-1

制造费用汇总表

项目	材料费	职工薪酬	折旧费	水电费	办公费	其他	合计
本期发生额							

会计主管：　　　　　　　　　　　　　　　　　　　　　　　　　制单：

业务 8：31 日，本月投产的 30 000 件鹅绒服全部完工，验收入库，结转完工入库产品成本。（要求填写凭证 8-1。单位成本保留两位小数）

凭证 8-1

完工产品成本汇总表

2023 年 12 月 31 日　　　　　　　　　　　　　　　金额单位：元

产品名称		鹅绒服（90 绒）	合计
产量（30 000 件）			
成本项目	直接材料		
	燃料动力		
	直接人工		
	制造费用		
合计			
单位成本			

会计主管：　　　　　　　　　　　　　　　　　　　　　　　　　制单：

业务 9：31 日，将各损益类账户的发生额转入"本年利润"账户。（要求填写凭证 9-1 损益类账户发生额汇总表）

凭证 9-1

损益类账户发生额汇总表

2023 年 12 月

账户	本月发生额	
	借方	贷方
主营业务收入		
其他业务收入		
主营业务成本		
其他业务成本		
管理费用		
销售费用		
财务费用		
合计		

会计主管：　　　　　　　　　　　　　　　　　　　　　　　　　制单：

业务10：31日，计算全年应纳税所得额，计提本年应交企业所得税，并将所得税费用转入本年利润。（假如不考虑纳税调整事项。所得税税率为25%。要求填写凭证10-1 企业所得税计算表）

凭证10-1

企业所得税计算表

2023年12月　　　　　　　　　　　　　　　　　　　　金额单位：元

项目	金额
一、税前会计利润	
加：纳税调增项目	
减：纳税调减项目	
二、应纳税所得额	
所得税税率(25%)	
三、当期应交所得税	

会计主管：　　　　　　　　　　　　制单：

要求三：判断并更正会计分录。（30分）

判断业务1、业务2、业务3、业务5、业务6所编制的会计分录（见会计分录簿）的正误，如果存在错误，请采用正确方法进行更正，对于科目名称错误以及多计金额，请用红字更正法更正；对于漏记事项以及少计金额，请用补充登记法更正。更正会计分录直接填入表内相应位置，凭证从记11号开始编号。

（注：除生产成本、应交税费等科目需要写出必要的明细科目以外，其他只写出一级科目）

会计分录簿

业务号	2023年 月	日	凭证种类及号数	摘要	会计分录 总账科目	会计科目 明细科目	借方金额	贷方金额	判断对或错
1	12	01	记1 1/4	购进材料	在途物资		4,800,000.00		
					应交税费	应交增值税（进项税额）	624,000.00		
					应付票据			5,424,000.00	

编制更正错误的会计分录

凭证种类及号数	摘要	会计科目 总账科目	会计科目 明细科目	借方金额	贷方金额

第六部分 2024年江苏省对口单招财会专业技能考试真题、答案及评分标准

会计分录簿

业务号	2023年		凭证种类及号数	摘要	会计分录				判断
	月	日			会计科目		借方金额	贷方金额	对或错
					总账科目	明细科目			
1	12	01	记1 2/4	支付承兑汇票手续费	在途物资		3,000.00		
					应交税费	应交增值税（进项税额）	180.00		
					银行存款			3,180.00	

编制更正错误的会计分录

凭证种类及号数	摘要	会计科目		借方金额	贷方金额
		总账科目	明细科目		

会计分录簿

业务号	2023年		凭证种类及号数	摘要	会计分录				判断
	月	日			会计科目		借方金额	贷方金额	对或错
					总账科目	明细科目			
1	12	01	记1 3/4	购进材料支付运费	在途物资	合肥创旺羽绒原材料有限公司	2,500.00		
					应交税费	应交增值税（进项税额）	225.00		
					银行存款			2,725.00	

编制更正错误的会计分录

凭证种类及号数	摘要	会计科目		借方金额	贷方金额
		总账科目	明细科目		

会计分录簿

业务号	2023年		凭证种类及号数	摘要	会计分录		借方金额	贷方金额	判断
	月	日			会计科目				对或错
					总账科目	明细科目			
1	12	03	记1 4/4	材料验收入库	原材料	鹅绒	4,805,500.00		
					在途物资	合肥创旺羽绒原材料有限公司		4,805,500.00	

编制更正错误的会计分录

凭证种类及号数	摘要	会计科目		借方金额	贷方金额
		总账科目	明细科目		

会计分录簿

业务号	2023年		凭证种类及号数	摘要	会计分录		借方金额	贷方金额	判断
	月	日			会计科目				对或错
					总账科目	明细科目			
2	12	05	记2 1/3	开出银行汇票	其他货币资金		53,000.00		
					银行存款			53,000.00	

编制更正错误的会计分录

凭证种类及号数	摘要	会计科目		借方金额	贷方金额
		总账科目	明细科目		

会计分录簿

业务号	2023年 月	2023年 日	凭证种类及号数	摘要	会计分录 会计科目 总账科目	会计分录 会计科目 明细科目	借方金额	贷方金额	判断 对或错
2	12	05	记2 1/2	支付广告费	销售费用		50,000.00		
					应交税费	应交增值税（进项税额）	3,000.00		
					其他货币资金	银行汇票		53,000.00	

编制更正错误的会计分录

凭证种类及号数	摘要	会计科目 总账科目	会计科目 明细科目	借方金额	贷方金额

会计分录簿

业务号	2023年 月	2023年 日	凭证种类及号数	摘要	会计分录 会计科目 总账科目	会计分录 会计科目 明细科目	借方金额	贷方金额	判断 对或错
2	12	05	记2 3/3	支付产品推广业务费	销售费用		10,000.00		
					银行存款			10,000.00	

编制更正错误的会计分录

凭证种类及号数	摘要	会计科目 总账科目	会计科目 明细科目	借方金额	贷方金额

会计分录簿

业务号	2023年 月	日	凭证种类及号数	摘要	会计科目 总账科目	会计科目 明细科目	借方金额	贷方金额	判断 对或错
3	12	10	记3	各部门领用材料	生产成本	鹅绒服	5,000,000.00		
					管理费用		17,000.00		
					销售费用		10,000.00		
					原材料			5,027,000.00	

编制更正错误的会计分录

凭证种类及号数	摘要	会计科目 总账科目	会计科目 明细科目	借方金额	贷方金额

会计分录簿

业务号	2023年 月	日	凭证种类及号数	摘要	会计科目 总账科目	会计科目 明细科目	借方金额	贷方金额	判断 对或错
5	12	30	记5	支付并分摊水费	生产成本	鹅绒服	36,000.00		
					制造费用		15,000.00		
					销售费用		6,000.00		
					管理费用		9,000.00		
					应交税费	应交增值税（进项税额）	5,940.00		
					银行存款			71,940.00	

编制更正错误的会计分录

凭证种类及号数	摘要	会计科目 总账科目	会计科目 明细科目	借方金额	贷方金额

会计分录簿

业务号	2023 年		凭证种类及号数	摘要	会计分录				判断
	月	日			会计科目		借方金额	贷方金额	时 应错
					总账科目	明细科目			
6	12	31	记6 1/2	分配工资	生产成本	鹅绒服	100,000.00		
					制造费用		20,000.00		
					销售费用		50,000.00		
					管理费用		60,000.00		
					应付职工薪酬	工资		230,000.00	

编制更正错误的会计分录

凭证种类及号数	摘要	会计科目		借方金额	贷方金额
		总账科目	明细科目		

会计分录簿

业务号	2023 年		凭证种类及号数	摘要	会计分录				判断
	月	日			会计科目		借方金额	贷方金额	时 应错
					总账科目	明细科目			
6	12	31	记6 2/2	计提三险一金	生产成本	鹅绒服	34,000.00		
					制造费用		6,800.00		
					销售费用		17,000.00		
					管理费用		20,400.00		
					其他应付款	社会保险费		50,600.00	
					其他应付款	住房公积金		27,600.00	

编制更正错误的会计分录

凭证种类及号数	摘要	会计科目		借方金额	贷方金额
		总账科目	明细科目		

要求四：编制记账凭证。(20分)

根据业务4、业务7、业务8、业务9、业务10编制对应的记账凭证。(注：除生产成本、应交税费科目需要写出必要的明细科目以外，其他可以只写出一级科目)

业务4：12日，与镇江东伦商贸有限公司签订了一份销售合同，销售20 000件#90绒规格的鹅绒服，每件售价为500元，每件成本为300元，增值税税率为13%，价款为10 000 000元，公司开出增值税专用发票。产品已发出，商品控制权已转移，当日收到开户银行转来的进账通知单，货款已入账。15日，客户收到商品，验收入库时发现10%的商品不符合合同规定的质量要求，经协商，同意将不合格商品退货，公司于退货当日通过银行转账支付了退货款(凭证略)，并按规定开出红字增值税专用发票。退回的产品已办理入库(凭证略)。(凭证4-1、4-2、4-3。要求用负数填写凭证4-3红字增值税专用发票)

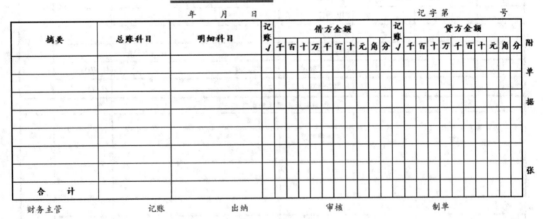

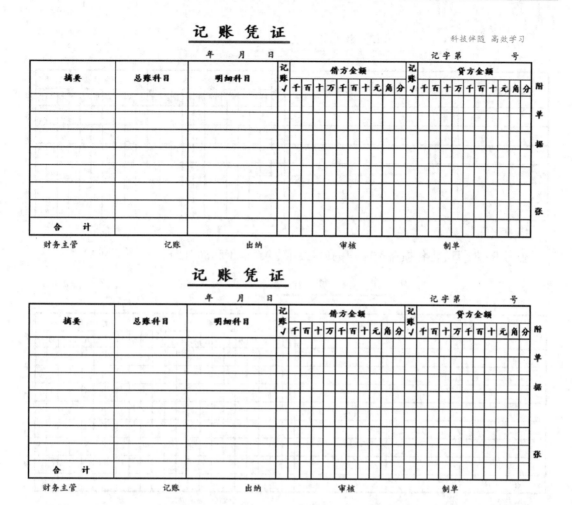

业务7：31日,月末汇总生产车间的制造费用并转入生产成本。(注：全部由本月生产的鹅绒服承担。凭证7-1)

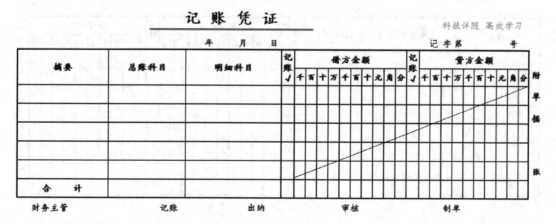

业务8：31日,本月投产的30 000件鹅绒服全部完工,验收入库,结转完工入库产品成本。(凭证8-1)

记 账 凭 证

年　月　日　　　　　　　　　　　　　　　　　　记字第　　号

摘要	总账科目	明细科目	记账√	借方金额 千百十万千百十元角分	记账√	贷方金额 千百十万千百十元角分
合　计						

财务主管　　　　记账　　　　出纳　　　　审核　　　　制单

业务9：31日，将各损益类账户的发生额转入"本年利润"账户。（凭证9-1）

记 账 凭 证

年　月　日　　　　　　　　　　　　　　　　　　记字第　　号

摘要	总账科目	明细科目	记账√	借方金额 千百十万千百十元角分	记账√	贷方金额 千百十万千百十元角分
合　计						

财务主管　　　　记账　　　　出纳　　　　审核　　　　制单

记 账 凭 证

年　月　日　　　　　　　　　　　　　　　　　　记字第　　号

摘要	总账科目	明细科目	记账√	借方金额 千百十万千百十元角分	记账√	贷方金额 千百十万千百十元角分
合　计						

财务主管　　　　记账　　　　出纳　　　　审核　　　　制单

业务10：31日，计算全年应纳税所得额，计提本年应交企业所得税，并将所得税费用转入本年利润。（假如不考虑纳税调整事项。所得税税率为25%。凭证10-1）

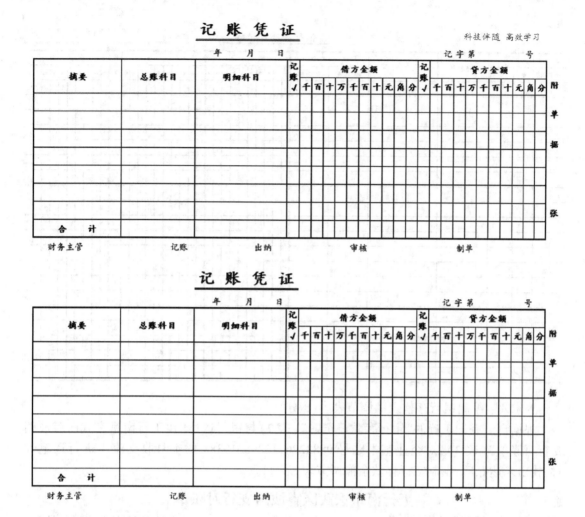

要求五：登记日记账。(12分)

根据记账凭证(包括更正无误的会计分录簿)逐笔登记银行存款日记账(表2)，并进行月末结账。(注：红字冲销金额用红字登记)

表2

银行存款日记账

开户行：
账号：

年		记账凭证		对方科目	摘要	结算凭证		借方 千百十万千百十元角分	贷方 千百十万千百十元角分	借或贷	余额 千百十万千百十元角分
月	日	字	号			种类	号码				

要求六：编制银行存款余额调节表。（8分）

根据自己登记正确的"银行存款日记账"（表2）与银行送达的"工行南京玄武区睿波路支行对账单"（表3），对企业基本账号9883226712298619388的本月收支流水进行逐笔勾对，找出未达账项，编制银行存款余额调节表（表4）。

表3

工行南京玄武区睿波路支行对账单

单位名称：南京登帆服饰有限公司　　　　　　　　　账号：9883226712298619388

2023年12月1日—12月31日

2023年		摘要	结算凭证号	借方	贷方	余额
月	日					
12	1	期初余额				2 610 000.00
	1	银行承兑手续费	付款通知1789号	3 180.00		
	1	运费	转账支票10221120	2 725.00		
	5	签发银行汇票	银行汇票10203220	53 000.00		
	5	产品推广	付款通知1325号	10 000.00		
	12	进账单	进账单（收款通知）17562223		11 300 000.00	
	15	退货款	付款通知2631号	1 130 000.00		
	31	利息收入	电子汇单67360020742		7 000.00	
	31	代扣电费	委托收款凭证127968号	65 890.00		
	31	利息费用	付款通知1739号	1 560.00		
	31	本月合计		1 266 355.00	11 307 000.00	12 650 645.00

银行存款余额调节表

表4

编制单位：南京登帆服饰有限公司　　　2023年12月31日　　　金额单位：元

项目	金额	项目	金额
企业银行存款日记账余额		银行对账单余额	
加：银行已收企业未收的款项 1. 利息收入 2.		加：企业已收银行未收的款项 1. 2.	
减：银行已付企业未付的款项 1. 代扣电费 2. 利息支出		减：企业已付银行未付的款项 1. 支付水费 2.	
调节后余额		调节后余额	

要求七：请根据更正无误的会计分录簿和记账凭证，计算和完善试算平衡表（表5）并达到平衡。（30分。注：若有红字用负数登记）

表5　　　　　　　　　　　　　试算平衡表

编制单位：南京登帆服饰有限公司　　　2023 年 12 月 31 日　　　单位：元

账户名称	期初余额		本期发生额		期末余额	
	借方	贷方	借方	贷方	借方	贷方
库存现金	4,000.00					
银行存款	2,610,000.00					
库存商品	600,000.00					
原材料	800,000.00					
应收账款	350,000.00					
生产成本						
制造费用						
固定资产	3,303,440.00					
无形资产	1,300,000.00					
累计折旧		349,000.00				
短期借款		100,000.00				
应付职工薪酬						
应交税费		13,680.00				
应付账款		300,000.00				
实收资本		3,833,000.00				
本年利润		3,647,400.00				
利润分配		724,360.00				
合计	8,967,440.00	8,967,440.00				

财会类专业技能考试卷(第4套)评分标准及答案

技能考试科目　<u>会计账务处理</u>

一、会计数字书写[本大题10分,第(一)和第(二)题各5分]

(一) 写出以下各项的大小写

1. 大写：<u>贰零贰叁年壹拾壹月零贰拾日</u>
2. 大写：<u>人民币肆仟零伍拾万零捌佰元整(正)</u>
3. 大写：<u>人民币壹拾柒亿叁仟零伍拾陆万柒仟玖佰零壹元叁角整(正)</u>
4. 小写：<u>￥2 238 005 000.00</u>
5. 小写：<u>￥84 860 000.72</u>

(二) 判断下列要素在相应原始凭证上的签写结果是否正确

原始凭证名称	序号	判断结果(对或错)
银行本票	1	对(1分)
银行本票	2	对(1分)
商业承兑汇票	3	错(1分)
商业承兑汇票	4	错(1分)
商业承兑汇票	5	错(1分)

二、会计综合业务处理(本大题140分)

要求一：审核原始凭证。(20分)

评分标准：每张凭证判断2分,共10张,计20分。

凭证1-1：正确□　　　错误☑
凭证1-3：正确□　　　错误☑
凭证2-1：正确☑　　　错误□
凭证2-2：正确□　　　错误☑
凭证3-1：正确☑　　　错误□
凭证4-1：正确□　　　错误☑
凭证4-2：正确☑　　　错误□
凭证5-1：正确☑　　　错误□
凭证5-2：正确☑　　　错误□
凭证6-1：正确☑　　　错误□

要求二：填写原始凭证。(20分)

评分标准：凭证1-2(5分);凭证4-3(5分);凭证7-1(2分);凭证8-1(3分);凭证9-1(3分);凭证10-1(2分)。共计20分。

第六部分 2024年江苏省对口单招财会专业技能考试真题、答案及评分标准

凭证1-2

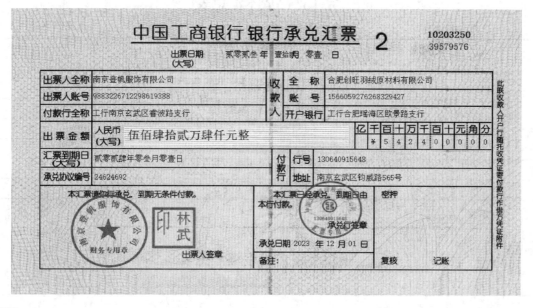

凭证4-3

凭证7-1

制造费用汇总表

金额单位：元

项目	材料费	职工薪酬	折旧费	水电费	办公费	其他	合计
本期发生额	5 000.00 （0.5分）	26 800.00 （0.5分）		15 000.00 （0.5分）			46 800.00 （0.5分）

会计主管：王丽　　　　　　　　　　　　制单：黄兰

凭证 8-1

完工产品成本汇总表

2023 年 12 月 31 日　　　　　　　　　　　　　　　　　　　金额单位：元

产品名称		鹅绒服(90 绒)	合计
产量(30 000 件)			
成本项目	直接材料	5 000 000.00(0.5 分)	
	燃料动力	36 000.00(0.5 分)	
	直接人工	134 000.00(0.5 分)	
	制造费用	46 800.00(0.5 分)	
合计		5 216 800.00(0.5 分)	
单位成本		173.89(0.5 分)	

会计主管：王丽　　　　　　　　　　　　　　　　　　制单：黄兰

凭证 9-1

损益类账户发生额汇总表

2023 年 12 月　　　　　　　　　　　　　　　　　　　　　金额单位：元

账户	本月发生额	
	借方	贷方
主营业务收入		9 000 000.00 (0.5 分)
其他业务收入		
主营业务成本	5 400 000.00 (0.5 分)	
其他业务成本		
管理费用	101 400.00 (0.5 分)	
销售费用	143 000.00(0.5 分)	
财务费用	3 000.00(0.5 分)	
合计	5 647 400.00(0.5 分)	9 000 000.00

会计主管：王丽　　　　　　　　　　　　　　　　　　制单：黄兰

凭证 10-1

企业所得税计算表

2023 年 12 月　　　　　　　　　　　　　　　　　　　　金额单位:元

项目	金额
一、税前会计利润	7 000 000.00(1 分)
加：纳税调增项目	
减：纳税调减项目	
二、应纳税所得额	7 000 000.00(0.5 分)
所得税税率(25%)	25%
三、当期应交所得税	175 000.00(0.5 分)

会计主管：王丽　　　　　　　　　　　　　　　　　　制单：黄兰

第六部分 2024年江苏省对口单招财会专业技能考试真题、答案及评分标准

要求三：判断并更正会计分录。(30分)

评分标准：11个判断11分；7个更正会计分录中，分录1 1/4、1 4/4 各计2分，其余每个计3分，计19分。共计30分。

会计分录簿

| 业务号 | 2023年 | | 凭证种类及号数 | 摘要 | 会计分录 | | | | 判断 |
	月	日			总账科目	明细科目	借方金额	贷方金额	对或错
1	12	01	记1 1/4	购进材料	在途物资		4,800,000.00		对
					应交税费	应交增值税（进项税额）	624,000.00		
					应付票据			5,424,000.00	

编制更正错误的会计分录

| 凭证种类及号数 | 摘要 | 会计科目 | | 借方金额 | 贷方金额 |
		总账科目	明细科目		

会计分录簿

| 业务号 | 2023年 | | 凭证种类及号数 | 摘要 | 会计分录 | | | | 判断 |
	月	日			总账科目	明细科目	借方金额	贷方金额	对或错
1	12	01	记1 2/4	支付银行承兑手续费	在途物资		3,000.00		错
					应交税费	应交增值税（进项税额）	180.00		
					银行存款			3,180.00	

编制更正错误的会计分录

| 凭证种类及号数 | 摘要 | 会计科目 | | 借方金额 | 贷方金额 |
		总账科目	明细科目		
记11 1/2	冲销记1 2/4	在途物资		3,000.00	
		应交税费	应交增值税（进项税额）	180.00	
		银行存款			3,180.00
记11 2/2	更正记1 2/4	财务费用		3,000.00	
		应交税费	应交增值税（进项税额）	180.00	
		银行存款			3,180.00

会计分录簿

业务号	2023年 月	日	凭证种类及号数	摘要	会计分录 总账科目	会计分录 明细科目	借方金额	贷方金额	判断 对或错
1	12	01	记1 3/4	购进材料支付运费	在途物资	合肥创旺羽绒原材料有限公司	2,500.00		
					应交税费	应交增值税（进项税额）	225.00		
					银行存款			2,725.00	对

编制更正错误的会计分录

凭证种类及号数	摘要	总账科目	明细科目	借方金额	贷方金额

会计分录簿

业务号	2023年 月	日	凭证种类及号数	摘要	会计分录 总账科目	会计分录 明细科目	借方金额	贷方金额	判断 对或错
1	12	03	记1 4/4	材料验收入库	原材料	鹅绒	4,805,500.00		
					在途物资	合肥创旺羽绒原材料有限公司		4,805,500.00	错

编制更正错误的会计分录

凭证种类及号数	摘要	总账科目	明细科目	借方金额	贷方金额
记13	冲销记1 4/4多记金额	原材料	鹅绒	3,000.00	
		在途物资	合肥创旺羽绒原材料有限公司		3,000.00

会计分录簿

业务号	2023年 月	日	凭证种类及号数	摘要	会计分录 总账科目	会计科目 明细科目	借方金额	贷方金额	判断 对或错
2	12	05	记2 1/3	开出银行汇票	其他货币资金		53,000.00		
					银行存款			53,000.00	对

编制更正错误的会计分录

凭证种类及号数	摘要	会计科目 总账科目	明细科目	借方金额	贷方金额

会计分录簿

业务号	2023年 月	日	凭证种类及号数	摘要	会计分录 总账科目	会计科目 明细科目	借方金额	贷方金额	判断 对或错
2	12	05	记2 1/2	支付广告费	销售费用		50,000.00		
					应交税费	应交增值税（进项税额）	3,000.00		
					其他货币资金	银行汇票		53,000.00	对

编制更正错误的会计分录

凭证种类及号数	摘要	会计科目 总账科目	明细科目	借方金额	贷方金额

会计分录簿

业务号	2023年		凭证种类及号数	摘要	会计分录				判断
	月	日			会计科目		借方金额	贷方金额	对或错
					总账科目	明细科目			
2	12	05	记2 3/3	支付产品推广业务费	销售费用		10,000.00		
					银行存款			10,000.00	
									对

编制更正错误的会计分录

凭证种类及号数	摘要	会计科目		借方金额	贷方金额
		总账科目	明细科目		

会计分录簿

业务号	2023年		凭证种类及号数	摘要	会计分录				判断
	月	日			会计科目		借方金额	贷方金额	对或错
					总账科目	明细科目			
3	12	10	记3	各部门领料	生产成本	鹅绒服	5,000,000.00		错
					管理费用		17,000.00		
					销售费用		10,000.00		
					原材料			5,027,000.00	

编制更正错误的会计分录

凭证种类及号数	摘要	会计科目		借方金额	贷方金额
		总账科目	明细科目		
记13 1/2	冲销记3	生产成本	鹅绒服	5 000 000.00	
		管理费用		17,000.00	
		销售费用		10 000.00	
		原材料			5 027 000.00
记13 2/2	更正记3	生产成本		5 000 000.00	
		制造费用		5 000.00	
		管理费用		12 000.00	
		销售费用		10 000.00	
		原材料			5 027 000.00

会计分录簿

业务号	2023年 月	日	凭证种类及号数	摘要	会计分录 总账科目	会计科目 明细科目	借方金额	贷方金额	判断 对成错
5	12	30	记5	支付并分摊水费	生产成本	鹅绒服	36,000.00		
					制造费用		15,000.00		
					销售费用		6,000.00		对
					管理费用		9,000.00		
					应交税费	应交增值税（进项税额）	5,940.00		
					银行存款			71,940.00	

编制更正错误的会计分录

凭证种类及号数	摘要	会计科目 总账科目	明细科目	借方金额	贷方金额

会计分录簿

业务号	2023年 月	日	凭证种类及号数	摘要	会计分录 总账科目	会计科目 明细科目	借方金额	贷方金额	判断 对成错
6	12	31	记6 1/2	分配工资	生产成本	鹅绒服	100,000.00		
					制造费用		20,000.00		
					销售费用		50,000.00		对
					管理费用		60,000.00		
					应付职工薪酬	工资		230,000.00	

编制更正错误的会计分录

凭证种类及号数	摘要	会计科目 总账科目	明细科目	借方金额	贷方金额

会计分录簿

业务号	2023 年		凭证种类及号数	摘要	会计分录		借方金额	贷方金额	判断对或错
	月	日			会计科目				
					总账科目	明细科目			
6	12	31	记6 2/2	计提三险一金	生产成本	鹅绒服	34,000.00		错
					制造费用		6,800.00		
					销售费用		17,000.00		
					管理费用		20,400.00		
					其他应付款	社会保险费		50,600.00	
					其他应付款	住房公积金		27,600.00	

编制更正错误的会计分录

凭证种类及号数	摘要	会计科目		借方金额	贷方金额
		总账科目	明细科目		
记14 1/2	冲销记6 2/2	生产成本	鹅绒服	-34 000.00	
		制造费用		-6 800.00	
		销售费用		-17 000.00	
		管理费用		-20 400.00	
		其他应付款	社会保险费		-50 600.00
		其他应付款	住房公积金		-27 600.00
记14 2/2	更正记6 2/2	生产成本	鹅绒服	34 000.00	
		制造费用		6 800.00	
		销售费用		17 000.00	
		管理费用		20 400.00	
		应付职工薪酬	社会保险费		50 600.00 / 78 200.00
		应付职工薪酬	住房公积金		27 600.00

要求四:编制记账凭证。(20分)

评分标准:每张凭证各计2分。共10张凭证,计20分。

业务4:

记 账 凭 证

2023 年 12 月 12 日　　　　　　　　　　　记字第 4 1/4 号

摘要	总账科目	明细科目	记账√	借方金额	记账√	贷方金额
				千百十万千百十元角分		千百十万千百十元角分
销售产品确认收入	银行存款			1 1 3 0 0 0 0 0 0		
	主营业务收入					1 0 0 0 0 0 0 0 0
	应交税费	应交增值税(销项税额)				1 3 0 0 0 0 0 0
合 计				1 1 3 0 0 0 0 0 0		1 1 3 0 0 0 0 0 0

附单据 2 张

财务主管 王丽　　记账 黄兰　　出纳 杨华　　审核 王丽　　制单 黄兰

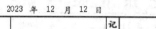

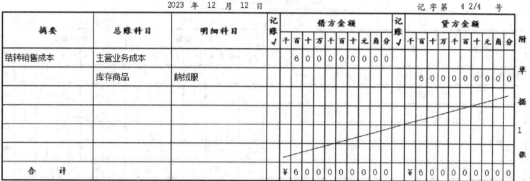

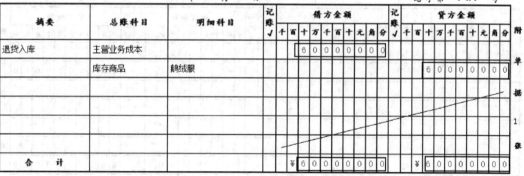

业务7:

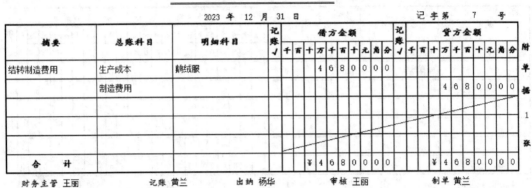

业务8:

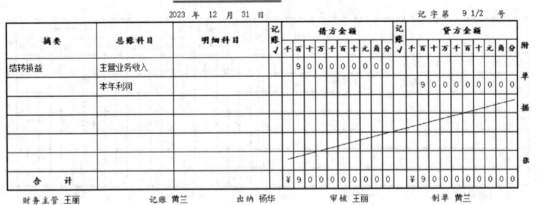

业务9:

记 账 凭 证

2023 年 12 月 31 日　　　　　　　　　　　　　记字第 9 1/2 号

摘要	总账科目	明细科目	记账√	借方金额 千百十万千百十元角分	记账√	贷方金额 千百十万千百十元角分
结转损益	主营业务收入			9 0 0 0 0 0 0 0		
	本年利润					9 0 0 0 0 0 0 0
合　计				¥ 9 0 0 0 0 0 0 0		¥ 9 0 0 0 0 0 0 0

财务主管 王丽　　　记账 黄兰　　　出纳 杨华　　　审核 王丽　　　制单 黄兰

第六部分 2024年江苏省对口单招财会专业技能考试真题、答案及评分标准

记 账 凭 证

2023 年 12 月 31 日   记字第 9 2/2 号

摘要	总账科目	明细科目	记账√	借方金额	记账√	贷方金额
结转损益	本年利润			5 6 4 7 4 0 0 0 0		
	主营业务成本					5 4 0 0 0 0 0 0 0
	财务费用					3 0 0 0 0 0
	销售费用					1 4 3 0 0 0 0 0
	管理费用					1 0 1 4 0 0 0 0
合　计				¥ 5 6 4 7 4 0 0 0 0		¥ 5 6 4 7 4 0 0 0 0

财务主管　　　　记账 黄兰　　　出纳 杨华　　　审核 王丽　　　制单 黄兰

业务10：

记 账 凭 证

2023 年 12 月 31 日   记字第 10 1/2 号

摘要	总账科目	明细科目	记账√	借方金额	记账√	贷方金额
计提所得税费用	所得税费用			1 7 5 0 0 0 0 0		
	应交税费	应交企业所得税				1 7 5 0 0 0 0 0
合　计				¥ 1 7 5 0 0 0 0 0		¥ 1 7 5 0 0 0 0 0

财务主管 王丽　　　记账 黄兰　　　出纳 杨华　　　审核 王丽　　　制单 黄兰

记 账 凭 证

2023 年 12 月 31 日   记字第 10 2/2 号

摘要	总账科目	明细科目	记账√	借方金额	记账√	贷方金额
结转所得税费用	本年利润			1 7 5 0 0 0 0 0		
	所得税费用					1 7 5 0 0 0 0 0
合　计				¥ 1 7 5 0 0 0 0 0		¥ 1 7 5 0 0 0 0 0

财务主管　　　　记账 黄兰　　　出纳 杨华　　　审核 王丽　　　制单 黄兰

要求五：登记日记账。（12 分）

评分标准：期初余额、借方发生额、贷方发生额每个登记指标 1 分，7 个指标，计 7 分；借方合计计 1 分，贷方合计计 2 分，期末余额计 2 分。共计 12 分。

表2

银行存款日记账

开户行：工行南京玄武区春波路支行
账号：9883226712298619388

2023年月	日	记账凭证字	号	对方科目	摘要	结算凭证 种类 号码	借方	贷方	借或贷	余额
12	01				期初余额				借	2 610 000 00
12	01	记	1 2/4	财务费用等	支付银行承兑手续费			3 180 00	借	2 606 820 00
12	01	记	1 3/4	在途物资等	购进材料支付运费			2 725 00	借	2 604 095 00
12	05	记	2 1/3	其他货币资金	开出银行汇票			53 000 00	借	2 551 095 00
12	05	记	2 3/3	销售费用	支付产品推广业务费			10 000 00	借	2 541 095 00
12	15	记	4 1/3	主营业务收入等	销售产品确认收入		1 130 000 00		借	3 841 095 00
12	15	记	4 3/3	主营业务收入等	销售退回		1 130 000 00		借	2 711 095 00
12	30	记	5	生产成本	支付并分摊水费			71 940 00	借	2 639 155 00
12	31	记	11 1/2	在途物资	冲销记1 2/4			3 180 00	借	2 642 335 00
12	31	记	11 2/2	财务费用等	更正记1 2/4			3 180 00	借	2 639 155 00
12	31				本月合计		1 017 000 00	140 845 00	借	2 639 155 00

要求六：编制银行存款余额调节表。(8分)

评分标准：填写的每个指标计1分，共8个指标，计8分。

表4 **银行存款余额调节表**

编制单位：南京登帆服饰有限公司　　2023年12月31日　　　　　金额单位：元

项目	金额	项目	金额
企业银行存款日记账余额	12 639 155.00	银行对账单余额	12 650 645.00
加：银行已收企业未收的款项 　1. 利息收入 　2.	 7 000.00	加：企业已收银行未收的款项 　1. 　2.	
减：银行已付企业未付的款项 　1. 代扣电费 　2. 利息支出	 65 890.00 1 560.00	减：企业已付银行未付的款项 　1. 支付水费 　2.	 71 940.00
调节后余额	￥12 578 705.00	调节后余额	￥12 578 705.00

要求七：请根据更正无误的会计分录簿和记账凭证，计算和完善试算平衡表(表5)并达到平衡。(30分。注：若有红字用负数登记)

评分标准：每个指标1分，相同金额不重复计分；30个指标，共计30分。

第六部分 2024年江苏省对口单招财会专业技能考试真题、答案及评分标准

表5 　　　　　　　　　　　　　　　　　试算平衡表

编制单位：南京登帆服饰有限公司　　　　　2023 年 12月 31 日　　　　　　　　　　单位：元

账户名称	期初余额 借方	期初余额 贷方	本期发生额 借方	本期发生额 贷方	期末余额 借方	期末余额 贷方
库存现金	4,000.00				4,000.00	
银行存款	2,610,000.00		10,170,000.00	140,845.00	12,639,155.00	
其他货币资金			53,000.00	53,000.00		
应收账款	350,000.00				350,000.00	
库存商品	600,000.00		5,216,800.00	5,400,000.00	416,800.00	
原材料	800,000.00		4,802,500.00	5,027,000.00	575,500.00	
在途物资			4,802,500.00	4,802,500.00		
固定资产	3,303,440.00				3,303,440.00	
无形资产	1,300,000.00				1,300,000.00	
累计折旧		349,000.00				349,000.00
短期借款		100,000.00				100,000.00
应付账款		300,000.00				300,000.00
应交税费		13,680.00	633,345.00	2,920,000.00		2,300,335.00
应付票据				5,424,000.00		5,424,000.00
应付职工薪酬				308,200.00		308,200.00
实收资本		3,833,000.00				3,833,000.00
本年利润		3,647,400.00	7,397,400.00	9,000,000.00		5,250,000.00
利润分配		724,360.00				724,360.00
生产成本			5,216,800.00	5,216,800.00		
制造费用			46,800.00	46,800.00		
销售费用			143,000.00	143,000.00		
管理费用			101,400.00	101,400.00		
财务费用			3,000.00	3,000.00		
主营业务收入			9,000,000.00	9,000,000.00		
主营业务成本			5,400,000.00	5,400,000.00		
其他业务收入						
其他业务成本						
所得税费用			1,750,000.00	1,750,000.00		
合计	8,967,440.00	8,967,440.00	54,736,545.00	54,736,545.00	18,588,895.00	18,588,895.00

2024年江苏省普通高校对口单独招生财会类专业技能考试卷（第5套）

技能考试科目　<u>会计账务处理</u>

本试卷分两部分考核，第一部分"会计数字书写"10分；第二部分"会计综合业务处理"140分，其中审核原始凭证20分，填写原始凭证20分，判断并更正会计分录30分，编制记账凭证20分，登记日记账12分，编制银行存款余额调节表8分，编制试算平衡表30分。满分150分，考试时间90分钟。

一、会计数字书写[本大题10分，第（一）和第（二）题各5分]

（一）写出以下各项的大小写

1. 2023年2月18日　　　　　大写：_____
2. ￥8 400 300.70　　　　　大写：_____
3. ￥1 230 825 469.00　　　大写：_____
4. 人民币叁亿柒仟捌佰万元整　　　　　小写：_____
5. 人民币柒仟贰佰肆拾叁万元零壹角伍分　　小写：_____

（二）判断下列要素在相应原始凭证上的签写结果是否正确

原始凭证名称	序号	要素	签写结果	判断结果
银行本票正面	1	金额	人民币肆万贰仟壹佰元整	
	2	出票日期	2023年12月1日	
商业承兑汇票背面	3	背书人签章	票据持有单位的财务专用章和法人章	
增值税专用发票	4	价税合计金额	人民币陆千伍佰圆整	
	5	销售单位盖章	销售单位财务专用章	

二、会计综合业务处理（本大题140分）

（一）企业基本资料

单位名称：南京乐春电器有限公司　　　　　增值税一般纳税人
社会信用代码：91320113M162989677　　　　法人代表：高挺
地址：南京栖霞区嘉虹路386号　　　　　　电话：025-65071497
开户银行：中国工商银行南京栖霞区思顺路支行　　账号：8982466038129666504
开户行地址：南京栖霞区辰建路485号
国税征收机关：南京栖霞区国家税务局

（二）会计岗位设置

会计主管：郭婷　　负责财务科全面工作（兼稽核）
出纳：陈以修　　　负责货币资金收付、登记日记账及对账等出纳工作
会计：杨玉　　　　负责分类账、会计报表等工作（兼制单）

（三）往来单位信息

1. 徐州飞妙电子有限公司

开户行：中国工商银行徐州云龙区联誉路支行

开户行地址：徐州云龙区豪波路 630 号

账号：5819027428423810930

社会信用代码：91320303M855644716　　　　　　法人代表：黄兰

地址：徐州云龙区麦领路 532 号　　　　　　　　电话：0516 – 27765077

2. 苏州艾巨工贸有限公司

开户行：中国工商银行苏州吴中区国郎路支行

开户行地址：苏州吴中区飞帅路 365 号

账号：2158561931531926560

社会信用代码：91320506M589598178　　　　　　法人代表：林秀

地址：苏州吴中区星志路 266 号　　　　　　　　电话：0512 – 53018592

3. 国网南京供电公司栖霞分公司

开户行：中国工商银行南京栖霞区丁家庄支行

开户行地址：南京市栖霞区兴兴路兴卫村 1 号

账号：2542684521362659003

社会信用代码：91320000134766570R　　　　　　法人代表：张林

地址：南京市栖霞区星志路 168 号　　　　　　　电话：025 – 84226622

（四）2023 年 12 月 1 日总分类账户期初余额（表 1）及部分明细账户期初余额

表1　　　　　　　　　　　　**总分类账户期初余额表**　　　　　　　　金额单位：元

账户名称	借方余额	账户名称	贷方余额
库存现金	6 000.00	累计折旧	471 510.00
银行存款	2 580 000.00	应付职工薪酬	136 000.00
库存商品	800 000.00	应交税费	156 000.00
原材料	750 000.00	应付账款	342 000.00
应收账款	293 000.00	其他应付款	179 228.00
在建工程	567 000.00	实收资本	5 700 000.00
固定资产	4 112 000.00	本年利润	1 856 332.00
预付账款	300 000.00	利润分配	566 930.00
合计	9 408 000.00	合计	9 408 000.00

有关明细账户的期初余额：

① 该企业本月新投产 100 台双门冰箱，月初没有在产品。

② 库存商品——双门冰箱 200 台，单位成本 4 000 元，总成本 800 000 元。

③ 在建工程——建造办公大楼项目 567 000 元。

④ 应付账款——徐州飞妙电子有限公司 342 000 元。

⑤ 预付账款——预付徐州飞妙电子有限公司 300 000 元。

⑥ 应付职工薪酬——工资 136 000 元。

⑦ 应交税费——未交增值税(贷方)156 000元(属于上月应交未交的增值税)。
⑧ 本年利润：1—11月累计实现税前利润1 856 332元。
⑨ 利润分配——未分配利润(贷方)566 930元(历年累计未分配利润)。

(五) 2023年12月假如发生如下经济业务或事项(注：假定取得的增值税专用发票都经税务机关认证，产品销售成本随笔结转)

业务1：3日，从徐州飞妙电子有限公司购进1 000台管壳式冷凝器，取得的增值税专用发票上注明买价350 000元，增值税税率为13％。对方代垫运费价税合计5 000元(普通发票略)。上述材料已验收入库。根据购销合同规定，上月末已向徐州飞妙电子有限公司预付货款300 000元。剩余款项向银行申请签发银行本票予以支付。(凭证1-1、1-2、1-3。要求填写凭证1-2银行本票申请书)

业务2：10日，结算上月工资。按规定从应付职工薪酬中扣除"三险一金"和个人所得税，然后按实发金额签发转账支票，发放职工工资。(凭证2-1、2-2)

业务3：15日，公司各部门根据其不同用途领用材料，发料凭证见汇总表。(凭证3-1)

业务4：26日，与苏州艾巨工贸有限公司签订合同，向其销售双门冰箱150台，合同不含税价格为900 000元，增值税税率为13％，总成本为600 000元。考虑到该款产品款式陈旧，经协商，同意在合同价格基础上让利10％。产品已发出，商品的控制权已转移。另通过网上银行转账替客户垫付运费价税合计3 270元(凭证略)。31日，收到苏州艾巨工贸有限公司提交的银行汇票一张，已办妥进账手续，结清全部款项。(凭证4-1、4-2、4-3。要求填写凭证4-1增值税专用发票)

业务5：31日，接到银行付款通知单(凭证略)，支付南京供电公司栖霞分公司提供的工业用电费用。电费按部门用电量分摊。(凭证5-1、5-2)

业务6：31日，分配本月应付职工薪酬，按应付工资的一定比例计提"三险一金"。(凭证6-1)

业务7：31日，月末汇总生产车间的制造费用并转入生产成本。(注：全部由本月生产的双门冰箱承担。要求填写凭证7-1制造费用分配表)

业务8：31日，本月投产的100台双门冰箱全部完工，验收入库，结转完工入库产品成本。(要求填写凭证8-1完工产品成本汇总表)

业务9：31日，将各损益类账户的发生额转入"本年利润"账户。(要求填写凭证9-1损益类账户发生额汇总表)

业务10：31日，计算全年应纳税所得额，计提本年应交企业所得税，并将所得税费用转入本年利润。(假如不考虑纳税调整事项。要求填写凭证10-1企业所得税计算表，所得税税率为25％)

原始凭证附后。

要求一：审核原始凭证。(20分)

仔细审核业务1~6所附原始凭证，判断每张原始凭证的正误。

第六部分 2024年江苏省对口单招财会专业技能考试真题、答案及评分标准

凭证 1-1

答题区： 正确□ 错误□

凭证 1-3

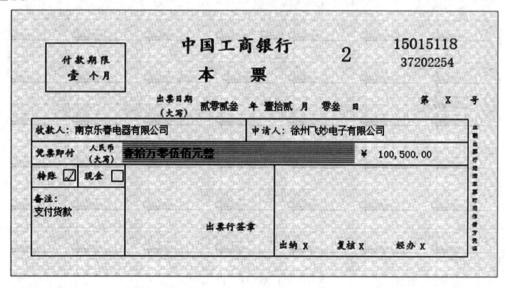

答题区： 正确□ 错误□

凭证 2-1

工资汇总表

2023 年 12 月 10 日　　　　　　　　　　　　　　　单位：元

部门	应付工资	代扣款项					合计	实发工资
		养老保险（8%）	医疗保险（2%）	失业保险（1%）	住房公积金（12%）	个人所得税		
生产工人	63,500.00	5,080.00	1,270.00	635.00	7,620.00	0.00	14,605.00	48,895.00
车间管理人员	14,800.00	1,184.00	296.00	148.00	1,776.00	0.00	3,404.00	11,396.00
行政部门人员	26,200.00	2,096.00	524.00	262.00	3,144.00	0.00	6,026.00	20,174.00
销售部门人员	31,500.00	2,520.00	630.00	315.00	3,780.00	0.00	7,245.00	24,255.00
合计	¥136,000.00	¥10,880.00	¥2,720.00	¥1,360.00	¥16,320.00	¥0.00	¥31,280.00	¥104,720.00

总经理：高挺　　　财务主管：郭婷　　　制表：杨玉

答题区：　　　　　　　正确□　　　错误□

凭证 2-2

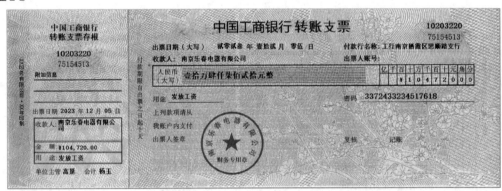

答题区：　　　　　　　正确□　　　错误□

凭证 3-1

发料凭证汇总表

2023 年 12 月 15 日　　　　　　　　　　　　　　　金额单位：元

用途		原料及主要材料	辅助材料	备注
生产产品耗用	双门冰箱	52 120.00		
生产车间耗用		31 000.00		
行政管理部门领用		18 000.00		
销售部门耗用		5 000.00		
基建部门领用			8 000.00	用于建造办公大楼
合计		¥ 106 120.00	¥ 8 000.00	

会计主管：郭婷　　　　　　　　　　　　　制单：杨玉

答题区：　　　　　　　正确□　　　错误□

第六部分 2024年江苏省对口单招财会专业技能考试真题、答案及评分标准

凭证 4-1

答题区： 正确□ 错误□

凭证 4-2

答题区： 正确□ 错误□

凭证 5-1

答题区： 正确□ 错误□

凭证 5-2

电费计算分配表

2023 年 12 月 31 日　　　　　　　　　　　　　　　　　　金额单位：元

部门	用电量/千瓦时	分配率	分配金额
生产产品动力用	35 000		39 550.00
生产车间一般照明用	6 500		7 345.00
行政管理部门用	8 500		9 605.00
销售管理部门用	4 000		4 520.00
合计	54 000	1.13	￥61 020.00

复核：　　　　　　　　　　　　　制单：

答题区：　　　　　　正确□　　　错误□

凭证 6-1

职工薪酬分配汇总表

2023 年 12 月 31 日　　　　　　　　　　　　　　　　　　金额单位：元

项目		应付工资	社会保险费及住房公积金					合计
			养老保险（12%）	医疗保险（8%）	失业保险（2%）	小计	住房公积金（12%）	
生产工人薪酬	管壳式冷凝器	84 000.00	10 080.00	6 720.00	1 680.00	18 480.00	10 080.00	28 560.00
生产车间管理人员薪酬		16 800.00	2 016.00	1 344.00	336.00	3 696.00	2 016.00	5 712.00
行政管理部门人员薪酬		36 000.00	4 320.00	2 880.00	720.00	7 920.00	4 320.00	12 240.00
销售部门人员薪酬		28 800.00	3 456.00	2 304.00	576.00	6 336.00	3 456.00	9 792.00
合计		165 600.00	19 872.00	13 248.00	3 312.00	36 432.00	19 872.00	56 304.00

制单：杨玉　　　　　　　　　　　　　　　　复核：郭婷

答题区：　　　　　　正确□　　　错误□

要求二：填写原始凭证。(20 分)

请为业务 1、业务 4、业务 7、业务 8、业务 9、业务 10 填写原始凭证并签名盖章(打×处不需要签名)。

业务 1：3 日,从徐州飞妙电子有限公司购进 1 000 台管壳式冷凝器,取得的增值税专用发票上注明买价 350 000 元,增值税税率为 13%。对方代垫运费价税合计 5 000 元(普通发票略)。上述材料已验收入库。根据购销合同规定,上月末已向徐州飞妙电子有限公司预付货款 300 000 元。剩余款项向银行申请签发银行本票予以支付。（凭证 1-1、1-2、1-3。要求填写凭证 1-2 银行本票申请书)

凭证1-2

业务4：26日，与苏州艾巨工贸有限公司签订合同，向其销售双门冰箱150台，合同不含税价格为900 000元，增值税税率为13%，总成本为600 000元。考虑到该款产品款式陈旧，经协商，同意在合同价格基础上让利10%。产品已发出，商品的控制权已转移。另通过网上银行转账替客户垫付运费价税合计3 270元（凭证略）。31日，收到苏州艾巨工贸有限公司提交的银行汇票一张，已办妥进账手续，结清全部款项。（凭证4-1、4-2、4-3。要求填写凭证4-1增值税专用发票）

凭证4-1

业务7：31日，月末汇总生产车间的制造费用并转入生产成本。（注：全部由本月生产的双门冰箱承担。要求填写凭证7-1制造费用汇总表）

凭证 7-1

制造费用汇总表

金额单位：元

项目	材料费	职工薪酬	折旧费	水电费	其他	合计
本期发生额						

制单：　　　　　　　　　　　　　　　　　　　　　复核：

业务 8：31 日，本月投产的 100 台双门冰箱全部完工，验收入库，结转完工入库产品成本。(要求填写凭证 8-1 完工产品成本汇总表)

凭证 8-1

完工产品成本汇总表

2023 年 12 月 31 日　　　　　　　　　　　　　　　金额单位：元

产品名称		双门冰箱	合计
产量(100 件)			
成本项目	直接材料		
	燃料动力		
	直接人工		
	制造费用		
合计			
单位成本			

会计主管：　　　　　　　　　　　　　　制单：

业务 9：31 日，将各损益类账户的发生额转入"本年利润"账户。(要求填写凭证 9-1 损益类账户发生额汇总表)

凭证 9-1

损益类账户发生额汇总表

2023 年 12 月　　　　　　　　　　　　　　　　　金额单位：元

账户	本月发生额	
	借方	贷方
主营业务收入		
其他业务收入		
主营业务成本		
其他业务成本		
管理费用		
销售费用		
合计		

制单：　　　　　　　　　　　　　　　　　　　　　复核：

业务10:31日,计算全年应纳税所得额,计提本年应交企业所得税,并将所得税费用转入本年利润。(假如不考虑纳税调整事项。要求填写凭证10-1企业所得税计算表,所得税税率为25%)

凭证10-1

企业所得税计算表

2023年12月　　　　　　　　　　　　　　　　金额单位:元

项目	金额
一、税前会计利润	
加:纳税调增项目	
减:纳税调减项目	
二、应纳税所得额	
所得税税率(25%)	
三、当期应交所得税	

制单:　　　　　　　　　　　　　　　　复核:

要求三:判断并更正会计分录。(30分)

判断业务1、业务2、业务3、业务5、业务6所编制的会计分录(见会计分录簿)的正误,如果存在错误,请采用正确方法进行更正,对于科目名称错误以及多计金额,请用红字更正法更正;对于漏记事项以及少计金额,请用补充登记法更正。更正会计分录直接填入表内相应位置,凭证从记11号开始编号。

(注:除生产成本、应交税费等科目需要写出必要的明细科目以外,其他只写出一级科目)

会计分录簿

业务号	2023年		凭证种类及号数	摘要	会计分录		借方金额	贷方金额	判断对或错
	月	日			会计科目				
					总账科目	明细科目			
1	12	1	记1 1/3	购进材料验收入库	原材料		355,000.00		
					应交税费	应交增值税(进项税额)	45,500.00		
					预付账款			400,500.00	

编制更正错误的会计分录					
凭证种类及号数	摘要	会计科目		借方金额	贷方金额
		总账科目	明细科目		

会计分录簿

业务号	2023年		凭证种类及号数	摘要	会计分录		借方金额	贷方金额	判断 对或错
	月	日			总账科目	明细科目			
1	12	3	记1 2/3	签发银行本票	其他货币资金	银行本票	100,500.00		
					银行存款			100,500.00	

编制更正错误的会计分录

凭证种类及号数	摘要	会计科目		借方金额	贷方金额
		总账科目	明细科目		

会计分录簿

业务号	2023年		凭证种类及号数	摘要	会计分录		借方金额	贷方金额	判断 对或错
	月	日			总账科目	明细科目			
1	12	3	记1 3/3	支付货款	预付账款		10,500.00		
					银行存款			10,500.00	

编制更正错误的会计分录

凭证种类及号数	摘要	会计科目		借方金额	贷方金额
		总账科目	明细科目		

会计分录簿

业务号	2023 年		凭证种类及号数	摘要	会计分录				判断
	月	日			会计科目		借方金额	贷方金额	对或错
					总账科目	明细科目			
2	12	10	记2 1/2	扣除三险一金	应付职工薪酬	工资	31,280.00		
					其他应付款	社会保险费		14,960.00	
					其他应付款	住房公积金		16,320.00	

编制更正错误的会计分录

凭证种类及号数	摘要	会计科目		借方金额	贷方金额
		总账科目	明细科目		

会计分录簿

业务号	2023 年		凭证种类及号数	摘要	会计分录				判断
	月	日			会计科目		借方金额	贷方金额	对或错
					总账科目	明细科目			
2	12	10	记2 2/2	发放工资	应付职工薪酬	工资	104,720.00		
					库存现金			104,720.00	

编制更正错误的会计分录

凭证种类及号数	摘要	会计科目		借方金额	贷方金额
		总账科目	明细科目		

会计分录簿

业务号	2023年 月	日	凭证种类及号数	摘要	会计分录 总账科目	会计科目 明细科目	借方金额	贷方金额	判断 对或错
3	12	15	记3 1/2	领用材料	生产成本	双门冰箱	52,120.00		
					制造费用		31,000.00		
					管理费用		18,000.00		
					销售费用		5,000.00		
					原材料	原料及主要材料		106,120.00	

编制更正错误的会计分录

凭证种类及号数	摘要	会计科目 总账科目	明细科目	借方金额	贷方金额

会计分录簿

业务号	2023年 月	日	凭证种类及号数	摘要	会计分录 总账科目	会计科目 明细科目	借方金额	贷方金额	判断 对或错
3	12	15	记3 2/2	基建部门领用材料	在建工程	工资	9,040.00		
					原材料	辅助材料		8,000.00	
					应交税费	应交增值税（进项税额转出）		1,040.00	

编制更正错误的会计分录

凭证种类及号数	摘要	会计科目 总账科目	明细科目	借方金额	贷方金额

会计分录簿

业务号	2023 年		凭证种类及号数	摘要	会计分录				判断对错错
	月	日			会计科目		借方金额	贷方金额	
					总账科目	明细科目			
5	12	31	记5	支付并分摊电费	生产成本	双门冰箱	39,550.00		
					制造费用		7,345.00		
					管理费用		9,605.00		
					销售费用		4,520.00		
					银行存款			61,020.00	

编制更正错误的会计分录

凭证种类及号数	摘要	会计科目		借方金额	贷方金额
		总账科目	明细科目		

会计分录簿

业务号	2023 年		凭证种类及号数	摘要	会计分录				判断对错错
	月	日			会计科目		借方金额	贷方金额	
					总账科目	明细科目			
6	12	31	记6 1/2	分配职工工资	生产成本	双门冰箱	84,000.00		
					制造费用		16,800.00		
					管理费用		36,000.00		
					销售费用		28,800.00		
					应付职工薪酬	工资		165,600.00	

编制更正错误的会计分录

凭证种类及号数	摘要	会计科目		借方金额	贷方金额
		总账科目	明细科目		

会计分录簿

业务号	2023 年		凭证种类及号数	摘要	会计分录		借方金额	贷方金额	判断
					会计科目				对 错
	月	日			总账科目	明细科目			
6	12	31	记6 2/2	按比例计提三险一金	生产成本	双门冰箱	18,480.00		
					制造费用		3,696.00		
					管理费用		7,920.00		
					销售费用		6,336.00		
					应付职工薪酬			36,432.00	

编制更正错证的会计分录

凭证种类及号数	摘要	会计科目		借方金额	贷方金额
		总账科目	明细科目		

要求四：编制记账凭证。（20 分）

根据业务 4、业务 7、业务 8、业务 9、业务 10 编制对应的记账凭证。（注：除生产成本、应交税费等科目需要写出必要的明细科目以外，其他只写出一级科目）

业务 4：26 日，与苏州艾巨工贸有限公司签订合同，向其销售双门冰箱 150 台，合同不含税价格为 900 000 元，增值税税率为 13%，总成本为 600 000 元。考虑到该款产品款式陈旧，经协商，同意在合同价格基础上让利 10%。产品已发出，商品的控制权已转移。另通过网上银行转账替客户垫付运费价税合计 3 270 元（凭证略）。31 日，收到苏州艾巨工贸有限公司提交的银行汇票一张，已办妥进账手续，结清全部款项。（凭证 4-1、4-2、4-3。要求填写凭证 4-1 增值税专用发票）

记账凭证

年 月 日　　　　记字第　　号

摘要	总账科目	明细科目	记账 √	借方金额 千百十万千百十元角分	记账 √	贷方金额 千百十万千百十元角分
合 计						

财务主管　　　　记账　　　　出纳　　　　审核　　　　制单

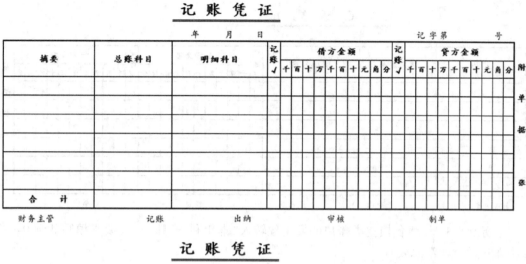

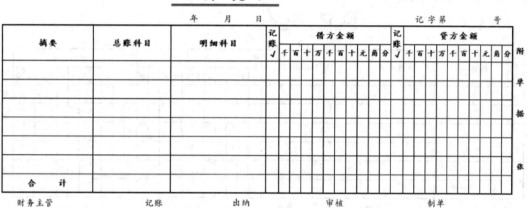

业务7：31日，月末汇总生产车间的制造费用并转入生产成本。(注：全部由本月生产的双门冰箱承担。要求填写凭证7-1制造费用汇总表)

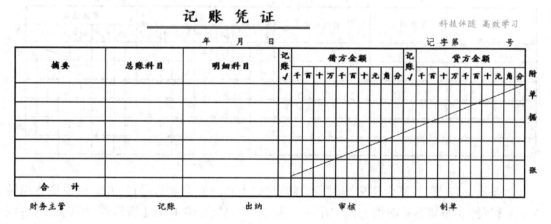

业务8：31日，本月投产的100台双门冰箱全部完工，验收入库，结转完工入库产品成本。(要求填写凭证8-1完工产品成本汇总表)

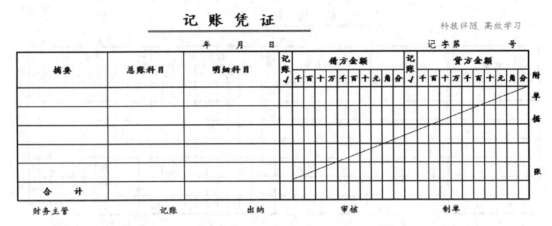

业务9：31日，将各损益类账户的发生额转入"本年利润"账户。（要求填写凭证9-1 损益类账户发生额汇总表）

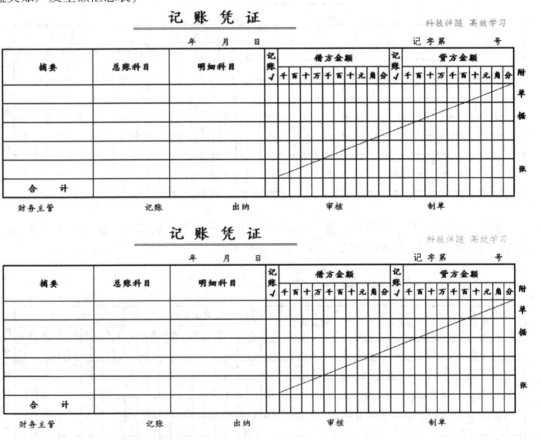

业务10：31日，计算全年应纳税所得额，计提本年应交企业所得税，并将所得税费用转入本年利润。（假如不考虑纳税调整事项。要求填写凭证10-1 企业所得税计算表，所得税税率为25%）

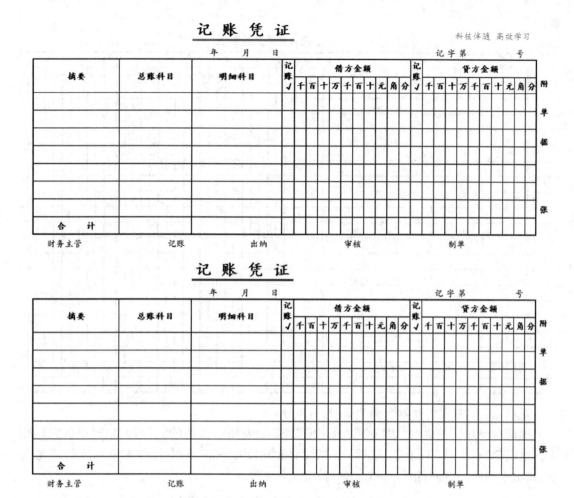

要求五：登记日记账。(12分)

根据记账凭证(包括更正无误的会计分录簿)逐笔登记银行存款日记账(表2)，并进行月末结账。(注：红字冲销金额用红字登记)

表2

银行存款日记账

开户行：＿＿＿＿＿＿＿
账号：＿＿＿＿＿＿＿

年		记账凭证		对方科目	摘要	结算凭证		借方	贷方	借或贷	余额
月	日	字	号			种类	号码	千百十万千百十元角分	千百十万千百十元角分		千百十万千百十元角分

要求六：编制银行存款余额调节表。（8分）

根据自己登记正确的"银行存款日记账"（表2）与银行送达的"工行南京栖霞区思顺路支行对账单"（表3），对企业基本账号8982466038129666504的本月收支流水进行逐笔勾对，找出未达账项，编制银行存款余额调节表（表4）。

表3
工行南京栖霞区思顺路支行对账单

单位名称：南京乐春电器有限公司　　　　　　　　　　账号：8982466038129666504

2023年12月1日—12月31日　　　　　　　　　　　　金额单位：元

2023年		摘要	结算凭证号	借方	贷方	余额
月	日					
12	1	期初余额				2 580 000.00
	3	补付货款	银行本票15015118	100 500.00		
	5	发放工资	转账支票10203220	104 720.00		
	26	网银转付	电子回单17360019472	3 270.00		
	31	代扣水费	同城特约委托收款凭证12036号	12 896.00		
	31	利息收入	存款利息清单收款通知1239号		3 589.00	
	31	本月合计		221 386.00	3 589.00	2 362 203.00

表4 银行存款余额调节表

编制单位：南京菲阳节能电器有限公司　　2023年12月31日　　金额单位：元

项目	金额	项目	金额
企业银行存款日记账余额		银行对账单余额	
加：银行已收企业未收的款项 　1. 存款利息收入 　2.		加：企业已收银行未收的款项 　1. 收到银行汇票 　2.	
减：银行已付企业未付的款项 　1. 代扣水费 　2.		减：企业已付银行未付的款项 　1. 支付电费 　2.	
调节后余额		调节后余额	

要求七：请根据更正无误的会计分录簿和记账凭证，计算和完善试算平衡表（表5）并达到平衡。（30分）

（注：若有红字用负数登记）

表5 试算平衡表

编制单位：南京乐春电器有限公司　　2023年12月31日　　单位：元

账户名称	期初余额		本期发生额		期末余额	
	借方	贷方	借方	贷方	借方	贷方
库存现金	6,000.00					
银行存款	2,580,000.00					
库存商品	875,000.00					
原材料	750,000.00					
应收账款	293,000.00					
预付账款	300,000.00					
在建工程	567,000.00					
固定资产	4,037,000.00					
无形资产						
累计折旧		471,510.00				
其他应付款		179,228.00				
应付职工薪酬		136,000.00				
应交税费		156,000.00				
应付账款		342,000.00				
实收资本		5,700,000.00				
本年利润		1,856,332.00				
利润分配		566,930.00				
合计	9,408,000.00	9,408,000.00				

财会类专业技能考试卷(第5套)评分标准及答案

技能考试科目　<u>会计账务处理</u>

一、会计数字书写[本大题10分,第(一)和第(二)题各5分]

(一) 写出以下各项的大小写

1. 大写：<u>贰零贰叁年零贰月壹拾捌日</u>
2. 大写：<u>人民币捌佰肆拾万零叁佰元柒角整(正)</u>
3. 大写：<u>人民币壹拾贰亿叁仟零捌拾贰万伍仟肆佰陆拾玖元整(正)</u>
4. 小写：<u>￥378 000 000.00</u>
5. 小写：<u>￥72 430 000.15</u>

(二) 判断下列要素在相应原始凭证上的签写结果是否正确

原始凭证名称	序号	判断结果
银行本票正面	1	对(1分)
	2	对(1分)
商业承兑汇票背面	3	对(1分)
增值税专用发票	4	错(1分)
	5	对(1分)

二、会计综合业务处理(本大题140分)

要求一：审核原始凭证。(20分)

评分标准：每张凭证判断2分,共10张,计20分。

凭证1-1：正确□　　错误☑

凭证1-3：正确□　　错误☑

凭证2-1：正确☑　　错误□

凭证2-2：正确□　　错误☑

凭证3-1：正确☑　　错误□

凭证4-1：正确☑　　错误□

凭证4-2：正确☑　　错误□

凭证5-1：正确☑　　错误□

凭证5-2：正确□　　错误☑

凭证6-1：正确☑　　错误□

要求二：填写原始凭证。(20分)

评分标准：凭证1-2(5分);凭证4-1(5分);凭证7-1(2分);凭证8-1(3分);凭证9-1(3分);凭证10-1(2分)。共计20分。

第六部分 2024年江苏省对口单招财会专业技能考试真题、答案及评分标准

凭证 1-2

中国工商银行 本票申请书

申请日期：2023 年 12 月 03 日　　　　第 × 号

申请人	南京乐春电器有限公司	收款人	徐州飞妙电子有限公司
账号或地址	8982466038129666504	账号或住址	5819027428423810930
用途	支付货款	代理付款行	工行徐州云龙区联誉路支行

汇款金额	人民币（大写）壹拾万零伍佰元整	亿 千 百 十 万 千 百 十 元 角 分
		¥ 1 0 0 5 0 0 0 0

上列款项从我账号内支付。

科目：略
对方科目：略

（盖章：南京乐春电器有限公司财务专用章、法人印）

申请人签章　　财务主管　　复核　　经办

此联汇款人留存

凭证 4-1

3200151120

江苏增值税专用发票　№ 98631411

3200151120
98631411

此联不作报销、扣税凭证使用　　开票日期：2023 年 12 月 26 日

购买方	名　称：苏州艾巨工贸有限公司	密码区	>#24304)%*3##083259%882423>>
	纳税人识别号：91320506M589598178		957342158#784570%21355*07#7）
	地址、电话：苏州吴中区星志路266号0512-53018592		>388-424-2528308*8%7094#%64>
	开户行及账号：工行苏州吴中区国郎路支行2158561931531926560		8%225#5#5574#%0852>008#61048

货物或应税劳务、服务名称	规格型号	单位	数量	单价	金额	税率	税额
双门冰箱			150	6000	900000.00	13%	117000.00
让利					-90000.00	13%	-11700.00
合　计					¥810000.00		¥105300.00

价税合计（大写）　⊗ 玖拾壹万伍仟叁佰元整　　（小写）¥915300.00

销售方	名　称：南京乐春电器有限公司	备注	（盖章：南京乐春电器有限公司发票专用章）
	纳税人识别号：91320113M162989677		
	地址、电话：南京栖霞区嘉虹路386号025-65071497		
	开户行及账号：工行南京栖霞区思顺路支行8982466038129666504		

收款人：×　　复核：杨玉　　开票人：陈以修　　销售方：（章）

第一联：记账联 销售方记账凭证

税码图 [2 0 2 X] ××号×××公司

凭证 7-1

制造费用汇总表

金额单位：元

项目	材料费	职工薪酬	折旧费	水电费	办公费	其他	合计
本期发生额	31 000.00（0.5分）	22 512.00（0.5分）		6 500.00（0.5分）			60 012.00（0.5分）

制单：杨玉　　　　　　　　　　　　复核：郭婷

凭证 8-1

完工产品成本汇总表

2023 年 12 月 31 日　　　　　　　　　　　　　　　　　　金额单位：元

产品名称		双门冰箱	合计
	产量(100 件)		
成本项目	直接材料	52 120.00(0.5 分)	
	燃料动力	35 000.00(0.5 分)	
	直接人工	112 560.00(0.5 分)	
	制造费用	60 012.00(0.5 分)	
	合计	259 692.00(0.5 分)	
	单位成本	2 596.92(0.5 分)	

制单：杨玉　　　　　　　　　　　　　　　　　　　复核：郭婷

凭证 9-1

损益类账户发生额汇总表

2023 年 12 月　　　　　　　　　　　　　　　　　　　金额单位：元

账户	本月发生额	
	借方	贷方
主营业务收入		810 000.00(0.5 分)
其他业务收入		
主营业务成本	600 000.00(0.5 分)	
其他业务成本		
管理费用	74 740.00(0.5 分)	
销售费用	47 592.00(0.5 分)	
合计	722 332.00(0.5 分)	810 000.00

制单：杨玉（0.5 分）　　　　　　　　　　　　　　　复核：郭婷

凭证 10-1

企业所得税计算表

2023 年 12 月　　　　　　　　　　　　　　　　　　　金额单位：元

项目	金额
一、税前会计利润	1 944 000.00(0.5 分)
加：纳税调增项目	
减：纳税调减项目	
二、应纳税所得额	1 944 000.00(0.5 分)
所得税税率(25%)	25%
三、当期应交所得税	486 000.00(0.5 分)

制单：杨玉　　　　　　　　　　　　　　　　　　　复核：郭婷（0.5 分）

要求三：判断并更正会计分录。(30 分)

评分标准：10 个判断 10 分，7 个更正会计分录 20 分(除记 12 2/2 分录计 2 分外，其余每个更正分录计 3 分)。共计 30 分。

会计分录簿

业务号	2023 年 月	日	凭证种类及号数	摘要	会计分录 总账科目	会计分录 明细科目	借方金额	贷方金额	判断 对或错
1	12	1	记 1 1/3	购进材料验收入库	原材料		355,000.00		
					应交税费	应交增值税（进项税额）	45,500.00		
					预付账款			400,500.00	对

编制更正错误的会计分录

凭证种类及号数	摘要	会计分录 总账科目	会计分录 明细科目	借方金额	贷方金额

会计分录簿

业务号	2023 年 月	日	凭证种类及号数	摘要	会计分录 总账科目	会计分录 明细科目	借方金额	贷方金额	判断 对或错
1	12	3	记1 2/3	签发银行本票	其他货币资金	银行本票	100,500.00		
					银行存款			100,500.00	对

编制更正错误的会计分录

凭证种类及号数	摘要	会计分录 总账科目	会计分录 明细科目	借方金额	贷方金额

会计分录簿

业务号	2023年		凭证种类及号数	摘要	会计分录		借方金额	贷方金额	判断对或错
	月	日			总账科目	明细科目			
1	12	3	记1 3/3	支付货款	预付账款		10,500.00		
					银行存款			10,500.00	错

		编制更正错误的会计分录				
凭证种类及号数		摘要	会计科目		借方金额	贷方金额
			总账科目	明细科目		
记 11		更正记1 3/3	预付账款		90,000.00	
			银行存款			90,000.00

会计分录簿

业务号	2023年		凭证种类及号数	摘要	会计分录		借方金额	贷方金额	判断对或错
	月	日			总账科目	明细科目			
2	12	10	记2 1/2	扣除三险一金	应付职工薪酬	工资	31,280.00		
					其他应付款	社会保险费		14,960.00	对
					其他应付款	住房公积金		16,320.00	

		编制更正错误的会计分录				
凭证种类及号数		摘要	会计科目		借方金额	贷方金额
			总账科目	明细科目		

会计分录簿

业务号	2023年		凭证种类及号数	摘要	会计分录		借方金额	贷方金额	判断 对或错
	月	日			总账科目	明细科目			
2	12	10	记2 2/2	发放工资	应付职工薪酬	工资	104,720.00		错
					库存现金			104,720.00	

编制更正错误的会计分录

凭证种类及号数	摘要	会计分录		借方金额	贷方金额
		总账科目	明细科目		
记12 1/2	冲销 记2 2/2	应付职工薪酬	工资	104,720.00	
		库存现金			104,720.00
记12 2/2	更正 记2 2/2	应付职工薪酬	工资	104,720.00	
		银行存款			104,720.00

会计分录簿

业务号	2023年		凭证种类及号数	摘要	会计分录		借方金额	贷方金额	判断 对或错
	月	日			总账科目	明细科目			
3	12	15	记3 1/2	领用材料	生产成本	双门冰箱	52,120.00		对
					制造费用		31,000.00		
					管理费用		18,000.00		
					销售费用		5,000.00		
					原材料	原料及主要材料		106,120.00	

编制更正错误的会计分录

凭证种类及号数	摘要	会计分录		借方金额	贷方金额
		总账科目	明细科目		

会计分录簿

业务号	2023年		凭证种类及号数	摘要	会计分录		借方金额	贷方金额	判断 对反错
	月	日			会计科目				
					总账科目	明细科目			
3	12	15	记3 2/2	基建部门领用材料	在建工程		9,040.00		
					原材料	辅助材料		8,000.00	
					应交税费	应交增值税（进项税额转出）		1,040.00	错

编制更正错误的会计分录

凭证种类及号数	摘要	会计科目		借方金额	贷方金额
		总账科目	明细科目		
记13	更正记3 2/2	在建工程		1,040.00	
		应交税费	应交增值税（进项税额转出）		1,040.00

会计分录簿

业务号	2023年		凭证种类及号数	摘要	会计分录		借方金额	贷方金额	判断 对反错
	月	日			会计科目				
					总账科目	明细科目			
5	12	31	记5	支付并分摊电费	生产成本	双门冰箱	39,550.00		
					制造费用		7,345.00		
					管理费用		9,605.00		
					销售费用		4,520.00		
					银行存款			61,020.00	错

编制更正错误的会计分录

凭证种类及号数	摘要	会计科目		借方金额	贷方金额
		总账科目	明细科目		
记15 1/2	冲销记5	生产成本	双门冰箱	39,550.00	
		制造费用		7,345.00	
		管理费用		9,605.00	
		销售费用		4,520.00	
		银行存款			61,020.00
记15 2/2	更正记5	生产成本	双门冰箱	35,000.00	
		制造费用		6,500.00	
		管理费用		8,500.00	
		销售费用		4,000.00	
		应交税费	应交增值税（进项税额）	7,020.00	
		银行存款			61,020.00

会计分录簿

业务号	2023年		凭证种类及号数	摘要	会计分录		借方金额	贷方金额	判断对或错
	月	日			总账科目	明细科目			
6	12	31	记6 1/2	分配职工工资	生产成本	双门冰箱	84,000.00		
					制造费用		16,800.00		
					管理费用		36,000.00		对
					销售费用		28,800.00		
					应付职工薪酬	工资		165,600.00	

编制更正错误的会计分录

凭证种类及号数	摘要	总账科目	明细科目	借方金额	贷方金额

会计分录簿

业务号	2023年		凭证种类及号数	摘要	会计分录		借方金额	贷方金额	判断对或错
	月	日			总账科目	明细科目			
6	12	31	记6 2/2	按比例计提三险一金	生产成本	双门冰箱	18,480.00		
					制造费用		3,696.00		
					管理费用		7,920.00		错
					销售费用		6,336.00		
					应付职工薪酬	社会保险费		36,432.00	

编制更正错误的会计分录

凭证种类及号数	摘要	总账科目	明细科目	借方金额	贷方金额
记15	更正记6 2/2 少记	生产成本	双门冰箱	1,080.00	
		制造费用		2,016.00	
		管理费用		4,320.00	
		销售费用		3,456.00	
		应付职工薪酬	住房公积金		19,872.00

要求四：编制记账凭证。(20分)

评分标准：凭证4 1/3和凭证9 2/2各计3分；其余每张凭证各计2分。共9张凭证，计20分。

业务4：

记 账 凭 证

2023年12月26日　　　　　　　　　　　　　　记字第 4 1/3 号

摘要	总账科目	明细科目	记账√	借方金额	记账√	贷方金额
				千百十万千百十元角分		千百十万千百十元角分
销售产品确认收入	应收账款			9 1 8 5 7 0 0 0		
	主营业务收入					8 1 0 0 0 0 0 0
	应交税费	应交增值税（销项税额）				1 0 5 3 0 0 0 0
	银行存款					3 2 7 0 0 0
合　计				￥9 1 8 5 7 0 0 0		￥9 1 8 5 7 0 0 0

附单据 3 张

财务主管 郭婷　　记账 杨玉　　出纳 陈以修　　审核 郭婷　　制单 杨玉

记 账 凭 证

2023年12月26日　　　　　　　　　　　　　　记字第 4 2/3 号

摘要	总账科目	明细科目	记账√	借方金额	记账√	贷方金额
				千百十万千百十元角分		千百十万千百十元角分
结转销售成本	主营业务成本			6 0 0 0 0 0 0 0		
	库存商品	双门冰箱				6 0 0 0 0 0 0 0
合　计				￥6 0 0 0 0 0 0 0		￥6 0 0 0 0 0 0 0

附单据 3 张

财务主管 郭婷　　记账 杨玉　　出纳 陈以修　　审核 郭婷　　制单 杨玉

记 账 凭 证

2023年12月31日　　　　　　　　　　　　　　记字第 4 3/3 号

摘要	总账科目	明细科目	记账√	借方金额	记账√	贷方金额
				千百十万千百十元角分		千百十万千百十元角分
收到销货款	银行存款			9 1 8 5 7 0 0 0		
	应收账款					9 1 8 5 7 0 0 0
合　计				￥9 1 8 5 7 0 0 0		￥9 1 8 5 7 0 0 0

附单据 3 张

财务主管 郭婷　　记账 杨玉　　出纳 陈以修　　审核 郭婷　　制单 杨玉

业务7:

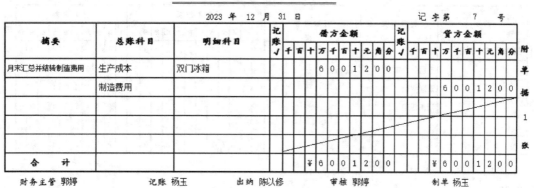

业务8:

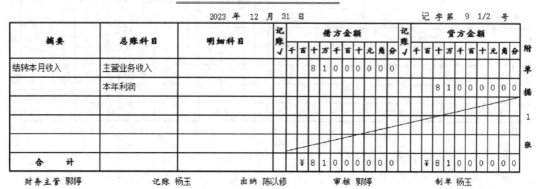

业务9:

记 账 凭 证

2023 年 12 月 31 日　　　　　记字第 9 1/2 号

摘要	总账科目	明细科目	记账√	借方金额 千百十万千百十元角分	记账√	贷方金额 千百十万千百十元角分
结转本月收入	主营业务收入			8 1 0 0 0 0 0 0		
	本年利润					8 1 0 0 0 0 0 0
合　计				¥ 8 1 0 0 0 0 0 0		¥ 8 1 0 0 0 0 0 0

财务主管 郭婷　　　记账 杨玉　　　出纳 陈以修　　　审核 郭婷　　　制单 杨玉

记 账 凭 证

2023 年 12 月 31 日　　　　　　　记字第 9 2/2 号

摘要	总账科目	明细科目	记账√	借方金额 千百十万千百十元角分	记账√	贷方金额 千百十万千百十元角分	附单据
结转本月成本费用	本年利润			7 2 2 3 3 2 0 0			1张
	主营业务成本					6 0 0 0 0 0 0 0	
	管理费用					7 4 7 4 0 0 0	
	销售费用					4 7 5 9 2 0 0	
合 计				¥ 7 2 2 3 3 2 0 0		¥ 7 2 2 3 3 2 0 0	

财务主管　　　　　记账　　　　　出纳　　　　　审核　　　　　制单 杨玉

业务10：

记 账 凭 证

2023 年 12 月 31 日　　　　　　　记字第 10 1/2 号

摘要	总账科目	明细科目	记账√	借方金额 千百十万千百十元角分	记账√	贷方金额 千百十万千百十元角分	附单据
计提本年应交企业所得税	所得税费用			4 8 6 0 0 0 0 0			1张
	应交税费	应交所得税				4 8 6 0 0 0 0 0	
合 计				¥ 4 8 6 0 0 0 0 0		¥ 4 8 6 0 0 0 0 0	

财务主管 郭婷　　　记账 杨玉　　　出纳 陈以修　　　审核 郭婷　　　制单 杨玉

记 账 凭 证

2023 年 12 月 31 日　　　　　　　记字第 10 2/2 号

摘要	总账科目	明细科目	记账√	借方金额 千百十万千百十元角分	记账√	贷方金额 千百十万千百十元角分	附单据
结转所得税费用	本年利润			4 8 6 0 0 0 0 0			1张
	所得税费用					4 8 6 0 0 0 0 0	
合 计				¥ 4 8 6 0 0 0 0 0		¥ 4 8 6 0 0 0 0 0	

财务主管 郭婷　　　记账 杨玉　　　出纳 陈以修　　　审核 郭婷　　　制单 杨玉

要求五：登记日记账。(12分)

评分标准：期初余额、借方发生额、贷方发生额每个登记指标1分，10个指标，计10分；贷方合计、期末余额各1分，计2分。共计12分。

表2

银行存款日记账

开户行：工行南京栖霞区思顺路支行
账号：8982466038129666504

2023年		记账凭证		对方科目	摘要	结算凭证		借方	贷方	借或贷	余额
月	日	字	号			种类	号码	千百十万千百十元角分	千百十万千百十元角分		千百十万千百十元角分
12	01				期初余额					借	2 5 8 0 0 0 0 0
12	03	记	1 2/3	其他货币资金	签发银行本票				1 0 0 5 0 0 0 0		2 4 7 9 5 0 0 0 0
		记	12 2/2	应付职工薪酬	更正记2 2/2				1 0 4 7 2 0 0 0		2 3 7 4 7 8 0 0 0
12	31	记	5	生产成本等	支付并分摊运费				6 1 0 2 0 0 0		2 3 1 3 7 6 0 0 0
		记	14 1/2	生产成本等	冲销记5				-6 1 0 2 0 0 0		2 3 7 4 7 8 0 0 0
		记	14 2/2	生产成本等	更正记5				6 1 0 2 0 0 0		2 3 1 3 7 6 0 0 0
12	26	记	4 1/3	应收账款等	代垫运费				3 2 7 0 0 0		2 3 1 0 4 9 0 0 0
12	26	记	4 3/3	应付账款	收到销货款			9 1 8 5 7 0 0 0			3 2 2 9 0 6 0 0 0
					本月合计			9 1 8 5 7 0 0 0	2 6 9 5 1 0 0 0		3 2 2 9 0 6 0 0 0
											3 2 2 9 0 6 0 0 0

要求六：编制银行存款余额调节表。（8分）

评分标准：填写的每个指标计1分，共8个指标，计8分。

表4

银行存款余额调节表

编制单位：南京菲阳节能电器有限公司 　　　　2023年12月31日　　　　　　　　　金额单位：元

项目	金额	项目	金额
企业银行存款日记账余额	3 229 060.00	银行对账单余额	2 362 203.00
加：银行已收企业未收的款项 　1. 存款利息收入 　2.	 3 589.00 	加：企业已收银行未收的款项 　1. 收到银行汇票 　2.	 918 570.00
减：银行已付企业未付的款项 　1. 代扣水费 　2.	 12 896.00 	减：企业已付银行未付的款项 　1. 支付电费 　2.	 61 020.00
调节后余额	¥3 219 753.00	调节后余额	¥3 219 753.00

要求七：请根据更正无误的会计分录簿和记账凭证，计算和完善试算平衡表（表5）并达到平衡。（30分）

（注：若有红字用负数登记）

评分标准：每个指标1分，相同金额不重复计分；30个指标，共计30分。

表 5　　　　　　　　　　　　　　试算平衡表

编制单位：南京乐春电器有限公司　　　2023 年 12 月 31 日　　　　　　　　　　　　单位：元

账户名称	期初余额		本期发生额		期末余额	
	借方	贷方	借方	贷方	借方	贷方
库存现金	6,000.00				6,000.00	
银行存款	2,580,000.00		918,570.00	269,510.00	3,229,060.00	
库存商品	875,000.00		259,692.00	600,000.00	534,692.00	
原材料	750,000.00		355,000.00	114,120.00	990,880.00	
应收账款	293,000.00		918,570.00	918,570.00	293,000.00	
预付账款	300,000.00		100,500.00	400,500.00		
在建工程	567,000.00		8,000.00		575,000.00	
固定资产	4,037,000.00				4,037,000.00	
累计折旧		471,510.00				471,510.00
应付职工薪酬		136,000.00	136,000.00	221,904.00		221,904.00
应交税费		156,000.00	52,520.00	591,300.00		694,780.00
应付账款		342,000.00				342,000.00
其他应付款		179,228.00		31,280.00		210,508.00
实收资本		5,700,000.00				5,700,000.00
本年利润		1,856,332.00	1,208,332.00	810,000.00		1,458,000.00
利润分配		566,930.00				566,930.00
生产成本			259,692.00	259,692.00		
制造费用			60,012.00	60,012.00		
管理费用			74,740.00	74,740.00		
销售费用			47,592.00	47,592.00		
主营业务收入			810,000.00	810,000.00		
主营业务成本			600,000.00	600,000.00		
所得税费用			486,000.00	486,000.00		
其他货币资金			100,500.00	100,500.00		
合计	9,408,000.00	9,408,000.00	6,395,720.00	6,395,720.00	9,665,632.00	9,665,632.00

2024年江苏省普通高校对口单独招生财会类专业技能考试卷(第6套)

技能考试科目 __会计账务处理__

本试卷分两部分考核,第一部分"会计数字书写"10分;第二部分"会计综合业务处理"140分,其中审核原始凭证20分,填写原始凭证20分,判断并更正会计分录30分,编制记账凭证20分,登记日记账12分,编制银行存款余额调节表8分,编制试算平衡表30分。满分150分,考试时间90分钟。

一、会计数字书写[本大题10分,第(一)和第(二)题各5分]

(一)写出以下各项的大小写

1. 2024年1月11日　　　　大写:_____
2. ¥30 500 900.00　　　　大写:_____
3. ¥6 320 974 801.50　　　大写:_____
4. 人民币柒拾亿贰仟玖佰万肆仟元整　　小写:_____
5. 人民币捌仟贰佰伍拾贰万元零捌角陆分　小写:_____

(二)判断下列要素在相应原始凭证上的签写结果是否正确

原始凭证名称	序号	要素	签写结果	判断结果
转账支票正联	1	出票日期	2024年2月15日	
	2	用途	支付货款	
银行进账单	3	日期	贰零贰肆年叁月零捌日	
增值税普通发票	4	价税合计金额	6 300	
	5	销售单位盖章	销售单位发票专用章	

二、会计综合业务处理(本大题140分)

(一)企业基本资料

单位名称:南京泰泽新能源有限公司　　　增值税一般纳税人
社会信用代码:91320117M910780138　　　法人代表:朱笑玮
地址:南京溧水区豪丰路134号　　　　　电话:025-40851533
开户银行:中国工商银行南京溧水区鸿盈路支行
账号:6560480545322995714
开户行地址:南京溧水区晨誉路233号
国税征收机关:南京溧水区国家税务局

(二)会计岗位设置

会计主管:梁国　　　　负责财务科全面工作(兼稽核)
出纳:李欣怡　　　　　负责货币资金收付、登记日记账及对账等出纳工作
会计:杨秀　　　　　　负责分类账、会计报表等工作(兼制单)

(三) 往来单位信息

1. 泰州格文建材有限公司

开户行：中国工商银行泰州高港区卓彩路支行

开户行地址：泰州高港区瑞为路 385 号

账号：7087675227977138686

社会信用代码：91321203M062419597　　　　法人代表：李子轩

地址：泰州高港区创旭路 286 号　　　　　　　电话：0523 – 82166499

2. 宁波汇逸商贸有限公司

开户行：中国工商银行宁波江东区绿景路支行

开户行地址：宁波江东区皇盈路 398 号

账号：2487156446972712166

社会信用代码：91330204M512458619　　　　法人代表：林伟

地址：宁波江东区晨林路 299 号　　　　　　　电话：0574 – 56394446

3. 南京水务集团有限公司

开户行：中国工商银行南京中山路支行

开户行地址：南京市鼓楼区中山北路 107 号

账号：10230100001076500768

社会信用代码：91320100134880736F　　　　法人代表：周群

地址：南京市秦淮区中山东路 460 号　　　　　电话：025 – 84711033

4. 南京鸿盈运输有限公司

开户银行：中国工商银行南京秦淮区昂致路支行

开户行地址：南京秦淮区宝旺路 297 号

账号：60146174393922570658

社会信用代码：91320104M975003717　　　　法人代表：何英

地址：南京秦淮区亚和路 199 号　　　　　　　电话：025 – 46293801

(四) 2023 年 12 月 1 日总分类账户期初余额(表 1)及部分明细账户期初余额

表 1　　　　　　　　　　　**总分类账户期初余额表**　　　　　　　　金额单位：元

账户名称	借方余额	账户名称	贷方余额
库存现金	10 000.00	累计折旧	1 627 000.00
银行存款	1 792 800.00	应付职工薪酬	203 000.00
库存商品	2 700 000.00	长期借款	160 000.00
原材料	5 200 000.00	应付账款	300 000.00
固定资产	2 155 000.00	其他应付款	6 500.00
无形资产	5 044 860.00	实收资本	5 860 000.00
应交税费	48 300.00	本年利润	8 526 230.00
应收账款	255 930.00	利润分配	524 160.00
合计	17 206 890.00	合计	17 206 890.00

有关明细账户的期初余额:
① 该企业本月新投产 500 件平板太阳能热水器,月初没有在产品。
② 库存商品——平板太阳能热水器 600 台,单位成本 4 500 元,总成本 2 700 000 元。
③ 原材料:太阳能保温桶水箱 7 600 个,其中 600 个尚未取得发票,暂估价入账 300 000 元;其余 7 000 个,单位成本 700 元。合计总成本 5 200 000 元。
④ 应付账款——泰州格文建材有限公司(暂估价款)300 000 元。
⑤ 应付职工薪酬——工资 203 000 元。
⑥ 应交税费——未交增值税(借方)48 300 元(属于上月没有抵扣完的进项税额)。
⑦ 本年利润:1—11 月累计实现税前利润 8 526 230 元。
⑧ 利润分配——未分配利润(贷方)524 160 元(历年累计未分配利润)。

(五) 2023 年 12 月假如发生如下经济业务或事项(注:假定取得的增值税专用发票都经税务机关认证,产品销售成本随笔结转)

业务 1:1 日,上月末从泰州格文建材有限公司购入的 600 个生产用原材料太阳能保温桶水箱,由于发票账单尚未到达,上月末按估价 300 000 元入账。今日发票等账单送达,增值税专用发票上注明的价款 360 000 元,增值税 46 800 元。对方代垫运费价税合计 3 000 元(取得普通发票略)。今日冲销原估价入账,按实际成本重新填写收料单,委托开户银行开出并承兑一张期限为 3 个月的银行承兑汇票抵付全部价款。另通过银行转账支付承兑手续费 1 250 元(手续费不考虑相关税费,凭证略)。(凭证 1-1、1-2、1-3)

业务 2:10 日,结算上月工资。按规定从应付职工薪酬中扣除"三险一金"和个人所得税,签发现金支票送交开户银行按实发金额发放职工上月工资。(凭证 2-1、2-2。要求填写凭证 2-2 现金支票)

业务 3:12 日,公司各部门根据其不同用途领用材料,发料凭证见汇总表。(凭证 3-1)

业务 4:25 日,与宁波汇逸商贸有限公司签订合同,向其销售 500 台平板太阳能热水器,每台售价为 8 000 元,每台成本为 4 500 元,增值税税率为 13%。客户要求对该产品提供 6 个月价格不下降的保障,公司对未来 6 个月市场进行了预测,每台产品的价格至少下降 100 元,公司同意按合同售价每台折让 100 元,产品已发出,商品的控制权已转移,货款尚未收到。公司为销售该产品向南京鸿盈运输有限公司支付运输费 6 000 元,增值税额 540 元,取得了增值税专用发票,当日签发转账支票(凭证略)付讫,并取得银行进账单回单联。(凭证 4-1、4-2、4-3。要求填写凭证 4-1 增值税专用发票)

业务 5:31 日,接到银行付款通知单(凭证略),支付南京水务集团有限公司水费。按部门用水量分摊。(凭证 5-1、5-2)

业务 6:31 日,分配本月应付职工薪酬,并按应付工资的一定比例计提"三险一金"。(凭证 6-1)

业务 7:31 日,月末汇总生产车间的制造费用并转入生产成本。(注:全部由本月生产的平板太阳能热水器承担。要求填写凭证 7-1 制造费用汇总表)

业务 8:31 日,本月投产的 500 台平板太阳能热水器全部完工,验收入库,结转完工入库产品成本。(要求填写凭证 8-1 完工产品成本汇总表)

业务 9:31 日,将各损益类账户的发生额转入"本年利润"账户。(要求填写凭证 9-1 损益类账户发生额汇总表)

业务10：31日，计算全年应纳税所得额，计提本年应交企业所得税，并将所得税费用转入本年利润。（假如不考虑纳税调整事项。要求填写凭证10-1企业所得税计算表，所得税税率为25%）

原始凭证附后。

要求一：审核原始凭证。（20分）

仔细审核业务1~6所附原始凭证，判断每张原始凭证的正误。

凭证1-1

答题区： 正确□ 错误□

凭证1-2

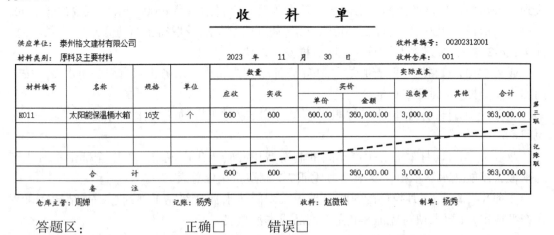

答题区： 正确□ 错误□

第六部分 2024年江苏省对口单招财会专业技能考试真题、答案及评分标准

凭证 1-3

中国工商银行 银行承兑汇票 2

10203250
54309832

出票日期(大写)	贰零贰叁 年 壹拾 月 零壹 日			
出票人全称	南京泰泽新能源有限公司	收款人	全称	泰州格文建材有限公司
出票人账号	6560480545322995714		账号	7087675227977138686
付款行全称	工行南京溧水区鸿盈路支行		开户银行	工行泰州高港区卓彩路支行
出票金额	人民币(大写) 肆拾万玖仟捌佰元整			¥ 4 0 9 8 0 0 0 0
汇票到期日(大写)	贰零贰肆年零贰月零壹日	付款行	行号	808365398951
承兑协议编号	96729903		地址	南京溧水区晨誉路233号

本汇票请你行承兑。到期无条件付款。

本汇票已经承兑。到期日由本行付款。

密押

承兑行签章

承兑日期 年 月 日

出票人签章

备注

复核 记账

答题区： 正确□ 错误□

凭证 2-1

工资汇总表

2023 年 12 月 10 日 单位：元

部 门	应付工资	代扣款项						实发工资
		养老保险(8%)	医疗保险(2%)	失业保险(1%)	住房公积金(12%)	个人所得税	合计	
生产工人	96,000.00	7,680.00	1,920.00	960.00	11,520.00	3,200.00	25,280.00	70,720.00
车间管理人员	18,000.00	1,440.00	360.00	180.00	2,160.00	800.00	4,940.00	13,060.00
销售部门人员	52,000.00	4,160.00	1,040.00	520.00	6,240.00	1,700.00	13,660.00	38,340.00
行政部门人员	37,000.00	2,960.00	740.00	370.00	4,440.00	1,200.00	9,710.00	27,290.00
合 计	¥203,000.00	¥16,240.00	¥4,060.00	¥2,030.00	¥24,360.00	¥6,900.00	¥53,590.00	¥149,410.00

总经理：朱笑玮   财务主管：梁国   制表：杨秀

答题区： 正确□ 错误□

凭证 3-1

发料凭证汇总表

2023 年 12 月 12 日　　　　　　　　　　　　　　　金额单位：元

用途		原料及主要材料	辅助材料	备注
生产产品耗用	平板太阳能热水器	1 820 000.00		
车间耗用		64 000.00		
销售部门耗用		20 000.00		
管理部门耗用		30 000.00		
集体福利耗用			5 000.00	
合计		¥1 934 000.00	¥5 000.00	

会计主管：梁国　　　　　　　　　　　　　　　　会计：杨秀

答题区：　　　　　　正确□　　　　错误□

凭证 4-2

答题区：　　　　　　正确□　　　　错误□

凭证 4-3

答题区：　　　　　　正确□　　　　错误□

第六部分 2024年江苏省对口单招财会专业技能考试真题、答案及评分标准

凭证 5-1

答题区：　　　　　　正确□　　　错误□

凭证 5-2

水费计算分配表

2023 年 12 月 31 日　　　　　　　　　　　　　金额单位：元

部门		用水量/立方米	分配率	分配金额
生产产品动力用	平板太阳能热水器	12 000		52 320.00
生产车间一般耗用		6 000		26 160.00
行政管理部门办公用		3 000		13 080.00
销售管理部门办公用		2 000		8 720.00
合计		23 000	4.36	100 280.00

制单：杨秀　　　　　　　　　　　　　　　　　　复核：梁国

答题区：　　　　　　正确□　　　错误□

凭证 6-1

职工薪酬分配汇总表

2023 年 12 月 31 日　　　　　　　　　　　　　金额单位：元

项目		应付工资	社会保险费及住房公积金				住房公积金（12%）	合计
			养老保险（12%）	医疗保险（8%）	失业保险（2%）	小计		
生产工人薪酬	平板太阳能热水器	78 000.00	9 360.00	6 240.00	1 560.00	17 160.00	9 360.00	26 520.00
车间管理人员薪酬		24 000.00	2 880.00	1 920.00	480.00	5 280.00	2 880.00	8 160.00
销售部门人员薪酬		42 000.00	5 040.00	3 360.00	840.00	9 240.00	5 040.00	14 280.00
行政管理部门人员薪酬		30 000.00	3 600.00	2 400.00	600.00	6 600.00	3 600.00	10 200.00
合计		¥174 000.00	¥20 880.00	¥13 920.00	¥3 480.00	¥38 280.00	¥20 880.00	¥59 160.00

制单：梁国　　　　　　　　　　　　　　　　　　复核：杨秀

答题区：　　　　　　正确□　　　错误□

要求二：填写原始凭证。（20分）

请为业务2、业务4、业务7、业务8、业务9、业务10填写原始凭证并签名盖章(打×处不需要签名)。

业务2：10日，结算上月工资。按规定从应付职工薪酬中扣除"三险一金"和个人所得税，签发现金支票送交开户银行按实发金额发放职工上月工资。（凭证2-1、2-2。填写凭证2-2现金支票）

凭证2-2

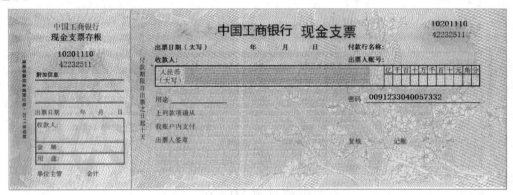

业务4：25日，与宁波汇逸商贸有限公司签订合同，向其销售500台平板太阳能热水器，每台售价为8 000元，每台成本为4 500元，增值税税率为13%。客户要求对该产品提供6个月价格不下降的保障，公司对未来6个月市场进行了预测，每台产品的价格至少下降100元，公司同意按合同售价每台折让100元，产品已发出，商品的控制权已转移，货款尚未收到。公司为销售该产品向南京鸿盈运输有限公司支付运输费6 000元，增值税额540元，取得了增值税专用发票，当日签发转账支票(凭证略)付讫，并取得银行进账单回单联。（凭证4-1、4-2、4-3。要求填写凭证4-1增值税专用发票）

凭证4-1

业务 7：31 日，月末汇总生产车间的制造费用并转入生产成本。（注：全部由本月生产的平板太阳能热水器承担。要求填写凭证 7-1 制造费用汇总表）

凭证 7-1

制造费用汇总表

金额单位：元

项目	材料费	职工薪酬	折旧费	水电费	办公费	其他	合计
本期发生额							

会计主管：　　　　　　　　　　　　　　　　　　制单：

业务 8：31 日，本月投产的 500 台平板太阳能热水器全部完工，验收入库，结转完工入库产品成本。（要求填写凭证 8-1 完工产品成本汇总表）

凭证 8-1

完工产品成本汇总表

2023 年 12 月 31 日　　　　　　　　　　金额单位：元

产品名称		平板太阳能热水器	合计
	产量（500 台）		
成本项目	直接材料		
	燃料动力		
	直接人工		
	制造费用		
合计			
单位成本			

会计主管：　　　　　　　　　　　　　　　　　　制单：

业务 9：31 日，将各损益类账户的发生额转入"本年利润"账户。（要求填写凭证 9-1 损益类账户发生额汇总表）

凭证 9-1

损益类账户发生额汇总表

2023 年 12 月　　　　　　　　　　　　金额单位：元

账户	本月发生额	
	借方	贷方
主营业务收入		
其他业务收入		
主营业务成本		
其他业务成本		
管理费用		
销售费用		
财务费用		
合计		

会计主管：　　　　　　　　　　　　　　　　　　制单：

业务10：31日，计算全年应纳税所得额，计提本年应交企业所得税，并将所得税费用转入本年利润。（假如不考虑纳税调整事项。要求填写凭证10-1 企业所得税计算表，所得税税率为25%）

凭证10-1

企业所得税计算表

2023年12月　　　　　　　　　　　　　　　　　　　　金额单位：元

项目	金额
一、税前会计利润	
加：纳税调增项目	
减：纳税调减项目	
二、应纳税所得额	
所得税税率(25%)	
三、当期应交所得税	

会计主管：　　　　　　　　　　　　　　　制单：

要求三：判断并更正会计分录。（30分）

判断业务1、业务2、业务3、业务5、业务6所编制的会计分录（见会计分录簿）的正误，如果存在错误，请采用正确方法进行更正，对于科目名称错误以及多计金额，请用红字更正法更正；对于漏记事项以及少计金额，请用补充登记法更正。更正会计分录直接填入表内相应位置，凭证从记11号开始编号。

（注：除生产成本、应交税费等科目需要写出必要的明细科目以外，其他只写出一级科目）

会计分录簿

业务号	2023年		凭证种类及号数	摘要	会计分录		借方金额	贷方金额	判断对或错
	月	日			会计科目				
					总账科目	明细科目			
1	12	1	记1 1/3	冲销上月材料暂估价	原材料		300,000.00		
					应付账款	暂估应付款		300,000.00	

编制更正错误的会计分录

凭证种类及号数	摘要	会计科目		借方金额	贷方金额
		总账科目	明细科目		

会计分录簿

业务号	2023年		凭证种类及号数	摘要	会计分录				判断
	月	日			会计科目		借方金额	贷方金额	对或错
					总账科目	明细科目			
1	12	01	记1 2/3	购买材料，验收入库	原材料		363,000.00		
					应交税费	应交增值税（进项税额）	46,800.00		
					其他货币资金	银行承兑汇票		409,800.00	

编制更正错误的会计分录

凭证种类及号数	摘要	会计科目		借方金额	贷方金额
		总账科目	明细科目		

会计分录簿

业务号	2023年		凭证种类及号数	摘要	会计分录				判断
	月	日			会计科目		借方金额	贷方金额	对或错
					总账科目	明细科目			
1	12	1	记1 3/3	支付承兑手续费	财务费用		1,250.00		
					银行存款			1,250.00	

编制更正错误的会计分录

凭证种类及号数	摘要	会计科目		借方金额	贷方金额
		总账科目	明细科目		

会计分录簿

业务号	2023年		凭证种类及号数	摘要	会计分录		借方金额	贷方金额	判断对与错
	月	日			总账科目	明细科目			
2	12	10	记2 1/3	扣除三险一金及个税	应付职工薪酬	工资	46,690.00		
					其他应付款	社会保险费		22,330.00	
					其他应付款	住房公积金		24,360.00	

编制更正错误的会计分录

凭证种类及号数	摘要	会计科目		借方金额	贷方金额
		总账科目	明细科目		

会计分录簿

业务号	2023年		凭证种类及号数	摘要	会计分录		借方金额	贷方金额	判断对与错
	月	日			总账科目	明细科目			
2	12	10	记2 2/3	签发现金支票	库存现金		149,410.00		
					银行存款			149,410.00	

编制更正错误的会计分录

凭证种类及号数	摘要	会计科目		借方金额	贷方金额
		总账科目	明细科目		

会计分录簿

业务号	2023年		凭证种类及号数	摘要	会计分录		借方金额	贷方金额	判断
	月	日			总账科目	明细科目			对或错
2	12	10	记2 3/3	发放职工工资	应付职工薪酬	工资	149,410.00		
					库存现金			149,410.00	

编制更正错误的会计分录

凭证种类及号数	摘要	会计科目		借方金额	贷方金额
		总账科目	明细科目		

会计分录簿

业务号	2023年		凭证种类及号数	摘要	会计分录		借方金额	贷方金额	判断
	月	日			总账科目	明细科目			对或错
3	12	12	记3	各部门领材料	生产成本	平板太阳能热水器	1,820,000.00		
					制造费用		64,000.00		
					销售费用		20,000.00		
					管理费用		30,000.00		
					应付职工薪酬	职工福利费	5,000.00		

编制更正错误的会计分录

凭证种类及号数	摘要	会计科目		借方金额	贷方金额
		总账科目	明细科目		
		原材料			1,939,000.00

会计分录簿

业务号	2023年		凭证种类及号数	摘要	会计分录		借方金额	贷方金额	判断
	月	日			会计科目				对或错
					总账科目	明细科目			
5	12	31	记5	分摊并支付税费	生产成本	平板太阳能热水器	52,320.00		
					制造费用		26,160.00		
					管理费用		13,080.00		
					销售费用		8,720.00		
					银行存款			100,280.00	

编制更正错误的会计分录

凭证种类及号数	摘要	会计科目		借方金额	贷方金额
		总账科目	明细科目		

会计分录簿

业务号	2023年		凭证种类及号数	摘要	会计分录		借方金额	贷方金额	判断
	月	日			会计科目				对或错
					总账科目	明细科目			
6	12	31	记6 1/2	分配职工工资	生产成本	平板太阳能热水器	78,000.00		
					制造费用		24,000.00		
					管理费用		30,000.00		
					销售费用		42,000.00		
					应付职工薪酬	工资		174,000.00	

编制更正错误的会计分录

凭证种类及号数	摘要	会计科目		借方金额	贷方金额
		总账科目	明细科目		

会计分录簿

业务号	2023年		凭证种类及号数	摘要	会计分录				判断
	月	日			会计科目		借方金额	贷方金额	对或错
					总账科目	明细科目			
6	12	31	记6 2/2	按工资比例计提三险一金	生产成本	平板太阳能热水器	17,160.00		
					制造费用		5,280.00		
					管理费用		6,600.00		
					销售费用		9,240.00		
					应付职工薪酬	社会保险费		38,280.00	

编制更正错误的会计分录

凭证种类及号数	摘要	会计科目		借方金额	贷方金额
		总账科目	明细科目		

要求四：编制记账凭证。（20分）

根据业务4、业务7、业务8、业务9、业务10编制对应的记账凭证。(注：除生产成本、应交税费等科目需要写出必要的明细科目以外，其他只写出一级科目)

业务4：25日，与宁波汇逸商贸有限公司签订合同，向其销售500台平板太阳能热水器，每台售价为8 000元，每台成本为4 500元，增值税税率为13%。客户要求对该产品提供6个月价格不下降的保障，公司对未来6个月市场进行了预测，每台产品的价格至少下降100元，公司同意按合同售价每台折让100元，产品已发出，商品的控制权已转移，货款尚未收到。公司为销售该产品向南京鸿盈运输有限公司支付运输费6 000元，增值税额540元，取得了增值税专用发票，当日签发转账支票(凭证略)付讫，并取得银行进账单回单联。(凭证4-1、4-2、4-3。要求填写凭证4-1增值税专用发票)

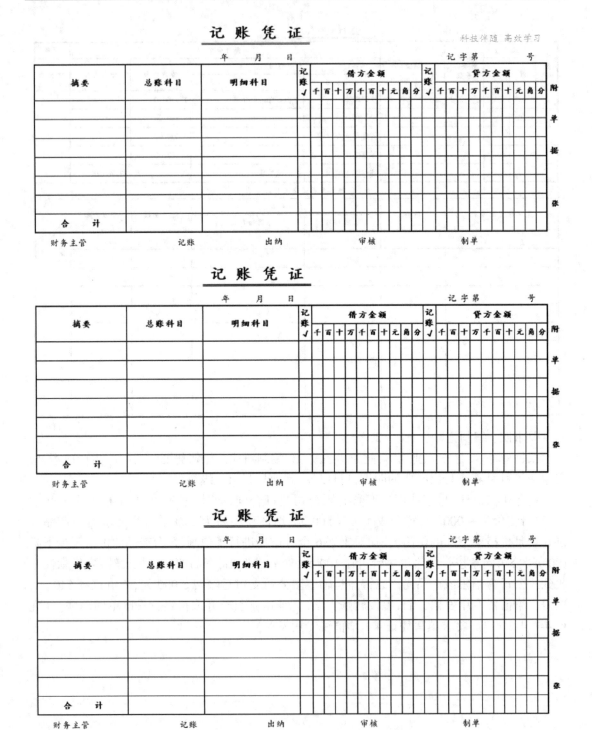

业务 7：31 日，月末汇总生产车间的制造费用并转入生产成本。（注：全部由本月生产的平板太阳能热水器承担。要求填写凭证 7-1 制造费用汇总表）

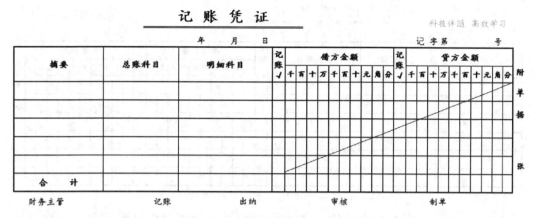

业务8：31日，本月投产的500台平板太阳能热水器全部完工，验收入库，结转完工入库产品成本。（要求填写凭证8-1完工产品成本汇总表）

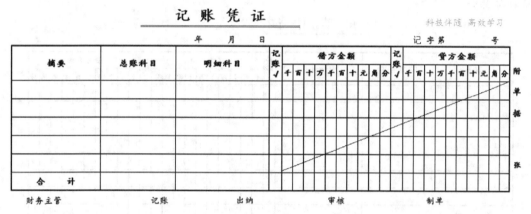

业务9：31日，将各损益类账户的发生额转入"本年利润"账户。（要求填写凭证9-1损益类账户发生额汇总表）

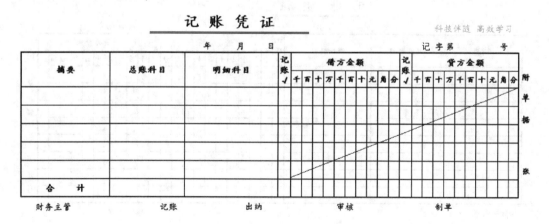

记 账 凭 证

年 月 日　　　　　　　　　　　　　　　记字第　　号

摘要	总账科目	明细科目	记账√	借方金额 千百十万千百十元角分	记账√	贷方金额 千百十万千百十元角分
合计						

财务主管　　　　记账　　　　出纳　　　　审核　　　　制单

业务10：31日，计算全年应纳税所得额，计提本年应交企业所得税，并将所得税费用转入本年利润。（假如不考虑纳税调整事项。要求填写凭证10-1企业所得税计算表，所得税税率为25%）

记 账 凭 证

年 月 日　　　　　　　　　　　　　　　记字第　　号

摘要	总账科目	明细科目	记账√	借方金额 千百十万千百十元角分	记账√	贷方金额 千百十万千百十元角分
合计						

财务主管　　　　记账　　　　出纳　　　　审核　　　　制单

记 账 凭 证

年 月 日　　　　　　　　　　　　　　　记字第　　号

摘要	总账科目	明细科目	记账√	借方金额 千百十万千百十元角分	记账√	贷方金额 千百十万千百十元角分
合计						

财务主管　　　　记账　　　　出纳　　　　审核　　　　制单

要求五：登记日记账。（12分）

根据记账凭证（包括更正无误的会计分录簿）逐笔登记银行存款日记账（表2），并进行月末结账。（注：红字冲销金额用红字登记）

表2

银行存款日记账

开户行：
账号：

年		记账凭证字号	对方科目	摘要	结算凭证		借方	贷方	借或贷	余额
月	日				种类	号码	千百十万千百十元角分	千百十万千百十元角分		千百十万千百十元角分

要求六：编制银行存款余额调节表。（8分）

根据自己登记正确的"银行存款日记账"（表2）与银行送达的"中国工商银行南京溧水区鸿盈路支行对账单"（表3），对企业基本账号6560480545322995714的本月收支流水进行逐笔勾对，找出未达账项，编制银行存款余额调节表（表4）

表3 **中国工商银行南京溧水区鸿盈路支行对账单**

单位名称：南京泰泽新能源有限公司　　　　　　　　　账号：6560480545322995714

2023年12月1日—12月31日　　　　　　　　　　　金额单位：元

2023年		摘要	结算凭证号	借方	贷方	余额
月	日					
12	1	期初余额				1 792 800
	1	签发银行承兑汇票手续费	银行扣款通知12106号	1 250		
	10	代发工资	转账支票10201120	149 410		
	25	支付运输费	转账支票10203310	6 540		
	31	货款收账通知	委托收款（收账通知）12250742		4 463 500	
	31	代扣电费	同城特约委托收款凭证207589号	69 290		
	31	利息费用	利息清单付款通知2659号	8 230		
	31	本月合计		234 720	4 463 500	6 021 580.00

表4 银行存款余额调节表

编制单位：南京飞妙光伏太阳能有限公司　　2023 年 12 月 31 日　　　　　金额单位：元

项目	金额	项目	金额
企业银行存款日记账余额		银行对账单余额	
加：银行已收企业未收的款项 　1. 货款收账通知 　2.		加：企业已收银行未收的款项 　1. 　2.	
减：银行已付企业未付的款项 　1. 代扣电费 　2. 利息支出		减：企业已付银行未付的款项 　1. 支付水费 　2.	
调节后余额		调节后余额	

要求七：请根据更正无误的会计分录簿和记账凭证，计算和完善试算平衡表（表5）并达到平衡。(30 分)

（注：若有红字用负数登记）

表5 试算平衡表

编制单位：南京泰泽新能源有限公司　　　　2023 年 12 月 31 日　　　　　　单位：元

账户名称	期初余额		本期发生额		期末余额	
	借方	贷方	借方	贷方	借方	贷方
库存现金	10,000.00					
银行存款	1,792,800.00					
库存商品	2,700,000.00					
原材料	5,200,000.00					
应收账款	255,930.00					
固定资产	2,155,000.00					
累计折旧		1,627,000.00				
无形资产	5,044,860.00					
长期借款		160,000.00				
短期借款						
其他应付款		6,500.00				
应付职工薪酬		203,000.00				
应交税费	48,300.00					
应付账款		300,000.00				
实收资本		5,860,000.00				
本年利润		8,526,230.00				
利润分配		524,160.00				
合计	17,206,890.00	17,206,890.00				

财会类专业技能考试卷(第6套)评分标准及答案

技能考试科目　会计账务处理

一、会计数字书写[本大题10分,第(一)和第(二)题各5分]

(一)写出以下各项的大小写

1. 大写：　贰零贰肆年零壹月壹拾壹日

2. 大写：　人民币叁仟零伍拾万零玖佰元整(正)

3. 大写：　人民币陆拾叁亿贰仟零玖拾柒万肆仟捌佰零壹元伍角整(正)

4. 小写：　￥7 029 004 000.00

5. 小写：　￥82 520 000.86

(二)判断下列要素在相应原始凭证上的签写结果是否正确

原始凭证名称	序号	判断结果
转账支票正联	1	错(1分)
转账支票正联	2	对(1分)
银行进账单	3	错(1分)
增值税普通发票	4	错(1分)
增值税普通发票	5	对(1分)

二、会计综合业务处理(本大题140分)

要求一：审核原始凭证。(20分)

评分标准：每张凭证判断2分,共10张,计20分。

凭证1-1：正确☐　　错误☑

凭证1-2：正确☐　　错误☑

凭证1-3：正确☐　　错误☑

凭证2-1：正确☑　　错误☐

凭证3-1：正确☑　　错误☐

凭证4-2：正确☐　　错误☑

凭证4-3：正确☐　　错误☑

凭证5-1：正确☑　　错误☐

凭证5-2：正确☐　　错误☑

凭证6-1：正确☑　　错误☐

要求二：填写原始凭证。(20分)

评分标准：凭证2-2(5分);凭证4-1(5分);凭证7-1(2分);凭证8-1(3分);凭证9-1(3分);凭证10-1(2分)。共计20分。

凭证2-2

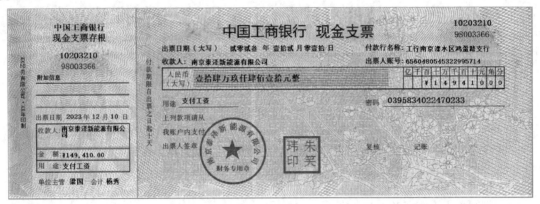

凭证4-1

凭证7-1

制造费用汇总表

金额单位：元

项目	材料费	职工薪酬	折旧费	水电费	办公费	其他	合计
本期发生额	64 000.00 (0.5分)	32 160.00 (0.5分)		24 000.00 (0.5分)			120 160.00 (0.5分)

会计主管：梁国　　　　　　　　　　　　　　制单：杨秀

凭证8-1

完工产品成本汇总表

2023年12月31日　　　　　　　　　　　　　　　　金额单位：元

产品名称		平板太阳能热水器	合计
产量(500台)			
成本项目	直接材料	1 820 000.00(0.5分)	
	燃料动力	48 000.00(0.5分)	
	直接人工	104 520.00(0.5分)	
	制造费用	120 160.00(0.5分)	
合计		2 092 680.00(0.5分)	
单位成本		4 185.36(0.5分)	

会计主管：梁国　　　　　　　　　　　　　　　　制单：杨秀

凭证9-1

损益类账户发生额汇总表

2023年12月　　　　　　　　　　　　　　　　金额单位：元

账户	本月发生额	
	借方	贷方
主营业务收入		3 950 000.00（0.5分）
其他业务收入		
主营业务成本	2 250 000.00（0.5分）	
其他业务成本		
管理费用	82 200.00（0.5分）	
销售费用	90 280.00（0.5分）	
财务费用	1 250.00（0.5分）	
合计	2 423 730.00（0.5分）	3 950 000.00

会计主管：梁国　　　　　　　　　　　　　　　　制单：杨秀

凭证10-1

企业所得税计算表

2023年12月　　　　　　　　　　　　　　　　金额单位：元

项目	金额
一、税前会计利润	10 052 500.00(1分)
加：纳税调增项目	
减：纳税调减项目	
二、应纳税所得额	10 052 500.00(0.5分)
所得税税率(25%)	25%
三、当期应交所得税	2 513 125.00(0.5分)

会计主管：梁国　　　　　　　　　　　　　　　　制单：杨秀

要求三：判断并更正会计分录。（30分）

评分标准：10个判断10分，7个更正会计分录20分（其中记12凭证计2分，其余每个计3分），共计30分。

会计分录簿

业务号	2023年		凭证种类及号数	摘要	会计分录		借方金额	贷方金额	判断
	月	日			会计科目				对或错
					总账科目	明细科目			
1	12	1	记1 1/3	冲销上月材料暂估价	原材料		300,000.00		对
					应付账款	暂估应付款		300,000.00	

凭证种类及号数	摘要	会计科目		借方金额	贷方金额
		总账科目	明细科目		

编制更正错误的会计分录

会计分录簿

业务号	2023年		凭证种类及号数	摘要	会计分录		借方金额	贷方金额	判断
	月	日			会计科目				对或错
					总账科目	明细科目			
1	12	1	记1 2/3	材料验收入库	原材料		363,000.00		错
					应交税费	应交增值税（进项税额）	46,800.00		
					其他货币资金	银行承兑汇票		409,800.00	

编制更正错误的会计分录

凭证种类及号数	摘要	会计科目		借方金额	贷方金额
		总账科目	明细科目		
记11 1/2	冲销记1 2/3错账	原材料		363,000.00	
		应交税费	应交增值税（进项税额）	46,800.00	
		其他货币资金	银行承兑汇票		409,800.00
记11 2/2	更正记1 2/3	原材料		363,000.00	
		应交税费	应交增值税（进项税额）	46,800.00	
		应付票据			409,800.00

会计分录簿

业务号	2023年 月	日	凭证种类及号数	摘要	会计分录 总账科目	会计科目 明细科目	借方金额	贷方金额	判断 对或错
1	12	1	记1 3/3	支付承兑手续费	财务费用		1,250.00		对
					银行存款			1,250.00	

编制更正错误的会计分录

凭证种类及号数	摘要	总账科目	明细科目	借方金额	贷方金额

会计分录簿

业务号	2023年 月	日	凭证种类及号数	摘要	会计分录 总账科目	会计科目 明细科目	借方金额	贷方金额	判断 对或错
2	12	10	记2 1/3	扣除三险 企业个人所得税	应付职工薪酬	工资	46,690.00		错
					其他应付款	社会保险费		22,330.00	
					其他应付款	住房公积金		24,360.00	

编制更正错误的会计分录

凭证种类及号数	摘要	总账科目	明细科目	借方金额	贷方金额
记12	更正记2 1/3少计个人所得税	应付职工薪酬	工资	6,900.00	
		应交税费	应交个人所得税		6,900.00

会计分录簿

业务号	2023 年		凭证种类及号数	摘要	会计分录		借方金额	贷方金额	判断
	月	日			会计科目				对或错
					总账科目	明细科目			
2	12	10	记2 2/3	签发现金支票	库存现金		149,410.00		
					银行存款			149,410.00	对

编制更正错误的会计分录

凭证种类及号数	摘要	会计科目		借方金额	贷方金额
		总账科目	明细科目		

会计分录簿

业务号	2023 年		凭证种类及号数	摘要	会计分录		借方金额	贷方金额	判断
	月	日			会计科目				对或错
					总账科目	明细科目			
2	12	10	记2 3/3	发放职工工资	应付职工薪酬	工资	149,410.00		
					库存现金			149,410.00	对

编制更正错误的会计分录

凭证种类及号数	摘要	会计科目		借方金额	贷方金额
		总账科目	明细科目		

会计分录簿

业务号	2023 年		凭证种类及号数	摘要	会计分录				判断对或错
	月	日			会计科目		借方金额	贷方金额	
					总账科目	明细科目			
3	12	12	记3	公司各部门领用材料	生产成本	平板太阳能热水器	1,820,000.00		错
					制造费用		64,000.00		
					销售费用		20,000.00		
					管理费用		30,000.00		
					应付职工薪酬	职工福利费	5,000.00		
					原材料			1,939,000.00	

		编制更正错误的会计分录				
凭证种类及号数	摘要	会计科目		借方金额	贷方金额	
		总账科目	明细科目			
记13	更正记3 少计税费	应付职工薪酬	职工福利费	650.00		
		应交税费	应交增值税（进项税额转出）		650.00	

会计分录簿

业务号	2023 年		凭证种类及号数	摘要	会计分录				判断对或错
	月	日			会计科目		借方金额	贷方金额	
					总账科目	明细科目			
5	12	31	记5	分配并支付水费	生产成本	平板太阳能热水器	52,320.00		错
					制造费用		26,160.00		
					管理费用		13,080.00		
					销售费用		8,720.00		
					银行存款			100,280.00	

		编制更正错误的会计分录				
凭证种类及号数	摘要	会计科目		借方金额	贷方金额	
		总账科目	明细科目			
记14 1/2	冲销记5	生产成本	平板太阳能热水器	52,320.00		
		制造费用		26,160.00		
		管理费用		13,080.00		
		销售费用		8,720.00		
		银行存款			100,280.00	
记14 2/2	更正记5	生产成本		48,000.00		
		制造费用		24,000.00		
		管理费用		12,000.00		
		销售费用		8,000.00		
		应交税费	应交增值税（进项税额）	8,280.00		
		银行存款			100,280.00	

会计分录簿

业务号	2023年		凭证种类及号数	摘要	会计分录		借方金额	贷方金额	判断
	月	日			会计科目				对或错
					总账科目	明细科目			
6	12	31	记6 1/2	分配职工工资	生产成本	平板太阳能热水器	78,000.00		
					制造费用		24,000.00		
					管理费用		30,000.00		对
					销售费用		42,000.00		
					应付职工薪酬	工资		174,000.00	

编制更正错误的会计分录

凭证种类及号数	摘要	会计科目		借方金额	贷方金额
		总账科目	明细科目		

会计分录簿

业务号	2023年		凭证种类及号数	摘要	会计分录		借方金额	贷方金额	判断
	月	日			会计科目				对或错
					总账科目	明细科目			
6	12	31	记6 2/2	按工资比例计提本月三险一金	生产成本	平板太阳能热水器	17,160.00		
					制造费用		5,280.00		
					管理费用		6,600.00		错
					销售费用		9,240.00		
					应付职工薪酬	社会保险费		38,280.00	

编制更正错误的会计分录

凭证种类及号数	摘要	会计科目		借方金额	贷方金额
		总账科目	明细科目		
记15	更正记6 2/2 少提住房公积金	生产成本	平板太阳能热水器	9,360.00	
		制造费用		2,880.00	
		管理费用		3,600.00	
		销售费用		5,040.00	
		应付职工薪酬	住房公积金		20,880.00

要求四：编制记账凭证。（20分）

评分标准：凭证4 3/3和凭证9 2/2各计3分；其余每张凭证各计2分。共9张凭证，计20分。

业务4：

记账凭证

2023年12月25日　　　　　记字第 4 1/3 号

摘要	总账科目	明细科目	借方金额	贷方金额
销售商品确认收入	应收账款	宁波汇逸商贸有限公司	446350000	
	主营业务收入			395000000
	应交税费	应交增值税（销项税额）		51350000
合计			¥446350000	¥446350000

附单据 3 张

财务主管 梁国　　记账 杨秀　　出纳 刘舰壮　　审核 梁国　　制单 杨秀

记账凭证

2023年12月25日　　　　　记字第 4 2/3 号

摘要	总账科目	明细科目	借方金额	贷方金额
结转已销售商品成本	主营业务成本		225000000	
	库存商品			225000000
合计			¥225000000	¥225000000

附单据 3 张

财务主管 梁国　　记账 杨秀　　出纳 刘舰壮　　审核 梁国　　制单 杨秀

记账凭证

2023年12月25日　　　　　记字第 4 3/3 号

摘要	总账科目	明细科目	借方金额	贷方金额
支付运输费	销售费用		600000	
	应交税费	应交增值税（进项税额）	54000	
	银行存款			654000
合计			¥654000	¥654000

附单据 3 张

财务主管 梁国　　记账 杨秀　　出纳 刘舰壮　　审核 梁国　　制单 杨秀

业务7：

记账凭证

2023 年 12 月 31 日　　　　记字第 7 号

摘要	总账科目	明细科目	记账√	借方金额 千百十万千百十元角分	记账√	贷方金额 千百十万千百十元角分
月末汇总并结转制造费用	生产成本	平板太阳能热水器		1 2 0 1 6 0 0 0		
	制造费用					1 2 0 1 6 0 0 0
合计				¥ 1 2 0 1 6 0 0 0		¥ 1 2 0 1 6 0 0 0

财务主管 梁国　　记账 杨秀　　出纳 刘舰壮　　审核 梁国　　制单 杨秀

业务8：

记账凭证

2023 年 12 月 31 日　　　　记字第 8 号

摘要	总账科目	明细科目	记账√	借方金额 千百十万千百十元角分	记账√	贷方金额 千百十万千百十元角分
结转本月完工产品成本	库存商品	平板太阳能热水器		2 0 9 2 6 8 0 0 0		
	生产成本	平板太阳能热水器				2 0 9 2 6 8 0 0 0
合计				¥ 2 0 9 2 6 8 0 0 0		¥ 2 0 9 2 6 8 0 0 0

财务主管 梁国　　记账 杨秀　　出纳 刘舰壮　　审核 梁国　　制单 杨秀

业务9：

记账凭证

2023 年 12 月 31 日　　　　记字第 9 1/2 号

摘要	总账科目	明细科目	记账√	借方金额 千百十万千百十元角分	记账√	贷方金额 千百十万千百十元角分
结转本月销售收入	主营业务收入			3 9 5 0 0 0 0 0 0		
	本年利润					3 9 5 0 0 0 0 0 0
合计				¥ 3 9 5 0 0 0 0 0 0		¥ 3 9 5 0 0 0 0 0 0

财务主管 梁国　　记账 杨秀　　出纳 刘舰壮　　审核 梁国　　制单 杨秀

记 账 凭 证

2023 年 12 月 31 日　　　　　　　　　记字第 9 2/2 号

摘要	总账科目	明细科目	记账√	借方金额 千百十万千百十元角分	记账√	贷方金额 千百十万千百十元角分
结转本月成本费用	本年利润			2 4 2 3 7 3 0 0 0		
	主营业务成本					2 2 5 0 0 0 0 0 0
	管理费用					8 2 2 0 0 0 0
	销售费用					9 0 2 8 0 0 0
	财务费用					1 2 5 0 0 0
合　计				¥ 2 4 2 3 7 3 0 0 0		¥ 2 4 2 3 7 3 0 0 0

财务主管 梁国　　记账 杨秀　　出纳 刘舰壮　　审核 梁国　　制单 杨秀

业务 10：

记 账 凭 证

2023 年 12 月 31 日　　　　　　　　　记字第 10 1/2 号

摘要	总账科目	明细科目	记账√	借方金额 千百十万千百十元角分	记账√	贷方金额 千百十万千百十元角分
计提本年应交企业所得税	所得税费用			2 5 1 3 1 2 5 0 0		
	应交税费	应交所得税				2 5 1 3 1 2 5 0 0
合　计				¥ 2 5 1 3 1 2 5 0 0		¥ 2 5 1 3 1 2 5 0 0

财务主管 梁国　　记账 杨秀　　出纳 刘舰壮　　审核 梁国　　制单 杨秀

记 账 凭 证

2023 年 12 月 31 日　　　　　　　　　记字第 10 2/2 号

摘要	总账科目	明细科目	记账√	借方金额 千百十万千百十元角分	记账√	贷方金额 千百十万千百十元角分
结转所得税费用	本年利润			2 5 1 3 1 2 5 0 0		
	所得税费用					2 5 1 3 1 2 5 0 0
合　计				¥ 2 5 1 3 1 2 5 0 0		¥ 2 5 1 3 1 2 5 0 0

财务主管 梁国　　记账 杨秀　　出纳 刘舰壮　　审核 梁国　　制单 杨秀

要求五：登记日记账。（12 分）

评分标准：期初余额、借方发生额、贷方发生额每个登记指标 1 分，7 个指标，计 7 分；借方合计计 1 分，贷方合计计 2 分，期末余额计 2 分。共计 12 分。

表2

银行存款日记账

开户行：工行南京溧水区鸿盛路支行
账号：6560480545322995714

2023年		记账凭证		对方科目	摘要	结算凭证			借方										贷方										借或贷	余额									
月	日	字	号			种类	号数		千	百	十	万	千	百	十	元	角	分	千	百	十	万	千	百	十	元	角	分		千	百	十	万	千	百	十	元	角	分
12	01				期初余额																								借		1	7	9	2	8	0	0	0	0
12	01	记	1 3/3	财务费用	支付承兑手续费																			1	2	5	0	0			1	7	9	1	5	5	0	0	0
12	10	记	2 2/3	库存现金	签发现金支票																	1	4	9	4	1	0	0	0			1	6	4	2	1	4	0	0	0
12	25	记	4 3/3	销售费用	支付运输费																			6	5	4	0	0	0			1	6	3	5	6	0	0	0	0
12	31	记	5	生产成本等	分配并支付税费																	1	0	0	2	8	0	0	0			1	5	3	5	3	2	0	0	0
		记	14 1/2	生产成本等	冲销记5						1	0	0	2	8	0	0	0													1	6	3	5	6	0	0	0	0
		记	14 2/2	生产成本等	更正记5																	1	0	0	2	8	0	0	0			1	5	3	5	3	2	0	0	0
					本月合计																	2	5	7	4	8	0	0	0	借		1	5	3	5	3	2	0	0	0
																																1	5	3	5	3	2	0	0	0

要求六：编制银行存款余额调节表。(8分)

评分标准：填写的每个指标计1分，共8个指标，计8分。

表4

银行存款余额调节表

编制单位：南京飞妙光伏太阳能有限公司　　2023年12月31日　　　　　　　　　　　　金额单位：元

项目	金额	项目	金额
企业银行存款日记账余额	1 535 320.00	银行对账单余额	6 021 580.00
加：银行已收企业未收的款项 　1. 货款收账通知 　2.	 4 463 500.00 	加：企业已收银行未收的款项 　1. 　2.	
减：银行已付企业未付的款项 　1. 代扣电费 　2. 利息支出	 69 290.00 8 230.00	减：企业已付银行未付的款项 　1. 支付水费 　2.	 100 280.00
调节后余额	￥5 921 300.00	调节后余额	￥5 921 300.00

要求七：请根据更正无误的会计分录簿和记账凭证，计算和完善试算平衡表(表5)并达到平衡。(30分)

评分标准：每个指标1分，相同金额不重复计分；30个指标，共计30分。

表5

试算平衡表

编制单位：南京泰泽新能源有限公司　　　　2023 年 12 月 31 日　　　　单位：元

账户名称	期初余额 借方	期初余额 贷方	本期发生额 借方	本期发生额 贷方	期末余额 借方	期末余额 贷方
库存现金	10,000.00		149,410.00	149,410.00	10,000.00	
银行存款	1,792,800.00			257,480.00	1,535,320.00	
库存商品	2,700,000.00		2,092,680.00	2,250,000.00	2,542,680.00	
原材料	5,200,000.00		63,000.00	1,939,000.00	3,324,000.00	
固定资产	2,155,000.00				2,155,000.00	
无形资产	5,044,860.00				5,044,860.00	
应交税费	48,300.00		55,620.00	3,034,175.00		2,930,255.00
应收账款	255,930.00		4,463,500.00		4,719,430.00	
累计折旧		1,627,000.00				1,627,000.00
应付职工薪酬		203,000.00	208,650.00	233,160.00		227,510.00
长期借款		160,000.00				160,000.00
应付账款		300,000.00		-300,000.00		0.00
其他应付款		6,500.00		46,690.00		53,190.00
实收资本		5,860,000.00				5,860,000.00
本年利润		8,526,230.00	4,936,855.00	3,950,000.00		7,539,375.00
利润分配		524,160.00				524,160.00
生产成本			2,092,680.00	2,092,680.00		
制造费用			120,160.00	120,160.00		
主营业务收入			3,950,000.00	3,950,000.00		
主营业务成本			2,250,000.00	2,250,000.00		
管理费用			82,200.00	82,200.00		
销售费用			90,280.00	90,280.00		
财务费用			1,250.00	1,250.00		
所得税费用			2,513,125.00	2,513,125.00		
应付票据				409,800.00		409,800.00
合计	17,206,890.00	17,206,890.00	23,069,410.00	23,069,410.00	19,331,290.00	19,331,290.00

附:"第四部分 会计账务处理单项技能实训"参考答案

实训一 填制原始凭证

四、实训练习

企业名称:南京市溶剂公司   法人代表:金玉堂
开户银行:工商银行南京市支行   行号(银行编号):001
账号:33011809032591   税务登记号:32012248823391
地址:玄武区清流路3号   电话:025-86730717

该公司2013年1月份发生的部分经济业务如下,根据各题业务要求填写原始凭证,并代经办人员履行签章手续(签章框处用文字代替)。

1. 2日,财务科出纳员王田开出现金支票一张,从银行提取备用金2 000元,请填制现金支票。(提示:按照银行规定,支票要用碳素墨水书写,大小写金额或收款人写错,必须作废留存,重新填制)

凭证6-1

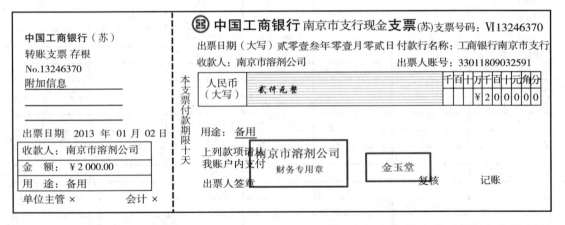

2. 3日,供销科业务员李力借差旅费1 500元,准备赴北京推销产品,请代李力填制差旅费借款单,代其他有关人员签名(会计主管丁兰,借款单位负责人王民,出纳方五)。

借 款 单

2013年01月03日   字第0021号

借款人	李力	借款事由	预借差旅费
所属部门	供销科		
借款金额人民币(大写)	壹仟伍佰元整 现金付讫	核准金额	人民币(大写)壹仟伍佰元整
审批意见: 同意借支	王民 2013年01月03日	归还期限	归还方式
会计主管:丁兰	复核:×××	出纳:方五	借款人:李力

3. 5日,检验科乔春交来差旅费余款28.05元,请代财会人员填制收据,代出纳员王田(兼制单人)收款,盖"现金收讫"章,代交款人、收款人签名。

现 金 收 款 收 据

2013年01月05日　　　　　　　　　　　　　　　　No. 1200231

收款单位	王田	交款单位	乔春	金额								
				百	十	万	千	百	十	元	角	分
金额(大写)	人民币 贰拾捌元零伍分		现金收讫						¥	2	8	0 5
事由		收回差旅费余款		备注:								

收款单位公章(略)　　　　收款人:王田　　　　交款人:乔春

第一联 存根

4. 7日,经供销科同意,采购员赵君到财务科开出转账支票一张,金额3 393元,向广陵劳保用品商店购进工作服,发票如下。请代出纳员王田签发转账支票。

江苏省增值税专用发票

此联是发票联

No. 03071031

开票日期:　　　2013年01月07日

购货单位	名称	南京市溶剂公司				密码区		
	纳税人识别号	32012248823391						
	地址、电话	玄武区清流路3号　025-86730717						
	开户银行及账户	工行南京市支行 33011809032591						
货物或应税劳务名称		规格型号	单位	数量	单价	金额	税率	税额
工作服		T-1	套	50	58.00	2 900.00	17%	493.00
价税合计(大写)		人民币 叁仟叁佰玖拾叁元整				(小写)¥3 393.00		
销货单位	名称	广陵劳保用品商店				备注		
	纳税人识别号	32070280031737						
	地址、电话	83708825						
	开户银行及账号	中行广陵支行 39012589143378						

收款人:×××　　复核:傅禾　　开票人:金波　　销货单位:(章)

第二联 发票联

中国工商银行（苏）	中国工商银行南京市支行 转账 支票 (苏)	No. VI13246370
转账支票 存根	出票日期（大写）贰零壹叁年零壹月零柒日 付款行名称：工商银行南京市支行	
No.13246370	收款人：广陵劳保用品商店　　　　出票人账号：33011809032591	
附加信息 _____	人民币（大写）叁仟叁佰玖拾叁元整　　￥3393.00	
出票日期 2013 年 01 月 07 日	用途：付款	
收款人：广陵劳保用品商店	上列款项请从我账户内支付　（南京市溶剂公司 财务专用章）　（金玉堂）	
金　额：￥3 393.00	出票人签章　　　　　　　　　　　　复核　　　　记账	
用　途：付款		
单位主管 ×　　会计 ×		

5. 8日，采购员赵君根据发票填制收料单给仓库，材料检验员赵红，保管员齐兰，将第4题中购买的工作服如数验收入库。请代赵君填制收料单，代齐兰填写实收数量，代有关人员签名。（提示：根据发票填制收料单，其中收料单上的发票价格栏填写发票金额，不含增值税额）

南京市溶剂公司
领 料 单

发票号：　　　　　　　2013 年 01 月 08 日　　　　　　　编号：003

供应单位	广陵劳保用品商店		材料类别及编号		劳保用品	
材料名称及规格	单位	数量		实际成本		
		发票	实收	发票价格	运杂费	合计	单价
工作服 T-1	套	50	50	2 900.00		2 900.00	58.00

核算　　　　主管　　　　保管：齐兰　　　　检查：赵红　　　　交库：赵君

6. 10日，一车间材料员朱丽填制领料单，经车间主任审批，到仓库领出工作服，请领12套，实领12套，每套58元。请代朱丽填制领料单，代领料单位负责人于杰审批，代发料人万敏填写实发数，代有关人员签名。

南京市溶剂公司
领 料 单

领料单位：一车间　　　　2013 年 01 月 10 日　　　　　　编号：

用　途	劳动保护		材料类别及编号		劳保用品
材料名称及规格	单 位	请领数	实发数	单 价	金 额
工作服 T-1	套	12	12	58.00	696.00
备注					

领料单位负责人：于杰　　　记账：　　　发料：万敏　　　领料：朱丽

7. 11日,销售丁试剂4吨,每吨1 215.37元,共计4 861.48元,此款项存入银行,其中100元32张,50元24张,10元40张,5元4张,2元10张,1元10张,5角3张,2角20张,1角59张,5分1枚,1分3枚。请代出纳员王田填制现金交款单。

中国工商银行现金交款单(回单)①

2013 年 01 月 11 日　　　　　　　　　　　　No. 0001245

收款单位	全称	南京市溶剂公司						款项来源	销售丁试剂							
	账号	33011809032591						交款部门	财会部门(王田)							
金额(大写)	人民币肆仟捌佰陆拾壹元肆角捌分								百	十万	千	百	十	元	角	分
											¥	4	8	6	1	4	8
券别	张数	十万	千	百	十	元		券别	张数	千	百	十	元	角	分
一百元	32		¥3	2	0	0		一元	10		¥1	0	0	0	
五十元	24		¥1	2	0	0		五角	3			¥1	5	0	
十元	40			¥4	0	0		二角	20			¥4	0	0	
五元	4				¥2	0		一角	59				¥5	9	0
二元	10				¥2	0		分币						¥	8

上列款项已如数收妥入账

(收款银行盖章)
复核：　　经办：
2013 年 01 月 11 日

第一联　由银行盖章后退回单位

8. 13日,南京市化工公司采购员持转账支票来公司购买丁试剂10吨,每吨1 215.37元,价外增值税17%,货款(支票)送存银行。请代供销科田红开出增值税专用发票,代出纳员王田填制进账单。(购货单位地址:王陵街3号;电话:84680853;纳税人登记号:444;开户银行:工商银行王陵分理处,账号204423)

```
中国工商银行    转账支票(苏)      Ⅵ Ⅱ 02656898

出票日期(大写)贰零壹叁年零壹月壹拾叁日    开户行名称:工商银行王陵分理处
收款人：南京溶剂公司                      签发人账号：204423

人民币                              千 百 十 万 千 百 十 元 角 分
(大写)壹万肆仟贰佰壹拾玖元捌角叁分  ¥  1  4  2  1  9  8  3

用途_____                         科目(借)_____
上列款项请从我账户内支付              对方科目(贷)_____
付讫日期2013年01月13日
签发人盖章                          记账    复核
```

本支票付款期限十天

江苏省增值税专用发票

开票日期: 2013 年 01 月 13 日　　　　　　　　　　　　No. 002016896

购货单位	名称	南京市化工公司				密码区		002016896	
	税务登记号	444							
	地址、电话	王陵街3号84680853							
	开户银行及账号	工商银行王陵分理处 204423							

货物或应税劳务名称	规格型号	计量单位	数量	单价	金额 百十万千百十元角分	税率(%)	税额 百十万千百十元角分
丁试剂		吨	10	1 215.37	1 2 1 5 3 7 0	17%	2 0 6 6 1 3
合计					¥1 2 1 5 3 7 0		¥2 0 6 6 1 3
价税合计	人民币 壹万肆仟贰佰壹拾玖元捌角叁分				(小写) ¥14 219.83		

销货单位	名称	南京市溶剂公司	税务登记号	32012248823391
	地址、电话	玄武区清流路3号 025-86730717	开户银行及账号	工商银行南京市支行 33011809032591

销货单位(章):　　收款人:　　复核:　　开票人: 田红

第二联　购货方发票联

中国工商银行　进账单(送票回执) 1　　No. 37537758

2013 年 01 月 13 日

付款人	全称	南京市化工公司	收款人	全称	南京市溶剂公司
	账号	204423		账号	33011809032591
	开户银行	工商银行王陵分理处		开户银行	工商银行南京市支行

人民币 (大写) 壹万肆仟贰佰壹拾玖元捌角叁分	千百十万千百十元角分 ¥1 4 2 1 9 8 3
票据种类　转账支票	收款单位开户行盖章
票据张数　1	
凭证号码　VI Ⅱ 02656898	
单位主管　会计　复核　记账	

此联是送交票据人的回单

9. 15 日,经有关人员核定,签发002 号限额领料单如下:

领料单位:二车间;料名称:甲醇;用途:生产丙试剂;计划产量:15 吨;单位消耗定额: 0.02 吨;月领用限额:20 吨;材料单价:1 500 元/吨。

材料员田力经车间负责人吴刚审批,分三次领料:16 日,请领5 吨,实领5 吨;20 日,请领7 吨,实领7 吨;25 日,请领5 吨,实领5 吨。均由仓库保管员任红发料。请代有关人员签发限额 领料单,代车间材料员田力填写领料日期和请领数,代发料人任红填写实发数和结余数。

南京市溶剂公司
限额领料单

领料部门:二车间
用途:生产丙试剂　　　　　2013年01月15日　　　　　　　　　编号:002

材料类别	材料名称	规格	计量单位	单价	领用限额	全月实领	
						数量	金额
试剂	甲醇		吨	1 500.00	20	17	25 500.00

日期	请　领			实　发		限额结余
	数量	领料单位负责人签章	领料人签章	数量	发料人签章	
2013.01.16	5	吴刚	田力	5	任红	
2013.01.20	7	吴刚	田力	7	任红	
2013.01.25	5	吴刚	田力	5	任红	
合计	17			17		

生产计划部门负责人:吴刚　　　供应部门负责人:　　　　仓库管理员:任红

10. 17日,以电汇结算方式偿还欠华升公司(地址:江苏省南通市;开户行:中国工商银行大同分理处,账号314578)的材料款,汇款金额11 000元。

中国工商银行电汇凭证(回单) 1

委托日期:　　　　　2013年01月17日　　　　　　　　　　　　　　No.

付款人	全称	南京市溶剂公司			收款人	全称	华升公司		
	账号	33011809032591				账号	314578		
	汇出地点	南京市	汇出行名称	工商银行南京市支行		汇入地点	江苏南通	汇入行名称	中国工商银行大同分理处

汇入金额	人民币(大写)壹万壹仟元整	千	百	十	万	千	百	十	元	角	分
				壹	壹	0	0	0	0	0	0

汇款用途	偿还欠款	汇出银行盖章
上列款项已根据委托办理,如需查询,请持次回单来行面洽		2013年01月17日
单位主管　　　　会计　　　　复核　　　　记账		

11. 20日,职工李力从北京返回,报销差旅费1 470元(其中车费1 128元,住宿费250元,补助费92元),请代李力填差旅费报销单并签章。

差 旅 费 报 销 单

2013 年 01 月 20 日 填　　　　　　　　　　　　附件　张

姓名	李力	出差地点	北京	出差事由	参加展销会	日期	01月03日起
							01月20日止
乘火车费		自	站至	站	金额	说明：	
乘汽车费		自	站至	站	金额		
乘飞机费		自	站至	站	金额		
行李运费		公斤	每公斤	元	金额		
出差补助费		定额			金额	92.00	
旅馆费		定额			金额	250.00	
其他		交通			金额	1 128.00	
合计金额	小写	￥1 470.00			负责人	丁兰	
	大写	人民币壹仟肆佰柒拾元整					

会计主管：　　　　　　　　　　出纳：方五　　　　　　　　报销人：李力

12. 23日，职工江涛报销学历进修学费，发票金额32 325元，按规定自理50%，报销50%。请代江涛填报销单，代出纳员付款盖"现金付讫"章。

费 用 报 销 单

2013年01月23日　　　　　　　　　　　　　　　　　　　　No.

职工所在部门：　　　　　　　　　　　　　　　　　　姓名：江涛

日期		报销内容	单据张数	金额	报销金额（50%）	自理金额（50%）	备注
月	日						
1	23	学历进修学费		32 325.00	16 162.50	16 162.50	
						现金付讫	
报销金额合计人民币（大写）　壹万陆仟壹佰陆拾贰元伍角整							
主管意见	丁兰		报销人签章 江涛				

实训二　原始凭证的审核

1. 江苏省增值税专用发票

该笔经济业务缺转账支票。所附原始凭证存在如下问题：

（1）数量书写不规范。

（2）缺国家税务监制章、销货单位章。

（3）数量金额下空白处缺少斜划线。

（补办签章）

2. 中国工商银行转账支票

该笔经济业务缺增值税专用发票。所附原始凭证存在如下问题：

(1) 收款人、付款银行名称、签发人账号不正确。

(2) 出票单位签章错误。

(重新签发)

3. 差旅费报销单

该笔经济业务不缺原始凭证。所附原始凭证存在如下问题：

(1) 金额不对。

(2) 大写金额书写不规范。

(3) 报销人没签字

(重新填写报销单，补办签字手续)。

4. 材料入库单

该笔经济业务缺进货发票、银行结算凭证。所附原始凭证存在如下问题：

(1) 小写金额书写不规范。

(2) 采购员和验收人没签字。

(补办签字)

5. 江苏省南京市新华书店发票

该笔经济业务不缺原始凭证。所附原始凭证存在如下问题：

(1) 缺国家税务监制章、销货单位章。

(2) 大写金额不规范。

(3) 日期未填。

(4) 经手人没签字。

(要求重新开票)

6. 收据

该笔经济业务缺借款单。所附原始凭证存在如下问题：

(1) 日期书写不规范。

(2) 金额大写汉字错误。

7. 南京市工业企业销售统一发票

该笔经济业务不缺原始凭证。所附原始凭证存在如下问题：

(1) 日期、金额书写不规范。

(2) 缺少国家税务监制章、销货单位签章、收款人签字。

(补齐手续)

8. 南京市溶剂公司

该笔经济业务不缺原始凭证。所附原始凭证存在如下问题：

(1) 没填写领料单位。

(2) 金额、日期书写格式不正确。

(3) 领料单位负责人、发料人、领料人没有签字。

(补齐手续)

9. 差旅费借款单

该笔经济业务不缺原始凭证。所附原始凭证存在如下问题：

（1）日期未填写。

（2）大写金额前缺人民币字样。

（3）相关责任人没有签字。

（补齐手续）

10. 商业承兑汇票

该笔经济业务不缺原始凭证。所附原始凭证存在如下问题：

（1）日期书写不规范。

（2）金额大小写不规范。

（3）出票人没有签章。

（补齐手续）

该笔经济业务不缺原始凭证。所附原始凭证存在如下问题：

11-1. 转账支票

（1）签发人账号错误。

（2）出票单位签章错误。

（重新签发）

11-2. 中国工商银行进账单

（1）金额大小写不规范。

（2）开户行没有盖章。

（补办签章）

11-3. 江苏省增值税专用发票

（1）日期未填。

（2）小写金额不规范、金额空白处没有划斜线注销。

（3）缺少国家税务监制章、销货单位签章、开票人签字。

（要求重新开出发票）

实训三　填制记账凭证

1. 借：银行存款　　　　　　　　　　　　　　　　　　　　11 800
    贷：应收账款——南京化工公司　　　　　　　　　　　　　　11 800
2. 借：银行存款　　　　　　　　　　　　　　　　　　　　56 780
    贷：库存现金　　　　　　　　　　　　　　　　　　　　　56 780
3. 借：应付账款——长白山制剂厂　　　　　　　　　　　　12 800
    贷：银行存款　　　　　　　　　　　　　　　　　　　　　12 800
4. 借：在途物资——乙醇　　　　　　　　　　　　　　　225 000
    应交税费——应交增值税（进项税）　　　　　　　　　38 250
    贷：银行存款　　　　　　　　　　　　　　　　　　　　263 250
5. 借：原材料——乙醇　　　　　　　　　　　　　　　　225 000

附："第四部分 会计账务处理单项技能实训"参考答案

贷：在途物资	225 000

6. 借：库存现金　　　　　　　　　　　　　　　900
　　　贷：其他应收款——王平　　　　　　　　　　900
7. 借：其他应收款——刘明　　　　　　　　　3 500
　　　贷：库存现金　　　　　　　　　　　　　3 500
8. 借：生产成本——一车间　　　　　　　　　9 000
　　　　　　　　——二车间　　　　　　　　14 000
　　　贷：原材料——甲醇　　　　　　　　　　9 000
　　　　　　　　——乙醇　　　　　　　　　14 000
9. 借：银行存款　　　　　　　　　　　　37 620.18
　　　贷：主营业务收入　　　　　　　　　　32 154
　　　　　应交税费——应交增值税(销项税)　5 466.18
10. 借：管理费用　　　　　　　　　　　　　2 968
　　　贷：其他应收款——刘明　　　　　　　　2 968
　　借：库存现金　　　　　　　　　　　　　　532
　　　贷：其他应收款　　　　　　　　　　　　　532
11. 借：库存现金　　　　　　　　　　　　　5 000
　　　贷：银行存款　　　　　　　　　　　　5 000
12. 借：管理费用　　　　　　　　　　　　　4 500
　　　贷：库存现金　　　　　　　　　　　　4 500
13. 借：销售费用——广告费　　　　　　　　9 600
　　　贷：银行存款　　　　　　　　　　　　9 600
14. 借：应付账款——唐山化学公司　　　　　56 960
　　　财务费用　　　　　　　　　　　　　　56.96
　　　贷：银行存款　　　　　　　　　　　57 016.96
15. 借：管理费用　　　　　　　　　　　　12 000
　　　贷：银行存款　　　　　　　　　　　12 000
16. 借：银行存款　　　　　　　　　　　　61 800
　　　贷：应收账款——南京化工公司　　　61 800
17. 借：在途物资——甲醇　　　　　　　　84 000
　　　　　　　　——乙醇　　　　　　　114 000
　　　应交税费——应交增值税(进项税)　33 660
　　　贷：应付账款——济南化工公司　　231 660
18. 借：原材料——甲醇　　　　　　　　　84 000
　　　　　　　——乙醇　　　　　　　　114 000
　　　贷：在途物资——甲醇　　　　　　　84 000
　　　　　　　　　——乙醇　　　　　　114 000
19. 借：银行存款　　　　　　　　　　　　75 465
　　　贷：主营业务收入——化学试剂　　　64 500

　　　　　应交税费——应交增值税(销项税)　　　　　　　　　　　　10 965
20. 借：主营业务成本　　　　　　　　　　　　　　　　　　　　　27 000
　　　贷：库存商品　　　　　　　　　　　　　　　　　　　　　　　27 000
21. 借：主营业务收入　　　　　　　　　　　　　　　　　　　　　96 654
　　　贷：本年利润　　　　　　　　　　　　　　　　　　　　　　　96 654
　　　借：本年利润　　　　　　　　　　　　　　　　　　　　　56 124.96
　　　贷：主营业务成本　　　　　　　　　　　　　　　　　　　　　27 000
　　　　　管理费用　　　　　　　　　　　　　　　　　　　　　　　19 468
　　　　　销售费用　　　　　　　　　　　　　　　　　　　　　　　 9 600
　　　　　财务费用　　　　　　　　　　　　　　　　　　　　　　　 56.96

实训四　设置和登记三栏式日记账

1. 借：银行存款　　　　　　　　　　　　　　　　　　　　　　　　4 800
　　贷：应收账款——淮阴市三星公司　　　　　　　　　　　　　　　4 800
2. 借：库存现金　　　　　　　　　　　　　　　　　　　　　　　　2 000
　　贷：银行存款　　　　　　　　　　　　　　　　　　　　　　　　2 000
3. 借：库存现金　　　　　　　　　　　　　　　　　　　　　　　 49 140
　　贷：其他业务收入——星源醋酸有限公司　　　　　　　　　　　 42 000
　　　　应交税费——应交增值税(销项税)　　　　　　　　　　　　 7 140
4. 借：银行存款　　　　　　　　　　　　　　　　　　　　　　　 49 140
　　贷：库存现金　　　　　　　　　　　　　　　　　　　　　　　 49 140
5. 借：应付账款——潼关化工公司　　　　　　　　　　　　　　　 24 500
　　贷：银行存款　　　　　　　　　　　　　　　　　　　　　　　 24 500
6. 借：库存现金　　　　　　　　　　　　　　　　　　　　　　　 750.10
　　贷：其他应收款——王阳　　　　　　　　　　　　　　　　　　750.10
7. 借：其他应收款——张小华　　　　　　　　　　　　　　　　　 1 000
　　贷：库存现金　　　　　　　　　　　　　　　　　　　　　　　 1 000
8. 借：材料采购——甲材料　　　　　　　　　　　　　　　　　　 4 740
　　　应交税费——应交增值税(进项税)　　　　　　　　　　　　805.80
　　贷：银行存款　　　　　　　　　　　　　　　　　　　　　　5 545.80
9. 借：银行存款　　　　　　　　　　　　　　　　　　　　　　5 896.80
　　贷：主营业务收入——甲试剂　　　　　　　　　　　　　　　　5 040
　　　　应交税费——应交增值税(销项税)　　　　　　　　　　　856.80
10. 借：应付账款——滨海三和公司　　　　　　　　　　　　　18 621.30
　　 贷：银行存款　　　　　　　　　　　　　　　　　　　　 18 621.30
11. 借：管理费用——南京市会计用品商店　　　　　　　　　　　　 600
　　 贷：库存现金　　　　　　　　　　　　　　　　　　　　　　　 600
12. 借：销售费用——南京市广告公司　　　　　　　　　　　　　 8 200

附："第四部分 会计账务处理单项技能实训"参考答案

	贷：银行存款	8 200
13.	借：应付职工薪酬——高扬	2 000
	贷：库存现金	2 000
14.	借：销售费用——南京市铁路运输	2 300
	贷：银行存款	2 300
15.	借：库存现金	30 000
	贷：银行存款	30 000
	借：应付职工薪酬	30 000
	贷：库存现金	30 000

银行存款日记账

明细科目：银行存款　　　　　　　　　　　　　　　　　　　　　　　　第　页

2013年		凭证号数	摘要	借方	贷方	余额
月	日			百十万千百十元角分	百十万千百十元角分	百十万千百十元角分
2	1		期初余额			2 3 1 4 6 0 3 8
	2	银收1	收欠款	4 8 0 0 0 0		2 3 6 2 6 0 3 8
	4	银付1	提现备用		2 0 0 0 0 0	2 3 4 2 6 0 3 8
	10	银付2	还欠款		2 4 5 0 0 0 0	2 0 9 7 6 0 3 8
	15	银付3	采购材料,付款		5 5 4 5 8 0	2 0 4 2 1 4 5 8
	18	银收2	销售产品	5 8 9 6 8 0		2 1 0 1 1 1 3 8
	20	银付4	还欠款		1 8 6 2 1 3 0	1 9 1 4 9 0 0 8
	25	银付5	支付广告费		8 2 0 0 0 0	1 8 3 2 9 0 0 8
	28	银付6	支付运费		2 3 0 0 0 0	1 8 0 9 9 0 0 8
	28	银付7	提现备用		3 0 0 0 0 0 0	1 5 0 9 9 0 0 8
2	28		本月合计	1 0 6 9 6 8 0	9 1 1 6 7 1 0	1 5 0 9 9 0 0 8

库存现金日记账

明细科目：库存现金　　　　　　　　　　　　　　　　　　　　　　　　第　页

2013年		凭证号数	摘要	借方	贷方	余额
月	日			百十万千百十元角分	百十万千百十元角分	百十万千百十元角分
2	1		期初余额			1 9 8 2 4
	4	银付1	提现备用	2 0 0 0 0 0		3 9 8 2 4
	7	现收1	销售材料,收现金	4 9 1 4 0 0 0		5 3 1 2 8 2 4
	8	现付1	现金存银行		4 9 1 4 0 0 0	3 9 8 2 4
	11	现收2	交差旅费	7 5 0 1 0		4 7 3 8 3 4
	14	现付2	职工借款,付现金		1 0 0 0 0 0	3 7 3 8 3 4
	21	现付3	购办公用品,付现金		6 0 0 0 0	3 1 3 8 3 4
	28	银付7	提现发降温费用	3 0 0 0 0 0 0		3 3 1 3 8 3 4
	28	现付4	发降温费用		3 0 0 0 0 0 0	3 1 3 8 3 4
	28	现付5	支付生活补助		2 0 0 0 0 0	1 1 3 8 3 4
2	28		本月合计	8 1 8 9 0 1 0	8 2 7 4 0 0 0	1 1 3 8 3 4

实训六 编制银行存款余额调节表

表1　　　　　　　　　　　　　　银行存款日记账　　　　　　　　　　　　第1页

开户银行：中国工商银行南京市支行　　　账号：33011809032591　　　　2013年8月31日止

2013年		摘　要	凭证号	借方	贷方	借或贷	金额
月	日						
8	1	期初余额				借	700 000
	2	预付货款	本票6025#		50 000	借	650 000
	3	上月末银行已收企业未收的未达账项入账	转支3458#	6 500		借	656 500
	4	交纳税款	转支6370#		60 000	借	596 500
	5	贷款	借款单4230	500 000		借	1 096 500
	10	收到销货款	转支6229#	351 000		借	1 447 500
	10	转发工资	转支6371#		101 500	借	1 346 000
	10	支取现金	现支553#		3 000	借	1 343 000
	17	汇款购料	电汇8746#		81 900	借	1 261 100
	19	送存现金	缴款单245#	58 500		借	1 319 600
	25	提取现金	现支3625#		1 500	借	1 318 100
	29	支付保险费	转支3981#		5 000	借	1 313 100
8	31	月末余额				借	1 313 100

表2　　　　　　　　　　　　中国工商银行南京市支行对账单　　　　　　　　　　第1页

账号：33011809032591　　　　单位名称：南京市溶剂公司　　　　　2013年8月31日止

2013年		摘　要	结算凭证号	借方	贷方	余额
月	日					
8	1	上月结存				706 500
	2	贷款	借款单4230		500 000	1 206 500
	3	预付货款	本票6025#	50 000		1 156 500
	8	收到销货款	转支6229#		351 000	1 507 500
	10	转发工资	转支6371#	101 500		1 406 000
	11	支取现金	现支553#	3 000		1 403 000
	12	交纳税款	转支6370#	60 000		1 343 000
	16	汇款购料	电汇8746#	81 900		1 261 100
	20	送存现金	现缴款单245#		58 500	1 319 600
	26	退回银行汇票尾数	银汇6743#		24 500	1 344 100
	27	委托付款	委托7543#	2 260		1 341 840
	30	汇划进账	汇划5678#		10 000	1 351 840
	31	利息	结算单345#		3 019	1 354 859
8	31	月末余额				1 354 859

附："第四部分 会计账务处理单项技能实训"参考答案

银行存款余额调节表

开户银行：中国工商银行南京市支行　　账号：33011809032591　　2013 年 8 月 31 日止

摘要	入账日期凭证号	金额（千百十万千百十元角分）	摘要	入账日期凭证号	金额（千百十万千百十元角分）
银行存款日记账余额		1 3 1 3 1 0 0 0 0	银行对账单余额		1 3 5 4 8 5 9 0 0
加：银行已收，企业未收			加：企业已收，银行未收		
1	#6743	2 4 5 0 0 0 0	1		
2	#5678	1 0 0 0 0 0 0	2		
3	#345	3 0 1 9 0 0	3		
4			4		
5			5		
减：银行已付，企业未付			减：企业已付，银行未付		
1	#7543	2 2 6 0 0 0	1	#3625	1 5 0 0 0 0
2			2	#3981	5 0 0 0 0 0
3			3		
4			4		
5			5		
调节后的余额		1 3 4 8 3 5 9 0 0	调节后的余额		1 3 4 8 3 5 9 0 0

实训八　设置和登记总账

要求 2：填写原始凭证如下

业务 2-3

中国工商银行进账单（送票回执）1

2013 年 03 月 01 日　　　　　　　　　　No. 37537779

付款人	全称	南方公司	收款人	全称	清源机器公司	此联是送交票据人的回单
	账号	390125893528604		账号	33011809032591	
	开户银行	工行虹桥分理处		开户银行	工商银行南京市支行	
人民币(大写) 肆拾玖万壹仟肆佰元整					千百十万千百十元角分 4 9 1 4 0 0 0 0	
票据种类	转账支票		收款单位开户行（盖章）			
票据张数	1					
凭证号码	Ⅵ 02656912					
单位主管 ×	会计 ×	复核 ×	记账 ×			

业务 3-1

江苏省增值税专用发票

此联是发票联

开票日期：2013 年 3 月 03 日　　　　　　　　　　　　　　　No.03071039

购货单位	名称	大巷机电设备公司	密码区				
	纳税人识别号	210254931156747					
	地址、电话	大巷新区太子街 8 号 8340168					
	开户银行及账户	交通银行大巷支行 5386595					
货物或应税劳务名称	规格型号	单位	数量	单价	金额	税率	税额
轴承	300NJ80	套	150	1 800.00	270 000.00	17%	45 900.00
价税合计（大写）	人民币 叁拾壹万伍仟玖佰元整				（小写）¥315 900.00		
销货单位	名称	清源机器公司					
	纳税人识别号	32012248823391					
	地址、电话	南京市松花江路 18 号 025-83876599					
	开户行及账号	工商银行南京市支行 33011809032591					

收款人：×　　　复核：×　　　开票人：×　　　销货单位：盖章

第二联 发票联

（清源机器公司 32012248823391 发票专用章）

业务 5-2

中国工商银行（苏） 转账支票存根 No. 13329553	中国工商银行　转账支票（苏）　No. 13329553
附加信息＿＿＿＿＿＿ ＿＿＿＿＿＿＿＿＿	出票日期（大写）贰零壹叁年叁月零壹拾日 　　　　　　　　　　　　　付款行名称：工商银行南京市支行 收款人：方二　　　　　　出票人账号：33011809032591
出票日期 2013 年 3 月 10 日	
收款人：方二	人民币 （大写）贰拾壹万伍仟伍佰元整　　¥ 2 1 5 5 0 0 0 0（千百十万千百十元角分）
金　额：¥215 500.00	
用　途：支付工资	用途　支付工资 上列款项请从我账户内支付
单位主管：　　会计：王冬	出票人盖章（清源机器公司 财务专用章）　　复核　记账（顾和平）

本支票付款期限十天

业务 6-2

中国工商银行（苏）
现金支票 存根
No.13329553
附加信息 _____
_____
出票日期 2013 年 3 月 10 日

收款人：	华联超市
金　额：	￥1 600.00
用　途：	支付劳保用品
单位主管：	会计：王冬

中国工商银行南京市分行现金支票（苏）　No.13329553

出票日期（大写）贰零壹叁年叁月零壹拾日　　付款行名称：工商银行南京市支行
收款人：华联超市　　　　　　　　　　　　　　出票人账号：33011809032591

人民币（大写）　壹仟陆佰元整　　　　￥1 600 00

用途：支付劳保用品

上列款项请从我账户内支付
出票人签章：清源机器公司 财务专用章
复核：顾和平　记账

本支票付款期限十天

业务 8-1

中国工商银行汇票申请书（存　根）①　No.000559

申请日期　2013 年 3 月 12 日

申请人	清源机器公司	收款人	青岛东方股份有限公司
账号或住址	33011809032591 南京市松花江路 18 号	账号或住址	24030331589 青岛市朝阳区四方路 115 号
用　途	购买材料	代理付款行	工商银行南京市支行
汇款金额	人民币（大写）壹拾贰万元整		￥1 2 0 0 0 0 0 0
备注：		科目_____　银行存款_____ 对方科目_____　材料采购_____ 财务主管×　　复核×　　经办×	

此联汇款人留存

业务 10-2

现金收款收据

2013 年 3 月 15 日　　　　　No.1200231

收款单位	清源机器公司	交款单位	南京金属废品回收站	金额
金额（大写）	清源机器公司 人民币肆万贰仟元整 财务专用章		现金收讫	￥4 2 0 0 0 0 0
事由			备注：	
收款单位公章			收款人：王冬	

第一联　记账联

业务 13-2

中国工商银行电汇凭证(回单) 1

委托日期 2013 年 3 月 20 日　　　　凭证号码：I01945068

付款人	全称	清源机器公司	收款人	全称	天津大华公司									
	账号	33011809032591		账号	20032000784312									
	汇出地点	南京市	汇出行名称	工商银行南京市支行		汇入地点	天津市	汇入行名称	工商银行静海分理处					
金额	人民币大写	壹拾万零肆佰陆拾元整				千	百	十	万	千	百	十	元	角	分
							¥	1	0	0	4	6	0	0	0
汇款用途	退还多余货款													
上列款项已根据委托办理,如需查询,请持此回单来行面洽					汇出行盖章（工商银行南京市支行）　　年　月　日									

单位主管 ×　　　　会计 ×　　　　复核 ×　　　　记账 ×

业务 16-2

中国工商银行（苏）
现金支票 存根
No.03335674
附加信息 _____
_____
_____
出票日期 2013 年 3 月 31 日
收款人：江宁职教中心
金　额：¥42 000.00
用　途：培训费
单位主管：　会计：王冬

中国工商银行南京市分行现金支票（苏）　No.03335674

出票日期（大写）贰零壹叁年叁月叁拾壹日　　付款行名称：工商银行南京市支行
收款人：江宁职教中心　　　　　　　　　　　出票人账号：33011809032591

人民币（大写）　肆万贰仟元整　　　　　¥ 4 2 0 0 0 0（千百十万千百十元角分）

本支票付款期限十天

用途：培训费
上列款项请从我账户内支付
出票人签章　清源机器公司　财务专用章　　复核 顾和平　记账

要求 3:编制记账凭证

第一题：

收 款 凭 证

借方科目:银行存款　　2013 年 3 月 01 日　　　　银收 字第 1 号

摘 要	总账科目	明细科目	金 额									记 账
			百	十	万	千	百	十	元	角	分	✓
收欠款	应收账款	徐州物资贸易公司		1	0	0	0	0	0	0	0	
合　计 （附件 2 张）			¥	1	0	0	0	0	0	0	0	

会计主管：×　　记账：×　　出纳：×　　稽核：×　　制单:祁迎迎

附："第四部分 会计账务处理单项技能实训"参考答案

第二题：

收 款 凭 证

2013 年 3 月 01 日　　　　银收 字第 2 号

借方科目：银行存款

摘　要	总账科目	明细科目	金　额 百 十 万 千 百 十 元 角 分	记账 ✓
销售铝合金	主营业务收入	铝合金	4 2 0 0 0 0 0 0	
	应交税费	应交增值税	7 1 4 0 0 0 0	
合　计（附件3张）			¥ 4 9 1 4 0 0 0 0	

会计主管：× 　　记账：× 　　出纳：× 　　稽核： 　　制单：

第三题：

付 款 凭 证

2013 年 3 月 03 日　　　　银付 字第 1 号

贷方科目：银行存款

摘　要	总账科目	明细科目	金　额 百 十 万 千 百 十 元 角 分	记账 ✓
代付运费	应收票据		4 1 0 0 0 0	
合　计（附件1张）			¥ 　　4 1 0 0 0 0	

会计主管：× 　　记账：× 　　出纳：× 　　稽核： 　　制单：

转 账 凭 证

2013 年 3 月 03 日　　　　转字第 1 号

摘要	科目名称 总账科目 / 明细科目	借方金额 百 十 万 千 百 十 元 角 分	贷方金额 百 十 万 千 百 十 元 角 分	记账符号
销售轴承	应收票据	3 1 5 9 0 0 0 0		
	主营业务收入		2 7 0 0 0 0 0 0	
	应交税费　应交增值税		4 5 9 0 0 0 0	
合　计(附件2张)		¥ 3 1 5 9 0 0 0 0	¥ 3 1 5 9 0 0 0 0	

会计主管：× 　　记账：× 　　出纳：× 　　稽核： 　　制单：

第四题：

收 款 凭 证

借方科目：银行存款　　　　　　2013 年 3 月 05 日　　　　　　　　银收　字第 4 号

摘　　要	总账科目	明细科目	金　　额									记账
			百	十	万	千	百	十	元	角	分	✓
收预收账款	预收账款	天津大华公司		2	0	0	0	0	0	0	0	
合　计（附件 1 张）			¥	2	0	0	0	0	0	0	0	

会计主管：×　　　记账：×　　　出纳：×　　　稽核：　　　制单：

第五题：

转 账 凭 证

2013 年 3 月 10 日　　　　　　　　转字第　2　号

摘要	科目名称		借方金额								贷方金额								记账符号
	总账科目	明细科目	十	万	千	百	十	元	角	分	十	万	千	百	十	元	角	分	
代扣个人所得税	应付职工薪酬			3	4	5	0	0	0	0									
	应交税费	个人所得税										3	4	5	0	0	0	0	
合　计（附件 1 张）			¥	3	4	5	0	0	0	0	¥	3	4	5	0	0	0	0	

第六题：

付 款 凭 证

贷方科目：银行存款　　　　　　2013 年 3 月 10 日　　　　　　　　银付　字第 3 号

摘　　要	总账科目	明细科目	金　　额									记账
			百	十	万	千	百	十	元	角	分	✓
购入劳保用品	管理费用	劳保用品				1	6	0	0	0	0	
合　计　（附件 2 张）				¥	1	6	0	0	0	0	

会计主管：×　　　记账：×　　　出纳：×　　　稽核：　　　制单：

附："第四部分 会计账务处理单项技能实训"参考答案

第七题：

转 账 凭 证

2013 年 3 月 11 日　　　　　　　　　　转字第 3 号

摘要	科目名称		借方金额	贷方金额	记账符号
	总账科目	明细科目	十万千百十元角分	十万千百十元角分	
报销差旅费	管理费用		3 0 0 0 0 0		
	其他应收款	张林		3 0 0 0 0 0	
合　计（附件 2 张）			￥3 0 0 0 0 0	￥3 0 0 0 0 0	

付 款 凭 证

贷方科目：库存现金　　　　2013 年 3 月 11 日　　　　　现付字第 1 号

摘　要	总账科目	明细科目	金　额	记　账
			百十万千百十元角分	√
报销差旅费	管理费用		4 0 0 0 0	
合　计（附件 2 张）			￥4 0 0 0 0	

会计主管：×　　记账：×　　出纳：×　　稽核：　　制单：

第八题：

付 款 凭 证

贷方科目：银行存款　　　　2013 年 3 月 12 日　　　　　银付字第 2 号

摘　要	总账科目	明细科目	金　额	记　账
			百十万千百十元角分	√
办理银行汇票	其他货币资金	银行本票	1 2 0 0 0 0 0 0	
			￥1 2 0 0 0 0 0 0	

会计主管：×　　记账：×　　出纳：×　　稽核：　　制单：

第九题:

转 账 凭 证

2013 年 3 月 15 日　　　　　　　　　　　　　　转字第 __4__ 号

摘要	科目名称		借方金额									贷方金额									记账符号
	总账科目	明细科目	百	十	万	千	百	十	元	角	分	百	十	万	千	百	十	元	角	分	
采购A材料	原材料	A材料			9	5	5	0	0	0	0										
	应交税费	应交增值税			1	6	2	3	5	0	0										
	其他货币资金	银行本票												1	1	1	7	3	5	0	0	
合　　计(附件2张)			¥	1	1	1	7	3	5	0	0	¥	1	1	1	7	3	5	0	0	

会计主管：×　　　记账：×　　　出纳：×　　　稽核：　　　制单：

第十题:

收 款 凭 证

借方科目：库存现金　　2013 年 3 月 15 日　　　__现收__ 字第 1 号

摘　要	总账科目	明细科目	金　额									记账
			百	十	万	千	百	十	元	角	分	✓
销售废料	其他业务收入					4	2	0	0	0	0	
合　　计(附件2张)				¥		4	2	0	0	0	0	

会计主管：×　　　记账：×　　　出纳：×　　　稽核：　　　制单：

第十一题:

收 款 凭 证

借方科目：银行存款　　2013 年 3 月 18 日　　　__银收__ 字第 5 号

摘　要	总账科目	明细科目	金　额									记账
			百	十	万	千	百	十	元	角	分	✓
收到开户银行转来的银行汇票	其他货币资金	银行本票				8	2	6	5	0	0	
合　　计(附件1张)				¥		8	2	6	5	5	5	

会计主管：×　　　记账：×　　　出纳：×　　　稽核：　　　制单：

附："第四部分 会计账务处理单项技能实训"参考答案

第十二题：

付 款 凭 证

2013 年 3 月 20 日　　　　　　　银付　字第 4 号

贷方科目：银行存款

摘　　要	总账科目	明细科目	金　额 百 十 万 千 百 十 元 角 分	记账 ✓
支付广告费	销售费用		9 6 0 0 0 0	
合　计（附件2张）			¥　　　9 6 0 0 0 0	

会计主管：×　　记账：×　　出纳：×　　稽核：　　制单：

第十三题：

转 账 凭 证

2013 年 3 月 20 日　　　　　　　转字第 5 号

摘要	科目名称 总账科目	明细科目	借方金额 百 十 万 千 百 十 元 角 分	贷方金额 百 十 万 千 百 十 元 角 分	记账符号
销售轴承	预收账款	天津大华公司	1 8 9 5 4 0 0 0		
	主营业务收入			1 6 2 0 0 0 0 0	
	应收税费	应交增值税		2 7 5 4 0 0 0	
合　计（附件　张）			¥ 1 8 9 5 4 0 0 0	¥ 1 8 9 5 4 0 0 0	

会计主管：×　　记账：×　　出纳：×　　稽核：　　制单：

付 款 凭 证

2013 年 3 月 20 日　　　　　　　银付　字第 5 号

贷方科目：银行存款

摘　　要	总账科目	明细科目	金　额 百 十 万 千 百 十 元 角 分	记账 ✓
预收账款	预收账款		1 0 4 6 0 0 0	
合　计（附件2张）			¥　　1 0 4 6 0 0 0	

会计主管：×　　记账：×　　出纳：×　　稽核：　　制单：

第十四题：

付 款 凭 证

贷方科目：银行存款　　　　　　2013年3月26日　　　　　　　　　银付　字第6号

摘　　要	总账科目	明细科目	金　　额									记账
			百	十	万	千	百	十	元	角	分	✓
支付电话费	管理费用	电话费				2	1	5	0	0	0	
合　计（附件1张）					¥	2	1	5	0	0	0	

会计主管：×　　　记账：×　　　出纳：×　　　稽核：　　　制单：

第十五题：

收 款 凭 证

借方科目：库存现金　　　　　　2013年3月30日　　　　　　　　　现收　字第2号

摘　　要	总账科目	明细科目	金　　额									记账
			百	十	万	千	百	十	元	角	分	✓
现金长款	待处理财产损溢	待处理流动资产损溢						1	5	0	0	
合　计（附件1张）							¥	1	5	0	0	

会计主管：×　　　记账：×　　　出纳：×　　　稽核：　　　制单：

第十六题：

付 款 凭 证

贷方科目：银行存款　　　　　　2013年3月31日　　　　　　　　　银付　字第6号

摘　　要	总账科目	明细科目	金　　额									记账
			百	十	万	千	百	十	元	角	分	✓
培训费用	应付职工薪酬	职工教育经费				4	2	0	0	0	0	
合　计（附件2张）					¥	4	2	0	0	0	0	

会计主管：×　　　记账：×　　　出纳：×　　　稽核：　　　制单：

附："第四部分 会计账务处理单项技能实训"参考答案

第十七题：

转 账 凭 证

2013 年 3 月 31 日　　　　　　　　　　　　　　　　转字第 __6__ 号

摘　要	科目名称		借方金额								贷方金额								记账符号
	总账科目	明细科目	百	十	万	千	百	十	元	角	分	百	十	万	千	百	十	元	角	分	
结转销售成本	主营业务成本				5	4	0	0	0	0	0										
	其他业务成本					1	5	0	0	0	0										
	库存商品													5	4	0	0	0	0	0	
	原材料														1	5	0	0	0	0	
合　　计(附件　张)			¥		5	5	5	0	0	0	0	¥		5	5	5	0	0	0	0	

会计主管：×　　　记账：×　　　出纳：×　　　稽核：　　　制单：

第十八题：

转 账 凭 证

2013 年 3 月 31 日　　　　　　　　　　　　　　　　转 7 字第 __1/2__ 号

摘　要	科目名称		借方金额								贷方金额								记账符号
	总账科目	明细科目	百	十	万	千	百	十	元	角	分	百	十	万	千	百	十	元	角	分	
结转费用类账户	本年利润				5	8	9	5	0	0	0	0									
	主营业务成本													5	4	0	0	0	0	0	
	其他业务成本														1	5	0	0	0	0	
	销售费用														1	3	0	0	0	0	
	管理费用														2	1	5	0	0	0	
合　　计(附件　张)			¥		5	8	9	5	0	0	0	0	¥		5	8	9	5	0	0	0	0	

会计主管：×　　　记账：×　　　出纳：×　　　稽核：　　　制单：

转 账 凭 证

2013 年 3 月 31 日　　　　　　　　　　　　　　　　转 7 字第 __2/2__ 号

摘　要	科目名称		借方金额								贷方金额								记账符号
	总账科目	明细科目	十	万	千	百	十	元	角	分	十	万	千	百	十	元	角	分	
结转收入类账户	主营业务收入	铝合金		4	2	0	0	0	0	0									
		轴承		4	3	2	0	0	0	0									
	其他业务收入				1	5	0	0	0	0									
	本年利润											8	6	7	0	0	0	0	
合　　计(附件　张)			¥	8	6	7	0	0	0	0	¥	8	6	7	0	0	0	0	

会计主管：×　　　记账：×　　　出纳：×　　　稽核：　　　制单：

要求4：登记总分类账

总 分 类 账
第1页

账户名称：应收账款

2013年		凭证号数	摘要	借方 百十万千百十元角分	贷方 百十万千百十元角分	借或贷	余额 百十万千百十元角分
月	日						
3	01		期初余额			借	4 1 2 0 0 0 0
	01		收欠款送存银行		4 1 2 0 0 0 0	平	— — — — — — —
3	31		本月合计		4 1 2 0 0 0 0	平	— — — — — — —

总 分 类 账
第1页

账户名称：其他应收款

2013年		凭证号数	摘要	借方 百十万千百十元角分	贷方 百十万千百十元角分	借或贷	余额 百十万千百十元角分
月	日						
3	01		期初余额			借	5 0 0 0 0 0
	11	转3	报销差旅费		3 0 0 0 0 0	借	2 0 0 0 0 0
3	31		本月合计		3 0 0 0 0 0	借	2 0 0 0 0 0

总 分 类 账
第1页

账户名称：库存商品

2013年		凭证号数	摘要	借方 百十万千百十元角分	贷方 百十万千百十元角分	借或贷	余额 百十万千百十元角分
月	日						
3	01		期初余额			借	5 9 1 3 0 0 0 0
	01	转1	销售铝合金		3 0 0 0 0 0 0	借	2 9 1 3 0 0 0 0
	03	转2	销售轴承		1 5 0 0 0 0 0	借	1 4 1 3 0 0 0 0
	20	转7	销售轴承		9 0 0 0 0 0	借	5 1 2 0 0 0 0
3	31		本月合计		5 4 0 0 0 0 0	借	5 1 3 0 0 0 0

附："第四部分 会计账务处理单项技能实训"参考答案

总 分 类 账

第 1 页

账户名称：原材料

2013 年		凭证号数	摘 要	借 方	贷 方	借或贷	余 额
月	日			百十万千百十元角分	百十万千百十元角分		百十万千百十元角分
3	1		期初余额			借	7 8 0 0 0 0 0
	10	现付1	购入劳保费用	1 6 0 0 0 0		借	7 9 6 0 0 0 0
	15	转4	采购A材料	9 5 5 0 0 0 0		借	1 7 5 1 0 0 0 0
	15	转5	销售废料		1 5 0 0 0 0 0	借	1 6 0 1 0 0 0 0
3	31		本月合计	9 7 1 0 0 0 0	1 5 0 0 0 0 0	借	1 6 0 1 0 0 0 0

分 类 账

第 1 页

账户名称：预收账款

2013 年		凭证号数	摘 要	借 方	贷 方	借或贷	余 额
月	日			百十万千百十元角分	百十万千百十元角分		百十万千百十元角分
3	01		期初余额			贷	6 3 7 0 0 0 0
	05	银收4	预收账款		2 0 0 0 0 0 0 0	贷	2 6 3 7 0 0 0 0
	20	转6	销售轴承	1 8 9 5 4 0 0 0		贷	7 4 1 6 0 0 0
	20	银付4	退回多余款项	1 0 4 6 0 0 0		贷	6 3 7 0 0 0 0
3	31		本月合计	2 0 0 0 0 0 0 0	2 0 0 0 0 0 0 0	贷	6 3 7 0 0 0 0

总 分 类 账

第 1 页

账户名称：应付职工薪酬

2013 年		凭证号数	摘 要	借 方	贷 方	借或贷	余 额
月	日			百十万千百十元角分	百十万千百十元角分		百十万千百十元角分
3	01		期初余额			贷	8 2 0 0 0 0 0
	10	银付1	发放职工工资	2 1 5 5 0 0 0 0		借	1 3 3 5 0 0 0 0
	31	银付6	培训费用	4 2 0 0 0 0 0		借	1 7 5 5 0 0 0 0
3	31		本月合计	2 5 7 5 0 0 0 0		借	1 7 5 5 0 0 0 0

总 分 类 账

第 1 页

账户名称：应交税费

2013年		凭证号数	摘要	借方	贷方	借或贷	余额
月	日						
3	01		期初余额			贷	6 3 3 0 0 0
	01	银收2	销售铝合金		7 1 4 0 0 0	贷	1 3 4 7 0 0 0
	03	银收3	销售轴承		4 5 9 0 0 0	贷	1 8 0 6 0 0 0
	15	转4	采购A材料	1 6 2 3 5 0 0		贷	1 6 4 3 6 5 0
	20	转6	销售轴承		2 7 5 4 0 0 0	贷	1 9 1 9 0 5 0
3	31		本月合计	1 6 2 3 5 0 0	1 4 4 8 4 0 0 0	贷	1 9 1 9 0 5 0

要求5：编制试算平衡表

总分类账户试算平衡表

2013年3月31日　　　　　　　　　　　　　金额单位：元

账户名称	期初余额		本期发生额		期末余额	
	借方	贷方	借方	贷方	借方	贷方
库存现金	1 800		42 150	400	43 550	
银行存款	232 400		709 665	405 410	536 655	
应收账款	41 200			10 000	31 200	
其他应收款	5 000			3 000	2 000	
原材料	78 000		95 500	15 000	158 500	
库存商品	591 300			540 000	51 300	
固定资产	963 500				963 500	
无形资产	262 900				262 900	
累计折旧		127 400				127 400
累计摊销		25 200				25 200
预收账款		63 700	200 000	200 000		63 700
应付职工薪酬		82 000	259 100	259 100		38 400
应交税费		63 300	16 235	144 840		191 905
长期借款		1 000 000				10 000 000
实收资本		800 000				800 000
利润分配		14 500				14 500
主营业务收入			852 000	852 000		
管理费用			55 175	55 175		

续表

账户名称	期初余额		本期发生额		期末余额	
	借方	贷方	借方	贷方	借方	贷方
销售费用			69 100	69 100		
生产成本			106 375		106 375	
其他货币资金—银行汇票			120 000	120 000		
其他业务收入			42 000	42 000		
营业外收入			150	150		
主营业务成本			540 000	540 000		
其他业务成本			15 000	15 000		
本年利润			679 275	894 150		214 875
应收票据			320 000		320 000	
合　计	2 176 100	2 176 100	4 121 725	4 121 725	2 475 980	2 475 980

实训九　更正错账

上述错账有关账户登记情况如下：

库存现金日记账

第　页

2013年		凭证号数	摘要	借方	贷方	借或贷	余额
月	日			百十万千百十元角分	百十万千百十元角分		百十万千百十元角分
5	1		月初余额				3 2 6 0 0
	2	付1	厂部购办公用品 ~~厂部构办公用品~~		3 6 0 0 ~~3 6 0~~		2 9 0 0 0 3 2 2 4 0
	6	收2	杨平交差旅费欠款	8 0 0 0	~~8 0 0 0~~		3 7 0 0 0 2 4 2 4 0
	8	付3	江伟借差旅费款		2 0 0 0 0		1 7 0 0 0 4 2 4 0
	10	收4	收滨江石化厂账款	1 5 0 0 0			3 2 0 0 0 ~~1 9 2 4 0~~
5	31		本月合计	2 3 0 0 0	2 3 6 0 0		3 2 0 0 0 ~~1 9 2 4 0~~

管理费用明细账

第 页

2013年		凭证号数	摘要	借方发生额				
				工资及福利	差旅费	办公费	合计	合 计
月	日			万千百十元角分	万千百十元角分	万千百十元角分	万千百十元角分	万千百十元角分
5	2	付1	购入办公用品			3 6 0 0	3 6 0 0	
5	31		本月合计			3 6 0 0	3 6 0 0	

其他应收款明细账

第 页

明细科目：江伟

2013年		凭证号数	摘要	借方	贷方	借或贷	余额
月	日			百十万千百十元角分	百十万千百十元角分		百十万千百十元角分
5	10	付3	江伟借差旅费	5 4 0 0 0 0		借	5 4 0 0 0 0
	15	付5	冲销第3号凭证错误金额	5 4 0 0 0 0		平	- - - - - -
	15	付5	补充第3号凭证正确金额	2 0 0 0 0		借	2 0 0 0 0
5	31		本月合计	2 0 0 0 0		借	2 0 0 0 0

银行存款日记账

第 页

2013年		凭证号数	摘要	借方	贷方	余额
月	日			百十万千百十元角分	百十万千百十元角分	百十万千百十元角分
5	1		月初余额			2 8 0 0 0 0
	6	付1	付广告费		6 0 0 0 0	2 2 0 0 0 0
	6	收2	收山河化工厂账款	5 4 0 0 0 0		7 6 0 0 0 0
	9	收3	收山河化工厂账款	2 3 0 0 0 0		9 9 0 0 0 0
	12	付7	付滨海石化料款		6 0 0 0 0	9 3 0 0 0 0
	15	付8	还红星厂账款		8 0 0 0 0	8 5 0 0 0 0
	25	付9	上交城建税		7 4 0 0 0 0	1 1 0 0 0 0
	15	收6	补充第3号凭证少计金额	9 0 0 0 0		2 0 0 0 0 0
	25	付10	冲销第9号凭证多记金额		2 7 0 0 0 0	4 7 0 0 0 0
5	31		本月合计	8 6 0 0 0 0	6 7 0 0 0 0	4 7 0 0 0 0

附："第四部分 会计账务处理单项技能实训"参考答案

应收账款明细账

第 页

购货单位：山河化工厂

2013年		凭证号数	摘要	借方	贷方	借或贷	余额
月	日			百十万千百十元角分	百十万千百十元角分		百十万千百十元角分
5	1		月初余额			借	9700 00
	6	收1	收回账款		5400 00	借	4300 00
	9	收3	收回账款		2300 00	借	2000 00
	18	转1	销售产品	5000 00		借	7000 00
	15	收6	补充第3号凭证少计金额		900 00	借	6100 00
	18	转2	冲销转1号凭证错误记录	-5000 00		借	1100 00
5	31		本月合计		8600 00	借	1100 00

主营业务收入明细账

第 页

产品名称及规格：甲试剂

2013年		凭证号数	摘要	借方	贷方	借或贷	余额
月	日			百十万千百十元角分	百十万千百十元角分		百十万千百十元角分
5	18	转1	销售产品		5000 00	贷	5000 00
	18	转2	冲销转1号凭证错误记录		-5000 00	平	------
	18	3	更正转1号凭证错误记录		5000 00	贷	5000 00
	31		本月合计		5000 00	贷	5000 00

应收票据明细账

第 页

2013年		凭证号数	摘要	借方	贷方	借或贷	余额
月	日			百十万千百十元角分	百十万千百十元角分		百十万千百十元角分
5	1		期初			借	20000 00
	18	3	更正转1号凭证错误记录	5000 00		借	25000 00
5	31		本月合计	5000 00		借	25000 00

应交税费明细账
第 页

明细科目：应交城乡维护建设税

2013年		凭证号数	摘要	借方	贷方	借或贷	余额
月	日			百十万千百十元角分	百十万千百十元角分		百十万千百十元角分
5	25	付9	上交城建税	7 4 0 0 0 0		借	7 4 0 0 0 0
	25	付10	冲销第9号凭证多记金额	2 7 0 0 0 0		借	4 7 0 0 0 0
5	31		本月合计	4 7 0 0 0 0		借	4 7 0 0 0 0

生产成本明细账
2013年5月

完工产成品：
月末在产品：

产品名称及规格：甲试剂

2013年		凭证号码	摘要	成本项目				合计
月	日			直接材料	直接人工	制造费用	其他	
5	28	转4	生产领用	1 000				1 000
	28	转5	补充转4号凭证少计金额	9 000				9 000
5	31		本月合计	10 000				10 000

原材料明细账
第 页

产品名称及规格：甲试剂　　　　　　计量单位：吨

2013年		凭证号数	摘要	收入(借方)			发出(贷方)			结存(余额)		
				数量	单价	金额	数量	单价	金额	数量	单价	金额
5	1		月初余额							1 000	10	10 000
5	28	转4	生产领用				100	10	1 000			
	28	转5	补充转4号凭证少计金额				900	10	9 000			
	31		本月合计				1 000	10	10 000			

实训十 编制会计报表

资产负债表(简表)

编制单位：　　　　　　　　　　　　年　月　日　　　　　　　　　　金额单位:元

资　　产	期末余额	年初余额	负债和所有者权益	期末余额	年初余额
流动资产：			流动负债：		
货币资金	580 205	234 200	应付账款		
交易性金融资产			预收账款	63 700	63 700
应收票据	320 000		应交税费	191 905	63 300
应收账款	31 200	41 200	应付职工薪酬	38 400	82 000
其他应收款	2 000	5 000	长期借款	1 000 000	1 000 000
存货	316 175	669 300	所有者权益：		
非流动资产：			实收资本	800 000	800 000
固定资产	836 100	836 100	资本公积		
无形资产	237 700	237 700	盈余公积		
待处理财产损溢			未分配利润	229 375	14 500
资产总计	2 323 380	2 023 500	负债和所有者权益总计	2 323 380	2 023 500

利　润　表

编制单位：　　　　　　　　　　2014 年 3 月份　　　　　　　　　金额单位:元

项　　　　目	本期金额	上期金额
一、营业收入	894 000	
减：营业成本	555 000	
营业税金及附加		
销售费用	69 100	
管理费用	55 175	
财务费用		
资产减值损失		
加：公允价值变动收益(损失以"－"号填列)		
投资收益(损失以"－"号填列)		
二、营业利润(亏损以"－"号填列)	214 725	
加:营业外收入	150	
减:营业外支出		
三、利润总额(亏损总额以"－"号填列)	214 875	
减:所得税费用		
四、净利润(净亏损以"－"号填列)